精益班组三阶段动态建设

打造持续改善的自主管理学习型组织

林炜生 编著

精益自主研实战系列教程

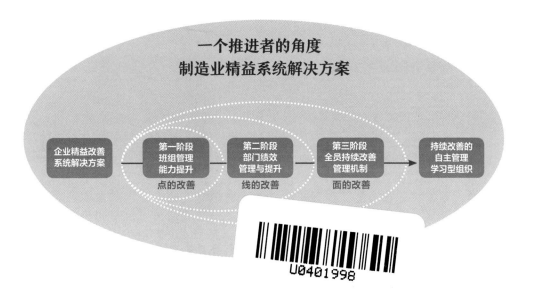

一个推进者的角度
制造业精益系统解决方案

企业精益改善系统解决方案 → 第一阶段 班组管理能力提升 点的改善 → 第二阶段 部门绩效管理与提升 线的改善 → 第三阶段 全员持续改善管理机制 面的改善 → 持续改善的自主管理学习型组织

机械工业出版社
CHINA MACHINE PRESS

本书主要描述如何构建从零基础到持续改善三个阶段的精益班组建设过程，致力于解决企业战略落地"最后一公里"的三个问题：有了明确的目标却无法有效落地执行；班组管理干部管理技能难以胜任公司对他们的要求；知道班组建设很重要，却对班组建设如何推进无从下手。

本书作者有丰富的日资、美资、民营企业管理与实战经历，同时是国内少有的日产训TWI-MTP五项全能资质认证讲师，长期为制造企业提供精益管理落地咨询与培训服务。本书案例丰富，借鉴性强，均为作者亲身经历的实战案例。

本书非常适合传统制造企业提升班组建设水平的企业负责人、制造部门负责人、车间主管、精益推进负责人与企业学院负责人参考使用。

图书在版编目（CIP）数据

精益班组三阶段动态建设：打造持续改善的自主管理学习型组织 / 林炜生编著. —北京：机械工业出版社，2024.2

精益自主研实战系列教程

ISBN 978-7-111-74867-0

Ⅰ.①精… Ⅱ.①林… Ⅲ.①制造工业-精益生产-工业企业管理-班组管理-教材 Ⅳ.①F407.406.2

中国国家版本馆CIP数据核字（2024）第047208号

机械工业出版社（北京市百万庄大街22号 邮政编码100037）
策划编辑：李万宇　　　　　责任编辑：李万宇　高凤春
责任校对：甘慧彤　李　杉　封面设计：马精明
责任印制：张　博
天津市光明印务有限公司印刷
2024年4月第1版第1次印刷
169mm×239mm·21印张·1插页·296千字
标准书号：ISBN 978-7-111-74867-0
定价：69.00元

电话服务　　　　　　　　　网络服务
客服电话：010-88361066　　机　工　官　网：www.cmpbook.com
　　　　　010-88379833　　机　工　官　博：weibo.com/cmp1952
　　　　　010-68326294　　金　书　网：www.golden-book.com
封底无防伪标均为盗版　机工教育服务网：www.cmpedu.com

推荐序一

班组是企业最基层的构成单元,也是企业最小的作战单位。

对制造企业而言,从资源投入层面来讲,班组是企业人、机、料等资产部署最密集的区域;从企业业绩层面来讲,班组是 Q、C、D、S、M 等绩效的关键影响区域;从企业的执行力层面讲,班组是企业战略、文化、价值观执行与塑造的"最后一公里",没有班组最终执行力,再高明的战略、战术也将无法落地;从创新与改善层面来讲,班组则是沉淀了企业最多"暗默知识"的地方。员工群体的智慧得以充分发挥的企业机体,必然是充满生机与活力的,因为那意味着企业的每一个"细胞"都是活跃的;反之,如果班组的员工抗拒改善,则企业往往死气沉沉,问题也往往多是被藏着掖着,日久年深则沉疴缠身。即便是我们现在普遍认为的"高、大、上"智能工厂或数字化工厂,扎实的班组管理建设,也同样是其基本的构成基础,如果班组的基础管理薄弱,员工缺乏良好的组织氛围的引导与训练,再高级的装备设施也无法高效运作。

那么如何有效地做好班组的组织建设呢?其实市面上关于班组建设类的书籍,可谓是汗牛充栋、不胜枚举。炜生师弟是一位务实的咨询管理专家,曾经也是一位生产运营管理者。在多年的实践工作中,他丰富且扎实的企业工作经历与咨询指导经历,使他走出了传统班组建设一刀切的怪圈,提出了精益班组三阶段动态建设实战解决方案。他编著的这本书一方面深入地剖析了传统制造班组所面临的各种问题,一方面又针对不同管理水平的企业提出了针对性的解决方案。当整个班组处于混乱无序的状态时,精益班组第一阶段建设的内容将非常适合企业，使班组管理进入有序的管理状态；当管理培训开展得如火如荼，绩效却未能得以提升时，精益班组第二阶段建设的内容将非常适合企业，为企业打通管理技能提升与管理绩效提升两者之间的因果关系；当企业的改善氛围不足时，精益班组第三阶段建设的内容将非常适合企业，为企业构建持续改善的自主管理学习型组织。

  本书是作者多年从事精益管理咨询后，无数经验与教训凝练而成的作品，围绕精益班组建设的"知"与"行"，不但从概念和逻辑上说明了精益班组建设的众多管理知识与技术，还在字里行间时刻引导读者如何实现精益班组建设落地的实用可行性。在班组建设领域，这无疑将又是一本经典著作，强烈推荐关注这一领域的读者朋友们精心阅读与体悟，一起为提升中国制造业基础管理水平而努力。

精益自主研协会
俞世洋

推荐序二

我很高兴时隔两年又看到炜生编著的第二本"大作"出版。

炜生是我博士毕业来东莞理工学院工业工程系任教后以班主任身份带的第一批学生。毕业十多年来,他们同学中很多都已成长为行业精英、社会翘楚,都很值得我骄傲,炜生更是其中的佼佼者,他的勤奋、认真、执着,上学时就给我留下了深刻的印象。也正是有了这些优秀校友的加持,东莞理工学院工业工程专业也不负众望,顺利获批为国家级一流本科专业建设点。

炜生毕业后,曾任职多家世界 500 强企业 IE 部、企业学院、战略管理部、运营部门负责人,自 2010 年开始专门从事精益生产咨询工作,从基础的现场 IE 改善发展到企业精益运营咨询辅导。炜生在咨询过程中还非常注重将精益的持续改善理念植入人才育成与运管管理体系中,并立志通过持续改善的理念来传播精益,让更多的企业享受改善之美,这点也是最令我钦佩的地方。在繁忙的工作之余,炜生笔耕不辍,先后出版两本著作,为工业工程的推广运用做出了突出贡献。

在这本书中,炜生针对目前企业班组管理中存在的问题,提出了班组三阶段动态建设的解决方案,并通过丰富的实战案例对其进行了详细阐述,集成了他在工业工程、精益生产、引导教练、管理咨询等方面积累的丰富专业知识、经验与技能,可以说是关于班组建设的又一本经典之作。

正如书中所说,精益班组建设就是打通企业经营战略的"最后一公里",保证经营战略成功落地执行的必要条件。"基础不牢、地动山摇",班组是企业一切工作的立足点，全面加强班组建设，实现班组管理的科学化、制度化、规范化，是实现企业管理现代化的一项重要工作。如果您的企业也正被班组建设问题所困扰，这本书绝对是您不可错过的选择。

中国机械工程学会工业工程分会委员

东莞理工学院机械工程学院副院长

黄辉宇

推荐序三

承蒙师兄林老师抬爱，让我为此书写几句话。

我和林老师有一个共同的研究领域，那就是企业班组管理，这源自于我们都认为企业管理中班组管理是一个非常重要的环节。之所以说重要，原因有三：第一，企业请"空降兵"来企业，他的想法、计划最终要靠车间包括班组长去具体落实，如果班组长能力跟不上，企业请什么样的能人过来都没有用；第二，企业每天要的品质、产量及安全也是要依靠现场班组长带领员工去实现的；第三，企业有了好的班组长意味着什么？很多人不知道：一家企业今天有了好的班组长，明天就有好的车间主任，后天就有好的生产经理，再后面就有好的高管。如果今天企业班组长太差，对企业未来而言就意味着今后要更多的中高管，只好去外面招，去找猎头。可以说，班组长能力的强与弱对企业意味着他的管理有没有未来。

管理大师德鲁克说过：卓有成效的管理者是靠后天培养训练出来的，而不是天生的。我特别不赞同很多企业老板与部门管理一说到班组长就说能力不行，这不行、那不行。每次听到他们说这话时，我都想问：在他们来当班组长之前，或者在任职后你们给予了他们多少次系统、专业的班组长训练呢？基本上是零。

为了企业今后避免再出现上述情况，我特别推荐林老师这本著作。它既能满足正在推行精益生产企业的班组长作为工具书使用，也能成为传统企业推进班组建设的教材。为了让读者更好地理解与实践，书中还有林老师亲自辅导的相关培训与实践案例，能让广大班组长们无师自通、一看就懂、一看就会。相信：本书一定能成为广大企业管理者们，特别是制造管理人员的良师益友。

精益明师蒋维豪弟子

彼得·德鲁克思想实践落地者

宋曦

前　言

对于班组建设，很多企业对它既爱又恨，因为成在班组，败也在班组。成是因为很多企业的高层管理者都是从一线管理者晋升来的，他们积累了很多成功经验与失败教训，为企业在刚创办时打造了非常坚实的基础；败是因为企业在变、时代在变，以前成功的管理经验与失败教训对现在来说不再好用，原有的粗犷要求对现代化的规范管理、以人为本的管理方式已经不再适用。从长远来看，打造持续改善的学习型班组才是最终的目标，这也是传统班组建设转化成精益班组建设的要求。有句俗语说"根深才能叶茂，基固才能楼高，地基不牢，地动山摇"。班组建设就是整个企业经营大厦的地基，地基不牢，就无法经营，企业赚钱的能力就会变弱。通过我这些年的经验，总结出以下四个推进班组建设过程中的挑战：

1）如何选择适合企业现状的班组建设活动。

2）如何系统地训练中基层的管理技能。

3）如何开展班组的绩效管理与提升。

4）如何构建持续改善的自主管理学习型班组。

首先，在整个班组建设的过程中不可能一刀切，不可能通过一次活动就将班组搞好，因为班组建设是一个动态的持续导入的过程。从精益的角度来说，班组建设是一个持续改进的过程，企业应该在不同的阶段有不同的班组建设的重点。班组建设的对象并不是仅仅聚焦在班组长身上，而是以班组长技能—部门目标绩效—公司改善机制这样的顺序来进行动态的有序的精益班

前言

组建设。为了更好地理解这三个阶段的动态建设理论,我以学校为参照进行三个阶段的划分:

1) 小学阶段:针对企业班组管理基础薄弱,一线主管缺乏系统的管理能力训练,且管理职责不清晰的企业班组,该阶段的目标是梳理管理者的标准作业并提升班组管理的技能,形成班组管理的一天,让企业的班组管理从无序变得有序。
2) 中学阶段:针对企业制造部门管理基础薄弱,如部门使命、目标、职责、分工、绩效、流程等不清晰的问题,该阶段的目标是推进部门的管理基础建设,将班组管理的各项技能与班组管理的目标形成因果关联,提升班组管理的绩效,让企业的班组管理从有序变得优秀。
3) 大学阶段:针对企业的改善氛围不足,如改善制度、改善人才、改善文化等不清晰的问题,该阶段的目标是构建企业的持续改善机制,培养企业的改善教练,激活每位员工的潜力,让企业的班组管理从优秀变得卓越。

市面上的班组管理的书籍非常多,各有各的特色,但也存在一些问题:

1) 不管企业的现状如何,更多的是选择一刀切的形式来告知班组建设的各模块。一些企业因为选择了与企业现场不适合的推进内容,导致效果事倍功半,甚至导致班组更加不稳定。
2) 未能有清晰的班组管理胜任力模型,看完后无法清楚地知道自身能力现状与下阶段目标,很容易打击一线主管的积极性。
3) 更多的是从一线主管如何提升自身能力的角度来描述,缺少从部门管理目标的角度、公司管理机制的角度阐明如何开展全方位的班组建设。如果只有能力提升,缺少相关的部门管理基础与企业改善机制建设,很难形成持续改善的自主管理学习型班组文化。

本书结合精益班组建设过程中的实战经验,完整描述了推进精益班组建设的全过程。本书有以下三个特色:

1）针对不同的班组管理水平，动态地推进每个阶段班组建设重点。

2）在班组管理能力提升中，构建清晰的班组管理胜任力模型，可直接制订一线主管自己的管理能力提升计划。

3）除班组管理自身能力提升以外，还会从部门管理基础建设、企业全员持续改善机制等方面全方位地构建持续改善的自主管理学习型班组文化。

这里我要感谢精益自主研协会俞世洋先生、东莞理工学院机械工程学院副院长黄辉宇教授、彼得·德鲁克思想实践落地者宋曦先生为本书作序，以及我的恩师蒋维豪老师、姜伟先生、蔡森泉先生对本书的推荐。另外，我还要特别感谢程爱华，他为书稿提出了很多宝贵的建议。

恳请大家用开放、包容的心态来阅读，取其精华（如果有的话），去其糟粕。不管是批评、建议、疑问或者点评，请与我联系，我的电子邮箱：13556770194@139.com。

林炜生

2024 年 1 月于广东东莞

目录

推荐序一
推荐序二
推荐序三
前　言

Preface

序　章
班组建设知多少

一、你所在公司一线主管处在成长模型的哪一层 /002
二、目前贵公司推动的班组建设，你满意吗 /004
三、若干企业班组建设的现状案例 /005
四、精益班组建设要解决哪些问题 /010

Chapter One

第一章
规划精益班组建设变革路线

第一节 精益班组建设现状识别

一、班组活动与班组建设的区别与联系 /014
二、班组建设不足的后果 /016
三、传统班组与精益班组的区别 /017
四、精益班组建设自我诊断 /018
五、小结：班组管理断层是大多数班组管理现状 /021

第二节 精益班组建设理想状态

一、像丰田一样持续改善的自主管理学习型班组 /024
二、【丰田班组案例】丰田班组的组织架构与职责 /025
三、【丰田班组案例】丰田一线主管的晋升路径 /029
四、小结：思考精益班组建设的理想状态 /030

第三节 精益班组建设 路线规划	一、条件一：管理基础建设 /032 二、条件二：基础技能训练 /032 三、条件三：初期目标绩效导入 /034 四、条件四：一线主管的标准作业 /034 五、条件五：目标绩效制定与分解 /035 六、条件六：绩效管理与改善 /036 七、条件七：改善机制建立 /038 八、条件八：改善教练 /039
第四节 精益班组建设 改善案例	一、开展背景 /040 二、问题诊断 /041 三、改善过程展示 /042 四、项目推进成果总结 /051 五、案例启示 /052

Chapter Two

第二章
第一阶段：精益班组管理技能提升

第一节 导入案例：小马有错吗	
第二节 管理能力提升 的三种状态	一、管理就是维持与改善 /056 二、状态一：充满成就感的救火队长 /057 三、状态二：一线主管被动地接受训练与改善 /058 四、状态三：从要我改到我要改，进入良性循环 /058
第三节 让一天的管理 工作变成管理 的标准作业	一、第一步：记录一天的工作现状 /059 二、第二步：分析班组管理一天的各项工作 /060 三、第三步：评审各项工作的有效性、全面性与职责关联性 /061

	四、第四步：设定一天的各项管理流程 /062
	五、第五步：推进一线主管标准作业流程的落地 /066
	六、小结与推进任务 /066
第四节 丰田班组管理 一天的案例	一、丰田班组管理的一天——作业前 /067
	二、丰田班组管理的一天——作业中 /068
	三、丰田班组管理的一天——作业后 /070
	四、【案例启示】七大核心管理技能 /070
第五节 技能1：开好 班组早会	一、早会的作用 /072
	二、开好班组早会的四个关键词 /073
	三、班组早会的自我诊断表 /075
	四、如何让班组早会变得高效 /076
	五、高效早会的四个流程 /078
第六节 如何推进高效 早会	一、形成早会评分标准 /085
	二、成立评分小组定期对各班组评分 /087
	三、优秀班组评比 /088
	四、小结与推进任务 /089
第七节 技能2：员工 工作指导	一、训练员工是一线主管理所当然应做的工作 /090
	二、准备1：制作训练预定表 /092
	三、准备2：制作作业分解表 /093
	四、准备3：准备好一切所需物品 /095
	五、准备4：整顿工作现场 /095
	六、第1阶段：学习准备 /096
	七、第2阶段：传授工作 /097
	八、第3阶段：尝试练习 /098
	九、第4阶段：检验成效 /099
	十、小结与推进任务 /100

第八节 如何推进工作指导	一、工作指导成功落地的六个关键因素 /101 二、工作指导推进落地的四个步骤 /103
第九节 技能 3：现场巡视	一、现场巡视的三现原则 /108 二、现场巡视的五要素 /109 三、现场巡视的重点内容 /109 四、现场巡视的要求 /115
第十节 如何推进现场巡视	一、推进一：现场管理巡视表的落地 /117 二、推进二：质量管理巡视表的落地 /119 三、推进三：安全管理巡视表的落地 /121 四、利用三级巡视机制形成问题的闭环 /123 五、小结与推进任务 /124
第十一节 技能 4：异常处理的技能	一、变化点的管理内容 /125 二、变化点的两大类别与处理流程 /126 三、推进变化点管理的四个方法 /128 四、QRQC 异常快速响应机制的内容 /131 五、QRQC 落地推进的三个重点 /133 六、异常处理的十大意识 /139
第十二节 技能 5：现场 5S 管理与推进	一、5S 是现场管理的基础 /140 二、5S 活动推进六步法 /142 三、5S 现场管理法与其他管理活动的关系 /151
第十三节 技能 6：领导的技能	一、关系才是一线主管的生产力 /152 二、强化意见沟通的六个技巧 /154 三、搞好人际关系的四个方法 /158
第十四节 技能 7：改善的技能	一、对待改善的三个正确理念 /163 二、常见的 12 种动作浪费 /165 三、动作改善的四原则 /166 四、利用改善四原则推进现场动作改善 /168

| 第十五节 精益班组建设第一阶段总结与测评 | 一、推进的核心是 PK /174
二、第一阶段管理技能提升案例 /174
三、精益班组建设第一阶段测评 /179 |

Chapter Three

第三章
第二阶段：精益班组绩效管理与提升

| 第一节 班组管理基础建设 | 一、一线主管的角色定位 /184
二、一线主管的工作职责 /185
三、制造部门的使命与管理目标 /186
四、丰田制造部门的使命与管理目标案例 /188 |

| 第二节 基础技能训练 | 一、让民营企业的班组管理走向良性循环 /192
二、一线主管的五个条件 /194
三、一线主管五个条件的三个应用 /196 |

| 第三节 绩效薪酬与设计 | 一、一线主管的工资比员工低的案例 /200
二、什么是管理机制 /201
三、利用绩效薪酬激励达成班组目标 /202 |

| 第四节 班组初期绩效设计 | 一、初期绩效的来源 /206
二、初期绩效建立的五个步骤 /207 |

| 第五节 制造部门绩效设计四步法 | 一、第一步：完成制造部门使命 /212
二、第二步：部门目标设计 /213
三、第三步：建立绩效数据体系 /218
四、第四步：维持活动、改善活动与人才培养 /222
五、应用一：绩效目标考核表 /223
六、应用二：部门每月复盘总结报告 /224 |

第六节
精益班组建设第二阶段总结

Chapter Four

第四章
第三阶段：构建持续改善的精益班组文化

第一节 如何建立全员改善机制

一、全员改善机制的重要性 /234

二、建立全员改善机制的步骤 /235

三、要点一：对改善的定义达成共识 /236

四、要点二：要区分不同层级人员的改善重点 /238

五、要点三：明确推进组织与职责 /239

六、要点四：明确提案改善与课题改善的实施流程 /241

七、要点五：持续不断地满足员工的精神需求 /243

八、要点六：不设置改善专员要设置改善推进专员 /246

九、IE 负责人的改善案例 /246

第二节 如何推进提案改善

一、合理化建议与改善提案的区别 /249

二、改善提案的特征 /249

三、让一线主管成为一线改善教练 /250

四、第一阶段：引导推进常识改善 /252

五、第二阶段：引导推进简单改善 /253

六、第三阶段：引导推进专业改善 /255

七、利用积极分子引导全员改善 /257

八、在不同阶段设定不同的改善提案评价标准 /258

九、不同阶段设定不同的改善提案推进目标 /259

十、丰田公司的创意工夫理念 /260

十一、提案改善推进案例 /262

十二、本节内容总结 /272

第三节 如何推进自工序完结

一、自工序完结是 TQM 的新突破 /274

二、自工序完结的基本理念 /275

三、自工序完结的主体内容 /276

四、自工序完结的五个推进要点 /277

五、自工序完结开展实施案例 /286

六、本节内容总结 /296

第四节 如何推进新员工入职培训	一、新员工刚入职时的三个疑虑 /297 二、新员工入职培训的重要性 /298 三、新员工入职培训的内容 /299 四、新员工入职改善案例 /301
第五节 持续改善班组文化推进	一、精益班组文化建设的主要内容 /308 二、构建班组文化活动 /309 三、给班组文化建设植入"持续改善"的三个灵魂 /311
第六节 精益班组建设第三阶段总结	一、采用成长性思维 /318 二、精益改善系统解决方案 /318

序 章
班组建设知多少

"行百里者半九十",一百里的路程,走到九十里也只能算完成一半。做事往往如此,越接近成功越困难,越需要坚持走完最后一步,而这最后的关键一步我更喜欢称其为"最后一公里"。精益班组建设就是要打通企业经营战略的最后一公里,是保证经营战略成功落地执行的必要条件。

本章作为序章,主要想让大家进入精益班组建设的场景,来迎接班组建设的导入,大家可以先看如图 0-1 所示的精益班组建设模型。假如你是一家制造企业的最高负责人,已经确定将精益班组建设作为公司明年的内部改善的重点,因为董事会再也忍受不了规划与执行过程的巨大落差,此时的你又如何打算通过一年的时间来交出一份满意的答卷呢?带着这个目标,思考以下三个问题的答案:

- 作为中基层的一线主管,你了解班组成员的成长意愿如何吗?
- 在推进班组建设前,你对当前企业的班组建设了解有多深?
- 精益班组建设,到底要解决哪些问题?

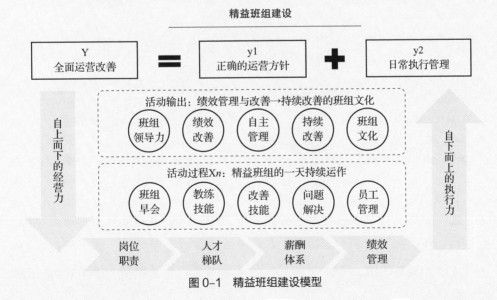

图 0-1 精益班组建设模型

一、你所在公司一线主管处在成长模型的哪一层

在本书中,经常提及"一线主管"一词,因此,先对一线主管进行定义。一线主管指的是承担管理员工、指挥和指导员工工作、协调工作、改善工作等责任的人。由定义可以看出,一线主管并不是指职位的高低,而是指承担这些责任的人。一线主管的角色定位决定着他需要进行承上启下,兼顾左右,对各环节起着桥梁连接的作用。

罗伯特·迪尔茨和格雷戈里·贝特森创立了NLP(Neuro-Linguistic Programming,用神经语言改变行为程序)逻辑层次模型。这个模型把人的思维和觉知分为6个层次,自下而上分别是:环境、行为、能力、信念和价值观、自我意识(身份)、使命(精神),如图0-2所示。

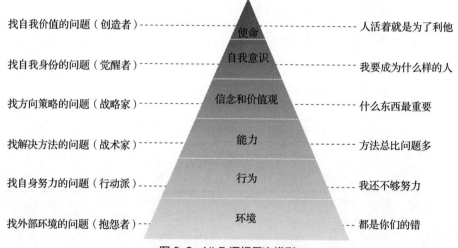

图0-2 NLP逻辑层次模型

这个模型,让我联想到对于一线主管的成长等级也非常适用。一线主管成长过程中必然会遇到很多问题,对待问题的态度就很关键,从中可以看出一线主管的成长等级,而NLP逻辑层次模型就可以作为衡量一线主管成长等级的标尺。

1. 第一层：环境

在这一层的一线主管遇到问题，往往第一反应会一味地先找外界环境因素的问题，很少从自己身上找原因，属于带刺的抱怨类型。如生产计划任务未能完成，会一味地反馈是由于生产计划的问题，导致超负荷生产，不反思自己在生产前准备阶段中哪一点是否可以做得更好，防止今后遇到类似的问题。

2. 第二层：行为

在这一层的一线主管，不会过多抱怨，会积极地寻找自己是否足够努力，属于埋头苦干类型，往往看起来是一个行动派，分配任务后，就埋头苦干，一般很少主动探究任务的产生背景、做这个事情好坏的评判标准、效率是否足够高、是否可以给人带来价值等。努力是一个很重要的成长特质，但如果努力成了做事的唯一标准后，人们就会忽略其他重要因素，只用努力来欺骗自己。

3. 第三层：能力

在这一层的一线主管开始动脑了，他们会讲究工作方法、策略，做人做事会有一定的章法、套路，更关注自身的能力是否可以提高，属于方法工具类型。能力往往会成为他们的唯一标准，有的时候会刻意地"挑活"，还会更关注做事的方法论，总觉得远方存在更好的方法来解决当前的问题，有时会反而忽略了曾经陪伴自己走向成长的踏实和努力。

4. 第四层：信念和价值观

在这一层的一线主管会主动思考做事的意义，我们为什么要做这个事，什么事是更重要的，什么事是最重要的，属于策略思考类型。同时来了很多的生产异常问题，哪个异常问题优先做，哪个异常问题后面做，哪些异常问题我是要从根源上解决，哪些问题我是微微地参与一下。我们总不能按照先来后到，一定是有一个权重来供你做选择。其实我们做某一件事的开始阶段，总是可以专注它，但随着时间的推移，繁杂的琐事总是让你分心，同时由于人的天性，总想急于求成同时做好多事，导致每件事可能都做不好。在这个层次的人员应有智慧克服这个倾向，让自己确实做应该要做的事。

5. 第五层：自我意识

在这一层的一线主管已经主动开始对自己进行心理建设，他们会花大量的时间去思考："我想成为一个怎么样的管理人员，什么样的管理风格更符合自己。"他们会暗示自己就是会成为受人尊重的管理者，具备内在驱动力，能从上而下或从里向外地改变自己。其实，成长就是将内在身份不断揉碎并重塑的动态过程，在这一层的管理者是真正的觉醒者。

6. 第六层：使命

像制造部门的使命是保质保量低成本地按时完成生产任务一样，一线主管也有自己的个人使命。追求使命的不一定都是伟人，像我们这样的普通人也是可以有使命的，只要在我们的能力范围内对他人产生积极的影响即可。有了使命追求，我们就能催生出真正的人生目标，就能不畏艰难，勇往直前。

二、目前贵公司推动的班组建设，你满意吗

如果贵公司正准备推进班组建设或已经在推进班组建设，请尝试回答以下15个问题：

1）公司有进行过深入的班组管理现状调查吗？
2）公司有清晰的班组建设的目标或理想状态吗？
3）公司有明确的班组建设推进计划吗？
4）班组建设与公司战略或年度经营计划有清晰的关联或兑现路径吗？
5）班组管理的一天各项任务是否清晰且能够按时保质完成？
6）一线主管是否接受过系统的管理技能训练？
7）一线主管的管理技能是否进行过系统的认证？
8）是否有清晰的一线主管岗位胜任力模型与训练认证计划？

9）是否有清晰的一线主管岗位晋升路径与对应的管理能力要求？

10）是否有清晰的一线主管管理目标？

11）一线主管的管理目标是否达成且定期地复盘与总结？

12）生产现场的各种管理看板是否能够按时保质地维护？

13）每季度或每月是否有明确的班组改善主题活动？

14）各个班组是否在常态化地开展 QCC 课题改善？

15）各个班组的绩效是否在持续提升且形成持续改善的班组文化？

这些问题对应本书精益班组动态建设不同阶段改善主题，大家可以依据对应测评结果来完善与推进自己在班组建设相应阶段的内容。如果贵公司刚好着手准备推进精益班组建设，那本书的内容就非常适合你一步一步地完成推进任务。下面，走进几个不同的企业去体验下班组建设的问题。

三、若干企业班组建设的现状案例

案例 1　班组 7S 管理案例

有一次我在一家生产五金零部件的车间里进行班组管理调研，看到了某个班组的管理看板中悬挂了显眼的 7S 优秀班组流动红旗。当时我比较好奇，就走过去跟现场的一线主管进行交流。我说："恭喜你们获得 7S 优秀班组，我能够了解下现场管理的相关问题吗？"那位一线主管之前听说今天有精益生产的老师过来调研，但没想到居然来到了他的地盘。这位一线主管显得较为兴奋，于是很高兴地回复了我的问题。"没有问题，我们公司推行 7S 有三年了，第一年是 5S，一年加一个 S，今年是第三年了。"我看了一下这个现场，的确跟其他班组的现场相比较为干净，地面整洁，物品也摆放得整整齐齐。"你能说说 7S 是什么内容吗？"我问，这位一线主管很快就正确地回答了 7 个 S 是什么，旁边的车间经理听完后也很满意。我接着问："前面的 3 个 S 具体要做哪些内容？跟日常管理目标有什么关联？"此时，这位一线主管突然间有点诧异，可能也没有人问过这么细的问题，所以就有些答非所问，回复说："我们就是负责将现场看得到的地方进行定期的清洁，同时进行巡查，每天至少投入2个小时进行专人管控，务必保证达成7S的标准！"听完他的回复后，我觉察到问题的所在，于是就说："看你们的现场作业，所需要的相关工具以及工装应该不少，能否带我看看放置这些东西的地方？"估计这个动作不在7S的检查范围，这位一线主管有点面露难色，此时刚好有一位员工过来找工具。我看这位员工翻了两个工具柜都没找到，于是就打开了第三个工具柜，一打开，"咣当"一声，一堆工具就从柜子里掉到地面上了。这个工具柜里的东西太多了，不但有作业工具，还有润滑油、抹布、洗衣粉、刀头、模具、管理表单等。场面有些尴尬，旁边的车间经理此时发话了："下班前赶紧收拾好！"于是，我也没有进一步地询问了，接下来来到这个班组的物料区，看过去所有的物品都整整齐齐地摆放在铁篮子里，但介于前面的问题，我还是认真地走近去进行观察。认真一看，同一个物料分区里摆放的居然是不同品种的物料，有些是2年前不用的物料，有些是尾数半成品，有些铁篮子里还摆放着不低于10种的不同五金物料。

点评：很多企业对5S着了迷，以为推进的S数量越多，现场管理的水平就会越高。实际上，像丰田汽车这样的公司也只是持续地推动现场3S，S的数量越多越好，这是一种误解。另外，一线主管不应该只知道5S的名称，还需要知道每个S所需要推进的内容，只有每个S推进的内容都能彻底地被理解与实施，才能够促进班组目标的达成。

本案例中这类型的企业有在进行班组建设的相关活动，但由于缺少专业性的推进，导致推进的细节与标准出现了偏差。本案例中的这位一线主管以为的5S更多是将现场清扫干净、将物品摆放整齐就好，但真正的5S一定是为企业产生效益的班组活动。如第一个"S"整理是为了腾出空间，如果这个能够彻底推进就不会出现"没有足够的场地开展5S"的情况了。第二个"S"整顿是为了提升寻找物品的效率，防止错拿，如果这个能够彻底推进就不会出现误用物料、物料找不到、管理要求不清晰等情况了。第三个"S"清扫是将看得见与看不见的地方都清扫干净，去除污染源，如果这个能够彻底推进就不会出现现场难以维持干净、需要专人进行清扫或者设备小停机等问题了。

案例2 班组晋升管理案例

这是一家做PCB板加工的电子厂，我跟企业的老板马总是同学关系，会经常性地讨论企业内部的一些问题。有次我跟马总约在了东莞东江边的咖啡店里喝咖啡，前期聊着上学期间的一些回忆时双方都很愉快。后面我就问了下最近工厂管理得怎么样了，这位同学突然间变得很激动，一下子把喝到嘴边的咖啡杯重重地按在玻璃台上，发出响亮的砰的一声。"就昨天1天的时间，就来了2次关于生产问题的客诉，这已经是本周的第5次客诉了。刚来的路上，最重要的客户还跟我说如果再发生一次同样的错误，以后就不再合作了！一个小小的加工厂却有那么多的破事，真是想把它关掉算了，心烦！"我被他突然的反应吓了一跳，马上安慰说："马总，工厂的事就交给下面的人管就好了，没必要操这个心呀。"没想到，他变得更加激动了，手一拍桌面就直接站起来了，"别提下面的事了，最近来了一个生产经理，来了不到3个月，却把生产现场的10个一线主管干掉了6个，更可恶的是1个月过去了，内部没有1个人愿意应聘一线主管，外招了3个，不到3天就跑了！"我连忙到他身边安抚他，让他坐下来慢慢地聊一聊。

经过一番沟通，我了解了整个事情的经过。最近，车间来了一位生产经理，这位生产经理曾在一家上市的同行企业管理人事工作，推行过绩效管理。马总刚好也想在制造部门内部推行下绩效管理，于是就直接任命他为生产经理，负责整个部门的管理工作。因这家电子企业规模不大，生产管理的数据体系不算太完善，再加上新来的生产经理需要出点业绩。于是就在首月月底颁布了新的绩效政策：一线主管平均工资由4500元加到6000元，取消年终奖，实施绩效考核。考核的内容围绕着生产效率、生产质量、计划达成、成本损耗四个方面进行，每出现1次异常，就按对应的标准进行罚款。结果，到第二个月的月底，收到的罚款金额高达1万多元。这样一轮考核下来，好几个一线主管连基本工资 4000 元都保不住了，有些一线主管连员工的平均工资都达不到。于是到第三个月月初，接连 6 个一线主管陆续提出离职。在接下来的 1 个月里，内部没人愿意应聘一线主管，外招了 3 个，不到 3 天就跑了。现在整个生产车间都处于没人管理的失控状态，近期关于质量、交期的客诉也明显多了好几倍。

点评：在推进精益班组建设的过程中，绩效管理属于管理机制层面的建设，是一个非常重要的模块，同时也是精益班组建设需要兑现的结果之一。我认为绩效重在管理，而非考核。管理的意思是通过目标绩效的达成来找出关键的问题点，从而采取措施进行有针对性的改善。绩效考核是把双刃剑，在本案例中，新来的车间经理在不清楚班组管理绩效的能力现状时就武断地进行绩效考核，因班组管理能力无法胜任而导致一线主管被罚款，最终导致离职或没人愿意承担该职位的局面。正确的做法应是，建立绩效目标数据体系，设定初期目标，对不达标的事项进行具体问题的专题改善，在改善的过程中逐步提升班组管理的技能。当设定的初期目标达成时，再逐步提升管理目标，此时加以激励考核才会更加有效。

案例 3　班组 TWI 推进案例

这是一家家具加工装配的企业，企业规模在 2000 人左右，由精益专员负责内部班组管理改善的项目。在项目启动时，企业的老板也亲自参与了会议，启动会现场活跃，制造负责人也现场承诺一定会提升现有的班组管理水平。接下来的几个月里，几乎每周都有一场班组管理的相关培训，每个月的月初都对班组管理学习得较好的一线主管进行表彰。但是，半年过后，企业的老板发现，尽管班组管理的培训氛围很不错，但班组的绩效水平并没有得到相应的提升，于是就找我进行了相关的诊断与调查，希望给出更好的实施建议。

经过 3 天的现场调研与人员访谈，我整理了企业推进班组管理改善项目的现状。该精益专员曾参与 TWI（Training Within Industry，一线主管管理能力提升）的相关培训，他认为当前的一线主管在晋升时并未接受过系统的管理技能训练是班组管理水平不能提升的主要原因。所以,在班组管理改善的项目中就只有一个班组TWI的训练计划。这是问题发生的主要原因,缺乏了对班组管理现状的具体分析,同时也缺乏如何兑现成班组管理绩效的路径,最终只是为了技能训练而训练。

点评:坦白来说,我作为日产训TWI的四项全能认证资质讲师,每个制造企业都应该要系统地学习TWI中的各项技能,但是,TWI不能作为班组建设的全部。精益班组建设的其中一个目标就是提升班组绩效的水平,为了达成该目标,需要对一线主管的管理能力现状进行系统的分析,梳理岗位职责后制定一线主管的岗位胜任力模型。接下来就依据该岗位的胜任力模型,对每位一线主管的知识、技能、态度等进行全面的差距分析,得出训练提升的计划。在实施训练计划的同时,需要同步地回到现场利用所学的技能解决具体的问题,如缩短新员工的技能熟练时间、现场浪费识别与改善、员工日常管理等,实现技能与绩效兑现的关联,形成绩效提升的意识。

案例4 班组改善案例

这是一家日系集团企业,企业的负责人是从一线职员晋升来的,非常重视企业的一线员工。在2010年,整个集团导入精益改善文化项目,目标是打造持续改善的机制。当时,集团就将2010年定为改善主题年,"全员参与,持续改善"成了当年的集团改善口号。通过1年的时间,集团的改善氛围得到了显著的提升。人均提案参与率达到了80%,改善效益高达2000万元。在这个过程中,无论是集团的高层,还是精益推进部门都做了很多正确的事。对于集团高层来说,为表达对改善项目的重视,每期的改善案例分享会都积极地参与,并对分享人员进行当面激励;同时,也经常到一线现场中倾听员工的改善心声。对于精益推进部门来说,最有价值的事是将一线主管训练成改善教练,将部门负责人训练成核心改善教练,从而有效地引导全员进行改善。无论是生产部门还是非生产部门,高层做课题,中基层做提案,形成全员改善的氛围。为了进一步营造全员改善氛围,企业每月还有专门的改善月报、改善案例手册等。对于生产现场，还专门打造了改善实训道场、改善案例长廊、改善加油站、改善角等改善专门场所。为了达成改善的目标，并不是简单地将目标分解到班组，而是实实在在地通过一次次的改善活动来提升改善氛围，如寻宝活动、教练认证活动、改善周、课题突围战等活动。

点评：该企业已达到精益班组动态建设的第三阶段的水准，这是一个成功地推进全员持续改善的案例。对于企业，通过改善筛选并培养人才，使之成为企业持续改善的原动力。对于一线主管，他们不仅仅是生产线上的管理者，还是引领大家一起做改善的教练。当员工天天都在思考着如何做得更好时，员工的智慧与责任心就能得到最大程度的激活，从而形成持续改善的合力，让班组变得活性化起来。活性化是员工参与的一种高级形式，意味着这样一种状态：员工在规定的限度内拥有做出决定和采取行动的知识、技能、职权以及意愿，同时，他们对自己行动的后果以及对企业的成功又有着高度的责任感。

四、精益班组建设要解决哪些问题

前面我们提出的十几个问题与4个班组建设案例，已经涉及精益班组建设的诸多方面。一叶知秋，概而言之，可以看出精益班组建设需要解决以下问题：

1）如何规划企业的班组建设路径？如何对班组管理的现状进行识别？班组建设的最终理想状态是什么？班组建设的推进路径又是怎样的？

2）如何系统地提升一线主管的管理技能？作为一线主管的基本条件是什么？一线主管的岗位胜任力模型如何建立？如何推进班组管理技能的提升与认证？

3）如何进行班组的绩效管理与提升？制造班组如何设定自己的使命与管理目标？如何利用所学的管理技能兑现成班组管理绩效？班组绩效数据体系如何建立？

4）如何提升班组持续改善的氛围，建立自主管理的学习型组织文化？企业的改善管理制度如何建立？自工序完结如何推进？新进员工的管理如何开展？班组文化如何推进？

这些问题正是本书要和大家探讨的，并且我将提出经过多年思考与实践的解决方案，希望对广大读者有所帮助。如果大家在看完后，能够利用精益班组动态建设的理念推进企业内部的精益改善，期待你也能够将该理念传播给更多的人。

第一章
规划精益班组建设变革路线

所有的管理变革都离不开人才育成与机制改善这两条路，同样，在规划企业的精益班组建设路线时也是如此。在本章中，我将带着大家一步步地完成从现状到达成目标过程中每个节点的规划，从而完成企业的精益班组变革路线规划。

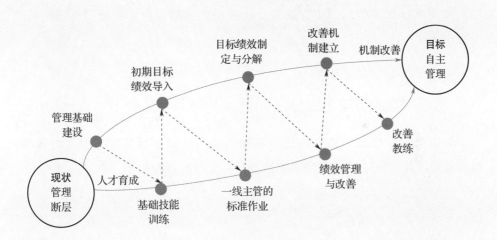

第一节
精益班组建设现状识别

班组路径规划要思考的第一个问题是：企业的班组建设当前的状态、面临的问题、开展班组建设的背景是什么？在本节中，将会从班组活动与班组建设的区别与联系、班组建设不足的后果、传统班组与精益班组的区别、精益班组建设自我诊断这四个方面来分析当前普遍制造企业的班组管理现状并进行小结。

一、班组活动与班组建设的区别与联系

很多企业说自己一直在搞班组建设，但当被问到具体在做哪些内容时，可能更多指的是班组活动，如班组早会、一线主管技能训练、现场巡线等。

班组建设更多是一个过程，只有开始，没有结束。假如有人说，我们利用一年的时间完成精益班组建设，这样的说法显然不对，其中不对的地方有很多。首先从时间上来说，班组建设不是做一年就能结束的，有很多内容都需要持续地推进，如一线主管的能力评估与晋升规划、班组早会的持续运作、班组绩效的持续提升等；从结果上来说，班组建设有很多的模块，有管理基础建设，有班组管理能力提升，有班组文化活动等，不同的内容所需要的推进时间不一样，很难一次将班组建设的所有内容完成。正确的说法应该是针对企业的现状，指出当年班组建设的重点，例如梳理班组管理的职责与定位、做好班组管理基础建设等。

企业的所有改善活动，包括班组活动等都是为经营服务的，那么这些班组活动与企业的全面经营改善有什么关联呢？接下来，将重点讲述班组活动与企业全面经营改善的关系，参见图1-1所示的班组建设模型。

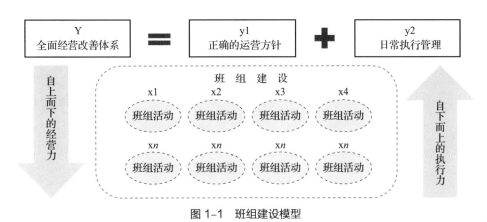

图1-1 班组建设模型

要达成企业的全面经营改善体系Y，需要有正确的运营方针y1与日常执行管理y2。

正确的运营方针y1构成了支撑全面经营改善的第一股力，叫作自上而下的经营力。这股力主要是指企业从公司战略、年度经营目标、公司级目标、部门级目标、班组目标等一连串自上而下的目标分解。清晰的目标分解使得各个部门有明确且清晰的方向，使各种工作任务的展开有了明确的输出标准。

日常执行管理y2构成了支撑全面经营改善的第二股力，叫作自下而上的执行力。这股力的作用主要是指促使各部门各岗位的人员对制订计划的坚定不移的执行与对日常管理的纠偏，最终按照原定的计划与目标进行高效输出，达成企业目标的过程。

既要承接企业的运营方针，又要保证执行的全过程需要开展的工作就是班组建设一系列的班组活动x。承接企业运营方针的班组活动有部门职责分解、岗位职责分工优化、岗位胜任力模型建立、绩效管理等；保证执行的班组活动有班组管理的一天、改善寻宝活动、改善周、新员工管理等。

综上所述，我将企业的全面经营改善、自上而下的经营力、自下而上的执行力、班组活动与班组建设进行了整理，形成了班组活动与企业全面经营改善的关系图，并把它称为班组建设模型，如图1-1所示。

从班组建设模型可知：

1）所有班组活动的有序组合构成了班组建设。
2）班组建设既要承接企业的运营方针，又要保证彻底的执行。
3）班组建设不是一次性的活动，而是围绕着企业全面经营改善的全过程。

二、班组建设不足的后果

既然班组建设在企业全面经营改善过程中有着如此重要的角色，那么当班组建设不足时，企业会有哪些后果呢？我将分别从员工层的影响、班组管理层的影响、中层管理层的影响、高层的影响四个方面来展开说明这些后果。

对于员工层来说，因班组建设不足带来的直接影响或表象就是：员工流失严重或新员工留不住。看过去是员工的问题，实际上是因为一线主管的管理技能不足、新员工管控流程缺失等班组建设的问题而导致的。

对于班组管理层来说，因班组建设不足带来的直接影响或表象就是：缺乏管理意识与技能。这些班组管理者从职位上看是管理者，实质上干的却是员工的活，如物料搬运、员工顶岗作业等，这是因为班组内部职责分工不明确、缺乏系统的管理技能训练、缺乏有效的管理标准流程等班组建设的问题所导致的。

对于中层管理层来说，因班组建设不足带来的直接影响或表象就是：部门绩效无法达成或绩效管理数据体系无法建立。这是因为日常生产数据报表不全面、数据指标的定义不清晰、绩效薪酬设置不合理等班组建设的问题所导致的。

对于企业高层来说，因班组建设不足带来的直接影响或表象分别是以下四种：

1）因不清楚班组建设的逻辑，而仅仅认为是一线主管的意愿或态度出了问题，以搞团建等活动来替代班组建设。
2）因不清楚一线主管学习的特性，认为一线主管是管理知识不足，以开展知识讲座的形式来替代班组建设。
3）因对自己的班组管理水平现状没有清晰的认知，直接抄袭那些做得优秀的日系企业的班组活动，以模仿优秀企业的活动来替代班组建设。
4）因班组建设没做好，导致企业经营目标达成不理想，企业老板认为是高层能力不足，最终导致频繁地更换部门负责人。

班组建设是关联整个企业经营管理的大事，大家可以对照上面四个层面的问题，诊断一下自己的企业有没有类似的现象。

三、传统班组与精益班组的区别

要推行精益班组建设，首先应了解传统意义上的班组与精益班组的区别。这些区别可以从职责权力、问题处理、责任划分、员工技能、时间观念、管理技能六个维度进行分析，见表1-1。

表1-1 传统班组与精益班组对比

对比维度	传统班组	精益班组
职责权力	厂长权力大 班组权力小	班组权力大 厂长权力小
问题处理	掩盖问题 仅汇报问题	快速暴露问题 分析问题并提报方案
责任划分	员工的错 其他部门的错	我的班组我负责
员工技能	单一技能	多能工或全能工
时间观念	忙着救火	重在改善及预防问题
管理技能	缺乏系统的训练 按标准执行任务	严格的训练及考核认证 制定标准、打破标准

围绕着表1-1的内容，对精益班组的特征总结如下：

1）精益班组的职责重而权力很大，在产线上每位一线主管甚至员工都有停止作业的权力。
2）精益班组对问题的态度是鼓励每个人暴露问题，并带着分析问题后的方案来提报。
3）精益班组要求班组负责人具有当事者意识，我的班组我负责，不推卸责任。
4）精益班组允许并提倡每位员工学习全面的技能。
5）精益班组花较多的时间在改善与预防问题的发生上。
6）精益班组自己制定标准自己打破，每位人员都经过系统的训练并进行考核认证。

综上所述，精益班组建设之所以多了"精益"两个字，最主要的特征体现在"持续改善"四个字上。构建持续改善的精益班组意味着充分地尊重人性，勇于暴露问题，促使解决问题成为每位员工成长的脚踏板，最终形成自主管理的学习型组织。

四、精益班组建设自我诊断

除了打造像丰田一样的班组以外，我将班组建设切分成三个阶段进行动态建设也是本书的特色。通过我的个人实践经验体会到，不可能通过一次活动就将班组搞好，因为整个班组建设的推进过程中不能一刀切，它是一个动态的持续推进的过程，企业应该在不同的阶段有不同的班组建设的重点。为了更好地让企业理解这三个阶段的动态建设理论，我参照学校学习的不同阶段进行了三个阶段的划分：

1）小学阶段：针对一线管理者无系统培训，且管理职责不清楚的企业班组。

2）中学阶段：针对班组管理者执行力不高，对日常管理重点不清晰的企业班组。

3）大学阶段：针对班组文化及改善氛围不佳，希望实现员工自主管理的企业班组。

具体三个阶段的推进重点与目标如下：

1）小学阶段：该阶段的重点在于构建与优化班组管理的知识、流程与技能，最终通过一线主管的标准作业将管理动作标准化。这是精益班组建设的重点，目前国内很多企业对班组建设不重视，导致连这个阶段都没有完成，就开始追求绩效的改善、班组文化的推进等，最终导致事倍功半的后果。

2）中学阶段：该阶段的重点在于绩效的管理与改善，最终在提升班组管理绩效的同时梳理跨部门解决问题的能力与流程。在这个阶段中，重点训练一线主管将日常的管理工作与管理绩效进行关联的意识，从而对绩效目标进行管控与提升。

3）大学阶段：该阶段的重点在于全员改善活动的推进、改善文化氛围的建立以及班组领导力的建设，最终为企业构建自主管理的机制。

切分成小学、中学、大学三阶段，一方面是为了让读者理解班组建设每个阶段是递进关系，就如先有了小学毕业才能进入中学阶段，有了中学毕业才能进入大学阶段；另一方面是让不同的企业选择适合自己的阶段，从而有重点地完成每个阶段的使命；还有就是让大家更好地识别自己的真假需求。为了让大家理解所谓真假需求，我举了两个例子：

1）到超市买2斤苹果，到超市后发现好多水果在打折，结果不但买了苹果，还买了香蕉与芒果，这个香蕉与芒果就是假需求。

2）领导力提升、绩效管理与改善等这些内容都非常好且值得导入，但如果内部的一线主管连系统的管理技能培训都没搞好，这些内容也是假需求。

真假需求分不清楚往往会导致目标不坚定，很难对自己做出准确判断。为了让大家能够清楚地识别出自己的真需求，我整理成了一份诊断表，叫精益班组动态建设诊断表，见表1-2。这个诊断表以问题的形式总结出各阶段的问题与推进内容，大家在填写时按实际顺序填写即可得出当前企业精益班组建设的水平与所处于的推进阶段。

表1-2 精益班组动态建设诊断表

0阶段 班组建设 规划	自评 （分）	1阶段 班组管理能 力提升	自评 （分）	2阶段 班组绩效管 理与提升	自评 （分）	3阶段 构建持续 改善的班 组文化	自评 （分）
1. 是否将班组建设列入年度推进重点		1. 是否有清晰的班组管理一天的标准管理流程		1. 是否有明确的企业年度目标		1. 是否有清晰的改善管理流程或制度	
2. 是否已对当前的班组现状进行诊断		2. 是否按班组管理一天的标准流程在实施		2. 是否有明确的制造部门使命		2. 是否有清晰的改善推进组织	
3. 是否有清晰的班组建设目标且目标可衡量		3. 是否有清晰的班组管理胜任力模型		3. 是否有清晰的制造部门管理目标		3. 是否有定期的改善成果分享会	
4. 是否有明确的班组管理能力提升计划		4. 是否定期地对班组管理能力进行评价		4. 是否每月对制造部门指标达成情况进行总结		4. 是否有改善教练机制	
5. 是否有明确的班组管理基础建设规划		5. 是否有清晰的班组管理能力提升计划		5. 是否将制造部门目标分解到一线主管		5. 是否定期地推进改善活动	
6. 是否有清晰的班组建设推进团队与分工		6. 是否有清晰的晋升一线主管训练计划		6. 是否有清晰的部门管理职责分解与分工表		6. 是否有清晰的全员改善目标	

(续)

0阶段 班组建设 规划	自评 （分）	1阶段 班组管理能 力提升	自评 （分）	2阶段 班组绩效管 理与提升	自评 （分）	3阶段 构建持续 改善的班 组文化	自评 （分）
7. 是否有明确的月度班组建设推进计划		7. 是否导入了TWI相关训练模块		7. 是否有清晰的一线主管岗位职责		7. 是否有定期的班组深度汇谈、工作坊、自主研等活动	
8. 是否每月进行班组建设总结与表彰活动		8. 是否定期地推进TWI各模块活动		8. 是否将管理目标与岗位职责相关联		8. 是否有明确的新员工入职培训流程	
9. 是否让高层能够定期地参与班组活动评价		9. 是否将管理胜任力与岗位晋升相关联		9. 是否将班组管理目标绩效与薪酬相关联		9. 是否有定期的自工序完结改善活动	
10. 是否让公司感受到班组建设的决心与氛围		10. 是否有足够的班组管理人员储备		10. 是否定期推进绩效改善课题活动		10. 是否有各班组的班组名称、口号、班组园地等	
阶段测评分		阶段测评分		阶段测评分		阶段测评分	

表1-2填写说明：

1）由班组建设的推进负责人或企业负责人填写。

2）每个问题填写"✓"或"✗"，"✓"为1分。

3）从0阶段开始填写，每个阶段达到8分以上意味着本阶段达标，可进入下阶段测评。

五、小结：班组管理断层是大多数班组管理现状

"管理断层"是大部分企业面临的众多企业运营管理问题的根因之一，最终导致企业战略无法有效落地。对于一些成长型企业来说，随着企业成长，规模不断壮大，会出现以下现象：公司高层经常谈战略、理想和愿景，但很少获得员工的热烈回应，似乎员工都"视而不见"或"听而不闻"；公司高层

提出美好的理念或高瞻远瞩的战略举措，很少能被员工彻底实现或执行；高层事必躬亲，忙忙碌碌，员工却很悠闲，工作积极性和热情不高等。对于导致这些现象的原因，众说纷纭，大致都归结为执行力问题、激励问题、组织问题等。我在对一些企业进行观察和分析后认为，管理断层是造成这些现象的重要原因，也是成长型企业进一步做大做强的重大制约。

管理断层的具体现象为某个阶层的管理失效，导致上层管理者做下层管理者的工作。本书中的班组管理断层具体是指因班组管理能力不足，导致中层主管干一线主管的活，高管干中层主管的活，最终整个企业经营大厦开始坍塌，如图1-2所示。

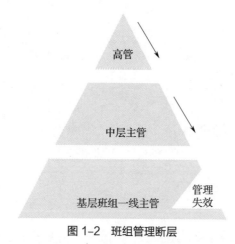

图1-2　班组管理断层

具体导致班组管理断层的原因有很多，主要原因总结为以下四个方面：

1. 缺乏精益班组建设规划

很多制造企业在知道自己的班组出了问题时，总是认为班组的执行力低下是主要原因，于是就开始频繁地培训或人员替换。在培训或人员替换后可能变好一段时间，但过了三个月后又回归原状。这种想通过单点来改善班组管理现状的行为都是缺乏精益班组建设规划的现象。通过前述的班组建设模型可知，班组建设既要有清晰的目标分解，执行力的支撑，还需要有很多的班组活动构成。因此，要提升班组管理的现状，就需要系统地规划企业内部的班组建设，做好现状分析、设定阶段目标、策划改善路径。

2. 缺乏系统的班组管理能力训练

很多一线主管都是从一线员工晋升起来的，他们在晋升后并未有系统的管理技能训练，更多是依靠处理日常问题而积累的经验来管理。很多时候，特别是刚晋升的那段时间，新的一线主管做的工作与员工没有区别，充当着现场的搬运工或多能工，难以起到管理者的作用。

3. 缺乏管理基础与绩效目标管理

班组的问题不仅仅是管理能力的问题，其背后的管理基础建设也同等重要。班组是需要承接企业的运营方针的，而承接企业运营方针的班组活动有部门职责分解、岗位职责分工优化、岗位胜任力模型建立、绩效管理等，这些管理基础的缺失会导致班组管理失去目标与动力，最终难以实现有效的绩效提升或产生班组管理人才。

4. 缺乏精益持续改善的文化

班组改善是企业经营改善的原动力，如果缺乏精益持续改善的文化，那班组一定会处于频繁的"救火"状态，甚至很多班组长会以"救火队队长"为荣，觉得整个现场都离不开他。只有为班组植入持续改善的文化，班组才能勇于暴露问题，通过问题的改善不断成长，最终构建像丰田一样的持续改善机制。

第二节
精益班组建设理想状态

一、像丰田一样持续改善的自主管理学习型班组

班组路径规划要思考的第二个问题是：精益班组建设的理想状态是什么？

只有对理想状态有清晰的认知，才会有达成理想状态的原动力。精益源于丰田，学习精益的本质就是让企业像丰田一样。在杰弗瑞·莱克（Jeffrey Liker）《丰田模式：精益制造的14项管理原则》一书中曾指出，"丰田模式并非只是工具与方法，而是构建持续改善的自主管理学习型组织。"该著作指出，丰田是通过持续地训练每位员工思考"五个为什么"和"现地现物"来解决问题与持续改善，最终打造自主管理的学习型组织，如图1-3所示。可以说，精益班组建设的理想状态就是"构建像丰田一样持续改善的自主管理学习型班组"。

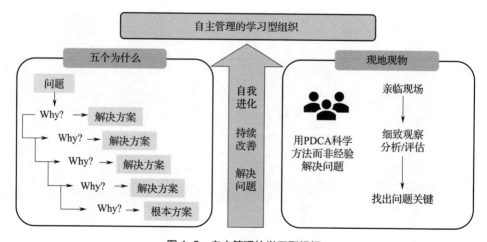

图1-3 自主管理的学习型组织

请读者看下《丰田模式：精益制造的14项管理原则》的内容简介："当今全球的商界人士都希望实施丰田激进的管理制度用以加速业务流程，减少浪费，改进质量。但是，在各式精益管理工具、管理技巧的表象之下，丰田成功的真正根基又是什么？该书不仅会使你获得能够应用到所有组织、各式业务流程的极富价值的洞见。你还会了解到如何将长远的企业哲学、流程管理、人员管理以及解决问题之道恰到好处地结合起来，借此帮助你的组织转型成为精益的学习型企业。"

既然精益班组建设的理想状态就是构建像丰田一样的自主管理的学习型组织，那么丰田内部的班组建设又是如何开展的呢？下面讲述丰田的班组建设案例。

二、【丰田班组案例】丰田班组的组织架构与职责

丰田班组单元构成如图1-4所示，共分成四层，下面介绍每个层别的角色与分工。

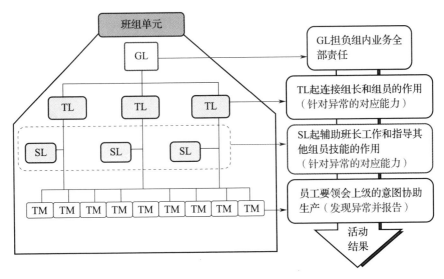

图1-4　丰田班组单元构成

1. 最底层 TM

最底层是 TM（Team Member），TM 代表一线操作工（员工）。一线操作工的定位是需要领会上级的意图来完成生产（发现异常后要及时报告），具体的职责内容有以下四个：

1）遵守规章指导。

2）确实的实际作业。

3）能判断自工序制品的品质，不良、异常发生时能及时向上级汇报。

4）能针对操作困难的作业提出改善方案。

从 TM 的工作职责可以看到，操作工更多是按标准执行，并及时反馈异常。

2. 第二层 SL

第二层级在丰田叫 SL（Store Leader），SL 代表代理班长。代理班长的定位是起辅助班长工作和指导其他组员技能的作用，具体的职责内容有以下三个：

1）班内的高技能作业者。

2）掌握组内所有技能。

3）TL 辅佐与接班。

从 SL 的工作职责可以看到，这个 SL 就是常说的代班，一般情况下是半脱岗岗位。同时，他是班组里技能最熟练的全能工，日常的工作主要是训练新员工与处理常见异常。

3. 第三层 TL

第三层级在丰田叫 TL（Team Leader），TL 代表班长。班长的定位是起连接组长和组员的作用，具体的职责内容有以下五个：

1）指导成员遵守规章制度。

2）指导班内作业。

3）组内作业支援。

4）不良、异常的再发防止。

5）超负荷、浪费、不均衡的改善。

从 TL 的工作职责可以看到，TL 的日常工作是保证一线操作工按标准进行作业，对一线员工反馈的异常进行及时处理并推进问题的根源解决，同时对现场的浪费进行改善。一般情况下 TL 是全脱岗的管理岗位。

4. 第四层 GL

第四层级在丰田叫 GL（Group Leader），GL 代表组长。组长的定位是担负组内业务全部责任，具体的职责内容有以下四个：

1）维持并巩固组内纪律。

2）组内全部业务指导。

3）针对提高七大任务（人事、环境、保全、成本、生产、品质、安全）水平，实施问题解决，推进改善活动。

4）有计划推进人才育成。

从 GL 的工作职责可以看到，GL 的角色跟车间主任的角色类似，需要对班组管理的绩效目标达成负责，同时需要不断地培养合格的一线主管。

> **点评** 代理班长的工作
>
> 一个普通的班组单元就分成四层，对于很多企业可能会觉得过于臃肿，这也可以看出丰田对班组的重视程度。这种完善的结构有效地防止了因某个层面的岗位出现变动而造成的没人可用的被动局面。从长远来看，这是一种智慧。很多的企业将人才的重点放在高层，而丰田将人才的重点放在了基层培养，最终使得整体的成本最低，同时基层培养出来的人才也不容易流失。从组织架构来看，丰田与众不同的应该就是为每个班长配备一名代理班长，

他的工作就是释放出班长的时间，让班长能够脱岗管理。具体来说，代理班长的工作有以下四个方面：

1) **组织生产**：首先是每天的生产计划安排，物料供应检查，设备状态检查，作业指导书确认，成员状态观察交流以及当班任务分解，还要确认首末件产品质量是否合格等，总之保证正常状态下的任务必须正常完成。

2) **问题解决**：生产过程中，不管是内部的操作问题、设备问题，还是外部的来料不良等，如果在规定时间内不能解决时，代班听到成员的呼唤时必须快步走到对应的岗位，和员工一起判断处理，如果代班不能在节拍时间内解决完毕，必须第一时间上报等。

3) **培训改善**：丰田对于人员的技能、工艺、质量等培训教育一直不遗余力，认为对员工培训是最划算的投资。丰田一线讲究多技能工的培养，一人操作多机台或一人操作多工序都是司空见惯的事情，这与平时代班认真地教，员工认真地学是分不开的，教学相长。另外代班还需要引导、辅导员工进行工作改善，每一个代班都是称职的教练员。丰田精益生产开展得好，诀窍全在一线坚持得好。

4) **绩效反馈**：丰田一线员工采用的是计时制，按上班时间拿钱，并不像国内普遍采用的计件制。实际上，企业在管理达到一定的水准时，实施计时制会更加合适，反之实施计件制更合适。日本企业注意每个人每天工作表现的即时反馈，问题绝不过夜，这个重任就落在代班身上。日本企业普遍实施的是年功序列制，一般不会裁人，按照常理应该更难管理，实际上恰恰相反，这是由于代班们平时的反馈评价工作功不可没。

由于代班是半脱岗岗位，在国内一般经营者舍不得，毕竟少了一个干活的，有点亏。实际上，他搞错了，一个称职的代班可以激发和有效组织一个团队的工作。假如一个团队10人，每人提升10%的效率，就会多出1个人来，组织得好，提升20%、30%也不在话下，有些企业属于算了小账，丢了西瓜。

三、【丰田班组案例】丰田一线主管的晋升路径

既然丰田对班组如此重视，那么班长的技能提升路径又是如何？需要多长时间呢？丰田的班组人才晋升路径（见图1-5）会给你一个清晰的答案。

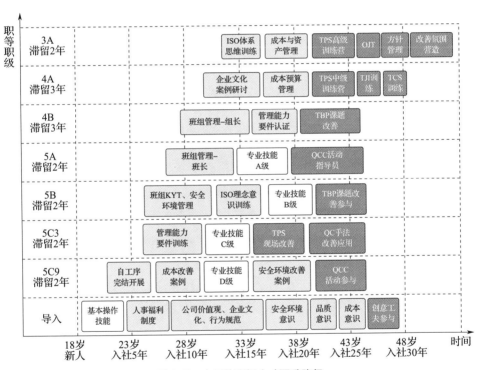

图1-5 丰田的班组人才晋升路径

注：以5C3为例，5代表职等，在丰田，数字越小，职位越高。C3代表在该职等下的职级，分成A1-A9，B1-B9，C1-C9，字母越前，在同职等下职位越高。

丰田愿意花至少14年的时间来训练一位"白纸"新人到合格的管理者，在这14年中，每晋升一个等级都需要进行相关的技能认证，只有认证通过了才能往下一级晋升。

丰田的管理技能分成以下三个方面：

1）**操作技能**：由基本技能训练、专业技能 A~D 级组成，在不同等级的岗位有对应的操作技能要求，这些操作技能如焊接技能、装配技能、检测技能等。

2）**管理技能**：相关的管理技能有工厂的流程制度，管理能力要件，安全、质量、成本、ISO 的管理与意识的训练等。同样，在不同等级的岗位有对应的管理技能要求，这些管理技能更加偏重于七大任务管理、管理体系应用两个方面。

3）**改善技能**：相关的改善技能有创意工夫、QC 手法、TPS、TBP、OJT、方针管理、TCS、TJI 等各种精益改善的工具。

点评

在丰田管理工作中，每项任务的达成都需要有日常管理、异常管理、改善活动、人才育成作为支撑。这就意味着，从员工到最高的领导者每天都会有人才育成的具体推进内容，所配备的完善的人才晋升路径是管理的基础。同时，认真观察，会发现人才晋升过程中的每个节点都会有专门认证，这使得全体职员都能够认真地学习训练，同时也有明确的学习目标。

四、小结：思考精益班组建设的理想状态

通过对两个丰田的案例学习后，可以看出丰田在构建自己的班组建设时无论在组织分工设置还是在管理能力提升规划等方面都进行了科学且合理的规划。在定义企业内部的精益班组建设理想状态时，需要进一步地定义与分解"可持续改善的自主管理学习型班组"这一理想状态。比如：推进改善达到什么程度才能达成"持续改善"的目标，那时企业的人与组织流程是怎样的状态；管理能力达到什么程度才能达成"自主管理"的目标，那时企业的人与组织流程是怎样的状态；班组文化建设达到什么程度才能达成"学习型班组"的目标，那时企业的人与组织流程是怎样的状态。

第三节
精益班组建设路线规划

但凡变革，都离不开管理机制的塑造与人才的塑造。管理机制涉及企业管理变革的管理流程、制度与激励政策，而人才的塑造涉及企业的人员技能训练、管理意识塑造与变革氛围的营造等。同样，精益班组建设从现状到达成理想状态的路径也分成管理机制建立与班组人才育成两条路径。

在利用管理机制建立与人才育成两条路径达到理想状态时，要注意两条路径同时来回往前推进，就像双螺旋结构一样，螺旋递进，如图1-6所示。接下来分别讲述达成理想状态所需要的8个条件。这8个条件既相互依存，又相互独立。依存是指部分条件的创造需要上一条件的达成后才能开展，如在基础技能训练开展前需要先厘清如何进行管理基础建设（上一条件）。相互独立是指部分条件的创造单独成为一个模块就可以发挥作用，如一线主管的标准作业，这是因为大部分的制造企业有一定的班组管理基础。

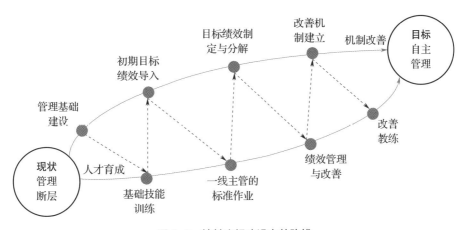

图1-6 精益班组建设变革路线

一、条件一：管理基础建设

管理断层的出现很多时候是由于管理基础建设不牢固所导致的。通常情况下，一个企业的管理基础需要由方针、目标、流程、方法、分工、组织、权责、计划、预算、绩效、薪酬、激励等组成。在建立管理基础时，可优先完成对管理职责与相关流程的梳理。一般情况下要思考以下三个问题：是否有具体的职责流程？该职责流程是否合理？职责流程是否被执行？这三个问题诊断完成后，就基本上清楚在这个模块中需要推进的工作重点了。另外，按推进的经验，建议重点关注以下三个方面：岗位职责说明书；薪酬体系标准；日常管理报表输出。

通过管理基础建设为班组构建了一个基础的运作条件，这是管理制度建设的层面，决定了哪些事由班组来完成，哪些事由其他部门来完成，这也是推进班组建设的第一个首要条件。

二、条件二：基础技能训练

在完成管理基础的梳理后，接下来就需要进行基础技能训练了。基础技能训练的部分内容可以借助日产训 TWI 版本的一线主管的五个条件来展开进行，一线主管的五个条件如图 1-7 所示。这五个条件分成两个知识、三个技

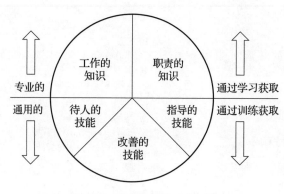

图 1-7　一线主管的五个条件

能。两个知识分别为工作的知识、职责的知识；三个技能分别为指导的技能、待人的技能、改善的技能。工作的知识与职责的知识依据不同的公司会有不同的特定内容，而指导的技能、待人的技能、改善的技能则可以作为通用管理技能来进行训练。这些技能都可以通过日产训的 TWI 标准课程来进行训练。

分享一下 TWI 小知识：TWI（Training Within Industry）起源于美国。第二次世界大战期间的美国生产劳动力缺乏，生产现场大量使用了家庭妇女和外来移民等。为了保证军需生产的质量和生产的效率，美国战时工作委员会，强行推行了 TWI 的技能培训，约 170 万人接受了 TWI 的技能培训。TWI 保证了战时军需生产的顺利进行。

1955 年，由日本政府组织成立了社团法人"日本产业训练协会"。并通过它向企业推行 TWI 的培训课程。TWI 的技能培训是一种普遍适用于各类企业的基本的工作方法和工作技能，为日本的工业发展和经济腾飞做出了有目共睹的贡献。

TWI 的技能训练课程分为 3 个模块，分别为：工作指导（JI）、工作关系（JR）、工作改善（JM）。各个模块内容具体如下：

- JI：为了使一线主管能掌握一套正确、安全、有效地指导员工作业的技能。一线主管运用指导的技能，能在短时间内对现场的不良、返工、设备故障、工具损坏等有立竿见影之功效。
- JR：防止一线主管在预防和解决人与人之间关系的问题时不恰当而造成团队涣散、员工工作态度不佳、员工流失率增多等情况。一线主管运用待人的技能对预防和解决这些问题能起到积极有效的作用。
- JM：培养一线主管对作业内容的每一个细节运用 5W1H 进行分析思考，通过去除、合并、重组、简化作业的技能。一线主管运用改善的技能可有效地利用现有的材料、机械和劳动力，消除浪费、降低成本。

实际上基础技能训练需要涉及的推进内容很多，如岗位的职责知识培训与测评、TWI 管理技能的训练与认证、沟通管理基础能力的训练与案例研讨等。

三、条件三：初期目标绩效导入

经过多年的精益班组管理实战，我认为不是所有的人员都适合担任一线主管，同时也不是凡是一线主管都值得去系统地训练与长期培养。需要通过对一线主管初期的绩效表现来对一线主管进行主动筛选，最终挑选出值得长期培养的种子选手。在初期绩效环节中，应该重点进行以下三个方面的考核：

1）业绩考核。
2）技能考核。
3）态度考核。

本环节的重点是留下适合的一线管理人才进行系统的训练与长期培养。应注意，企业应该提前做好一线主管的人才储备，不会出现因人才缺乏而导致将就用人的尴尬局面。

四、条件四：一线主管的标准作业

对于一般的制造业一线主管来说，每天的管理工作内容基本上是重复且有规律的，所以我以一天的时间线来划分每个时段的工作主题，最终以班组管理一天的各项管理动作形成一线主管的标准作业，如图1-8所示。

常规的制造班组里，一般从上一个班的接班开始，到下一个班的交班结束。在这一天的循环工作中，一般的管理工作主题参见图1-8中的一系列重复工作。只有当这些日常的工作任务能够按时保质完成时，一线主管才能算得上一个合格的一线主管，能够做好每天的日常管理维持工作。

一线主管的标准作业的设立意味着现场管理从无序到有序的变化，这个阶段不仅仅是规划一个流程这么简单，其最重要的作用是让每位一线主管都能够按照管理的标准流程作业，这背后就需要完成班组管理能力的系统训练与提升。大部分的制造企业都会有一定的班组管理基础，所以这个阶段的内容即使单独推进,也能够产生较为理想的效果。在本书中,我将本条件独立作为班组建设第一阶段的重点,其原因不仅仅是为了提升班组管理的技能,更多的是让企业班组进入一种相对安定化的管理状态,为下一阶段的目标绩效提升与带动全员改善做有力的铺垫。

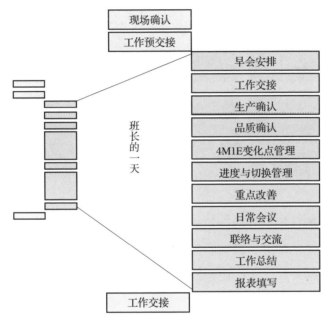

图1-8 一线主管的标准作业

五、条件五:目标绩效制定与分解

衡量班组管理做得好不好并不是一种感觉,而是一种可量化的业绩输出。此时,需要清晰地定义好班组管理的目标。制造部门的使命通常可以归纳为保质保量低成本地按时完成生产任务,对于班组来说,这些使命需要转化成具体的可衡量的指标。就拿按时来说,班组的绩效目标就是日计划达成率、按时结单率、入库及时率等,我们不但需要定义好考核的维度,还需要制定明确的目标值。只有这样,班组建设才有一个具体的抓手,而不是事无巨细,所有事都要管好。一个优秀的班组管理也一定符合20/80原则，只要做好20%重要的事情，其他的80%的小事都不是问题。

通常来说，制造部门的指标离不开六大指标，如图1-9所示，制造班组的指标也可以按照这六个方向来分解。

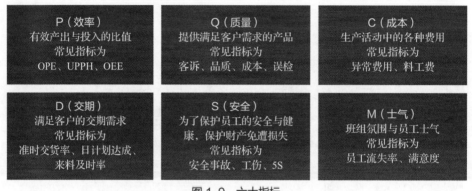

图1-9　六大指标

有了清晰的目标，才会有改进的行动力。就拿开早会来说，早会背后的目标除了上传下达以外，还有很重要的目标就是提升员工士气。只有当员工的士气被调动起来后，才能让员工安全地、有效率地按标准进行作业。所以，早会不仅仅是进行上传下达的平台，还需要通过口号互动等充分唤醒员工的状态，通过表扬员工来体现对员工的关怀，通过介绍新员工来提升员工之间的人际关系等。

六、条件六：绩效管理与改善

绩效目标的制定不仅仅是为了更好地达成目标，重点还在于培养将班组管理技能与绩效目标关联起来的意识，这才是绩效管理的内涵。从表1-3可以看出，产前准备没做好会影响到效率、质量、交期；从横向来看，与效率相关的日常管理有产前准备、高效开线、现场巡视、现场5S与现场改善。当一线主管能够熟练地运用各项管理技能进行绩效目标的兑现时，每项管理技能就会得到持续提升。

表 1-3 绩效目标与日常管理行动关联案例

管理指标	产前准备	班组早会	高效开线	现场巡视	现场 5S	现场改善
P（效率）	• 提前识别等待浪费并加以预防 • 提前对人员技能进行训练	—	• 缩短开线时间	• 确认员工是否按标准作业 • 员工作业是否有浪费	• 减少物料寻找时间 • 降低设备清扫时间	• 减少动作浪费
Q（质量）	• 提前预知品质管理隐患点	• 产品操作注意事项	—	• 确认员工是否按标准作业 • 确认现场不良是否异常	• 减少产品脏污不良隐患	—
C（成本）	—	—	—	• 确认报废是否异常	• 减少场地浪费	• 减少人工成本
D（交期）	• 提前排查人机料法不足的问题 • 提前识别产能瓶颈并加以管控	—	• 提升首小时产能	• 确认现场半成品是否异常	—	• 提升生产效率
S（安全）	—	• 提升员工精气神，减少工伤隐患	—	• 确认员工是否按标准作业	• 做好相关安全隐患标识	• 防呆防错改善
M（士气）	—	• 提升员工精气神 • 员工表扬 • 新员工介绍	—	• 确认员工是否遵守纪律	• 打造明亮的环境，形成良好的行为习惯	• 员工作业更轻松

除了促使一线主管意识到一天的各项管理工作技能与绩效指标的关联以外，还需要推进因绩效指标未能达成时的具体问题分析与解决。对于问题的解决在丰田有一个非常著名的工具叫丰田工作方法（Toyota Business Practices，TBP），该工具不仅有具体解决问题的八个步骤，更重要的是丰田在解决问题的过程中还植入了十大基本意识，如图1-10所示。

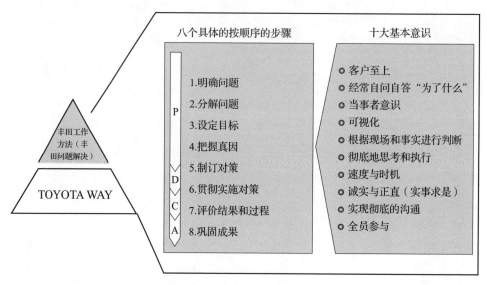

图1-10　丰田工作方法

如果一线主管能够很好地胜任班组绩效管理与提升这个条件，此时的一线主管会变得越来越优秀，并具备向上晋升的条件优势。

七、条件七：改善机制建立

当班组能够完成班组内部的绩效管理与提升后，意味着已经具备对日常指标的管控能力。此时，就需要进一步推进到改善氛围的建立，从而进一步释放一线主管的管理时间，培养与识别班组人才。

离开了改善就谈不上"精益"班组建设了，改善机制的建立意味着一线主管脱离了日常管理中的救火行为，能够释放出更多的时间进行改善。为了更好地推进班组的日常改善，形成持续改进的氛围，改善机制的建立变得非常重要。

改善机制由改善制度、激励办法、改善活动策划等组成。其中，最重要的一环是通过不断地策划改善 PK 活动来营造改善的氛围。让每位一线主管与一线员工通过 PK 平台展示自己的才能，同时快速地修正自己的不足或短板。通常在企业推进 PK 活动时，每月都会拟定不同的 PK 主题来让参与人员展示不同的优秀才能。

PK 小知识：

PK 的英文为 Player Killing，有挑战、末位淘汰等意思。PK 文化的目的不是让强者打败弱者，而是让团队成员通过 PK，反省自己的缺点，吸收别人的长处，从而提高自己的水平。PK 文化并不是不择手段地获得胜利而是拼尽全力去争取胜利，同时养成胜不骄、败不馁的优秀品质。敢于比赛，敢于挑战，敢于直面失败，这就是 PK 文化。

八、条件八：改善教练

管理工作做得越好，一定是越来越轻松，而非越来越累。此时，一线主管的管理重心需要由绩效目标的达成提升到引导全员参与改善，成为优秀的改善教练。所谓的改善教练，就是充分激活每位员工的改善欲望，让他们既能每天充满激情地工作，又能享受改善的乐趣。在丰田内部有个管理工作叫"自工序完结"，意思是对于每项工作能够判断自己工作成果的好坏，不将不良品流到下一工序。"自工序完结"所追求的目标就是将事情一次做对，对自己的工作充满信心，保持对工作的激情。

在最后一个条件中，需要推进的内容有自工序完结、改善教练培育、新员工入职、创意工夫、改善活动等，建立持续改善的氛围与精益班组文化。

第四节
精益班组建设改善案例

一、开展背景

某企业是专业从事级进模及冲压制品研发、生产、销售的高新技术企业。近年来，新能源汽车由于环保型、能源安全性等突出优势，产销规模发展迅速，成为汽车行业关注的焦点和热点，亦被列入国家级重点领域。该企业以前瞻性的战略眼光瞄准新能源汽车领域，结合自身优势在最终导入新能源电池的结构件项目。

结合自身的模具与冲压的优势，该结构件对于该企业来说是新产品。同时，当时新能源汽车发展迅猛，该企业刚好走上了行业的风口，订单的数量年增长3倍以上。此时，该企业无论从技术上，还是管理上，都未能跟上订单的增长速度，生产的产能、品质等问题频繁发生，最终困扰着该企业无法进一步扩大规模。

经现场诊断调研，该企业以电池导电极片作为电池结构件项目的重点对象，理由是该产品订单品种不多，订单批量大，产品订单的工艺流程差异不大，典型产品的具体作业流程如图1-11所示。

从图1-11中可知，产品的作业流程分成焊接线、组装线、检测线三段，大部分的加工过程都由设备加工完成，属于设备密集型产线。

因模具加工依然是该企业老本行，该企业有信心在短时间内解决产品的技术性问题。而对于管理问题而言，内部的管理基础较为薄弱，需要从系统上重建整个管理体系。经过内部的多次研讨，最终选择了班组管理与设备管理作为切入点，渐进地有序地完善整个管理体系。本案例主要为大家呈现制造班组管理改善的关键历程。

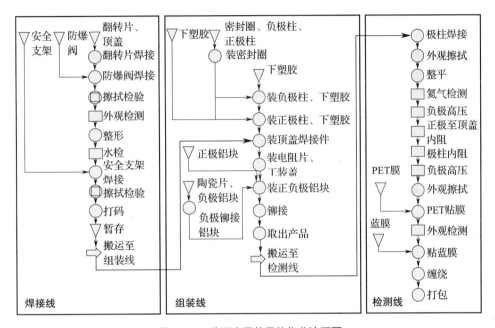

图 1-11　典型产品的具体作业流程图

二、问题诊断

经过现场的定点观察与数据收集、访谈，最终确认利用半年时间通过班组管理改善优先解决以下四个主要问题：

1）企业制造班组的管理组织配置与管理职责分工不清晰，导致车间主任、车间一线主管的执行错乱，存在管理漏洞与重复管理问题。

2）车间一线主管对产品的加工工艺、产品质检标准、设备操作与维保等知识掌握不全且碎片化，导致生产异常没法及时发现与处理。

3）车间一线主管未经系统的管理培训，尤其是新员工的工作指导、员工关系处理等，导致大量的员工流失，新员工进来时技能不熟练导致的品质、交期问题频繁发生。

4）产前准备问题突出，上班后 30min 都没有产出是常态。

三、改善过程展示

1. 管理组织配置与管理职责分工完善

改善后的管理组织配置如图 1-12 所示，具体的改善动作是为每名班长增加一名班长助理的配置，该班长助理从班组技能熟练的多能工中选出，主要负责员工技能训练与产线顶岗作业，半脱岗管理。组长由原来的半脱岗管理转变成全脱岗管理，负责对员工的日常管理与落实生产任务分工，参与每天的日计划协调与异常 QRQC 会议，及时对异常问题进行记录分析与上报，协调问题的根源解决。

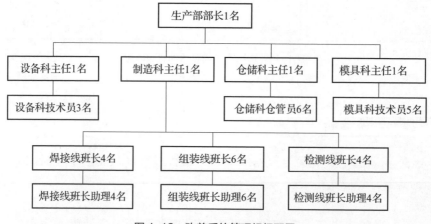

图 1-12 改善后的管理组织配置

除了完善管理组织配置以外，还进一步完善了管理职责分工，见表 1-4（部分分工）。在推进管理职责分工时，利用方针展开的思路从管理的各个模块到具体内容分工进行三次展开，并对关键绩效指标（KPI）进行关联。值得推荐的是该表的呈现逻辑清晰，同时以 PDCA 的科学方法分解，最终能够有效保证每项任务不重复、不遗漏。

表 1-4 改善后的管理职责分工

基本任务（一次展开）	任务细项（二次展开）	职责（三次展开）	车间主任	车间班长	班长助理	物料员	操作工	关键绩效评价指标
依据生产计划信息组织物料备、人力安排与培训、装备作业工艺流程标准与质量标准执行，按低成本地完成生产任务	1.生产物料管理	1.1 按工单及时领料与确认物料状态				●		
		1.2 在指定区域按计划顺序与工序进行备料				●		
		1.3 车间不良品按区域摆放					●	
		1.4 及时通知不良品管进行成品检验入库			●			
		1.5 订单余料进行及时统计与退货		●				
		1.6 未结单物料做好标识并摆放到指定区域		●				
		1.7 异常补料申领与统计	●	○		○		异常补料责任金额
	2.生产计划管理	2.1 核对计划在人力、设备、物料方面的合理性	●	●				
		2.2 及时反馈标准工时异常信息		●	○			
		2.3 统计各时段产量，保证完成日计划			●			生产日计划完成率
		2.4 早中晚及时对计划物料状态与数量排查			●	○		
		2.5 计划执行制程异常与PMC沟通变更	●	○				
		2.6 做好日计划分解到人员、线别与机台		●	○			产线准备排查准确率

（续）

基本任务（一次展开）	任务细项（二次展开）	职责（三次展开）	车间主任	车间班长	班长助理	物料员	操作工	关键绩效评价指标
依据生产计划信息，组织物料、设备等人力安排与训练，按作业工艺装准备，按标准执行，按时保质保量低成本地完成生产任务	3. 人力安排与训练	3.1 新员工岗前培训		●	●		○	
		3.2 班组多能工轮岗训练与技能认定	○	●	●			
		3.3 组织每日班组晨会		●			○	
		3.4 人员计划排岗与协调	○					
		3.5 员工考勤统计		●				
		3.6 员工关系维护			●		○	员工流失率
	4. 制程质量管控	4.1 样品和标准复核确认	○	●				
		4.2 首件产品检查及确认作业		●				批次不良率
		4.3 每 2h 按"工序巡检表"进行巡视		●				批次不良率
		4.4 岗位人员质量自检操作和技能提升			●			
		4.5 参与每天 QRQC 日例会	●	○				
		4.6 推进工厂的 QCC 改善课题	●	○				入库合格率
		……						

2. 一线主管工作知识梳理与培训测试

针对一线主管对工作知识不熟悉的问题，该企业优先对一线主管工作的知识进行梳理，并进行对应知识的测试。在开展时，针对焊接、组装、检测三个工程的相关知识形成专题培训，由品管、设备、技术来组织对制造科一线主管的培训。具体培训主题（部分）如下：

1）摩擦焊、清洗机、注塑机、氮气检测机等关键设备的操作与保养知识培训。
2）焊接、组装、检测各加工段的产品检验标准与检验方法培训。
3）焊接、组装、检测的常见不良类别与实物介绍。
4）关键机台常见调试参数的操作说明。
5）各种产品不良的原因分析与解决措施案例。

各个培训都有对应的测评试卷来确认一线主管掌握了必备的工作知识，确保一线主管能够有效地执行与推动相关标准的落地。

3. 一线主管两大管理技能的落地

对于长期在一线进行管理的管理者而言，他们的定位更多是推动管理方针的执行落地，所以在应知应会的教育中会更加关注应会。"应知"指的是工作上或职责上的知识，而"应会"指的是管理技能。知识可以靠背诵来记住，而技能需要较长时间的训练才能获得。因此，该企业花了较长的时间对一线主管的管理技能进行训练，并要求对关键的管理技能进行现场认证。通过对一线主管的管理基础技能摸底，最终将班组早会与员工工作指导两项技能作为落地与认证的关键管理技能。

班组高效早会推进：在班组的高效早会上，设定了高效早会的评分标准，每周进行评价，并在第四个月举办了隆重的"高效早会阅兵活动"。高效早会评价标准是推进的核心，具体评分标准见表1-5。

表 1-5　高效早会评分标准

时间控制 10 分	队形纪律 15 分	员工互动 15 分	早会记录表 20 分	内容宣导 15 分	员工表扬 15 分	结束仪式 10 分
10 分 5min ± 1min	11~15 分 队列整齐 动作一致	11~15 分 组长声音洪亮 员工声音一致洪亮 员工接受任务有响亮回复	16~20 分 内容填写完整 填写信息能够对班组绩效有促进作用	11~15 分 组长表达顺畅 任务布置清晰 提前写好发言内容	11~15 分 表扬内容真实感人 表扬内容有学习价值或分享	8~10 分 三拍整齐洪亮
5 分 3~4min 或 6~8min	6~10 分 队列不整齐或动作有拖沓不一致（员工着装、迟到等）	6~10 分 组长声音不够洪亮或员工声音不一致	11~15 分 内容基本完整 填写信息未能明确具体的任务	6~10 分 组长表达不清晰或任务说明混乱	6~10 分 表扬内容细节不足或表扬内容没有学习价值或分享	4~7 分 三拍不整齐不洪亮
0 分 1~3min 或 超过 8min	0~5 分 员工精神面貌未唤醒	0~5 分 员工士气低下	0~10 分 没有准备或准备过于简单	0~5 分 没听明白讲什么	0~5 分 表扬内容较虚或没有员工表扬	0~3 分 未能感受到信心

从评分的维度可以看出，对于开好高效早会有七个关键点：

1）时间控制：早会是站在固定的地方完成的，一般在 5min 完成最合适。时间短了，内容不够充实；时间长了，说明发言的内容未进行整理与提炼。

2）队形纪律：一个有纪律的团队可以直接从队形、员工站姿、精神面貌等方面直观地识别出来。保持队形纪律能够构建团队的纪律意识，同时也可以提升作为管理者的威严。

3）员工互动：互动是为了充分激活每位员工的精神状态，声音的洪亮与整齐可以直接体现员工的状态是否被激活。

4）早会记录表：昨天的工作复盘、当天的任务目标分工、作业注意事项等都需要有序地在早会中进行宣导。一个好的一线主管需要将这些内容进行格式化，提前做好准备。为达成该目的，可以将需要发言的内容整理成"早会记录表"的形式，要求每位一线主管在早会前整理好自己的宣导内容。

5）内容宣导：写好了"早会记录表"并不代表就能够很好地呈现出来，所以应对一线主管的表达技能中的有序表达与语言提炼进行刻意训练，并构成其中一个评分项。

6）员工表扬：惩罚或责骂员工只能让员工知道哪些事不能干，而员工表扬是以正面的方式告诉员工哪些事才是正确的事。表扬的技能是一种让管理者事半功倍的管理技巧，同样也需要在早会中进行刻意训练。为推进员工表扬技能训练，将员工表扬做成了一个评分项。

7）结束仪式：通过整齐的"三拍"鼓掌来结束早会，以提升员工的士气，同时也是生产任务有信心完成的体现，因为整齐的三拍需要每位员工集中精神来配合才能完成。

总而言之，开好一个早会，意味着一线主管在任务目标分解、语言表达、管理威严、团队士气管理等方面都得到了较为全面的训练。

在员工工作指导技能的推进方面，导入了全球最为成熟的经典日产训版权课程"TWI-JI 工作指导"对一线主管进行训练，最终通过以下三个表进行落地推进：

1）"训练预定表"。训练谁、训练什么工作、何时完成训练，都整合在该表里。在对每位一线主管进行 TWI-JI 训练后，每位一线主管都需要制定自己班组的"训练预定表"，根据现场员工每天动态的实际的人事变动、作业状况、生产变化等有计划地组织对员工的工作指导。

2）"作业分解表"。该表是一线主管在指导员工前的准备动作。在两个月的过程里，输出了80多份的关键工序的"作业分解表"，为员工的现场工作指导训练做好准备。

3）"工作指导能力评价表"，见表1-6。本表是对一线主管指导员工进行"教三练四"时的过程评价，同时也是对工作指导技能掌握程度的依据。因为我是企业内部具备指导技能的内训师，为该企业培养了一位TWI-JI 工作指导的讲师，对企业来说工作指导技能的训练得到了很好的传承。

表 1-6　工作指导能力评价表

评分人：　　　　　　　评比对象：　　　　　　　最终得分：

阶段	18个步骤	评分标准	分数	得分
第一阶段 学习准备	1. 使他（员工）平心静气	寒暄，消除学习者的紧张情绪	2	
	2. 告诉他将做什么工作	告诉他工作的名称和内容	2	
	3. 了解他对工作的认识程度	询问他以前是否从事过该工作或类似工作	2	
	4. 营造乐于学习的气氛	说明工作的重要性或用其他方法激发学习兴趣	2	
	5. 使他进入正确的位置	根据教导者的惯用手法决定学习者的正确位置	2	
第二阶段 传授工作	6. 将主要步骤一步一步地讲给他听做给他看	物品准备：作业名、物料、工具及材料告知及确认（2分）"我先做一遍告诉你看，这一遍我会告诉你主要步骤。"××工作共有×个主要步骤是×，第一个主要步骤是×，这里有×个要点，第一个要点是××（4分）主要步骤缺失或错误（2分/个）说出要点或理由（2分/个）	10	
	7. 明确强调要点	"我再做一遍给你看，这一遍我会告诉你主要步骤的要点。"××工作共有×个主要步骤，第一个主要步骤是×，这里有×个要点，第一个要点是××（4分）要点缺失或错误（2分/个）说出要点的理由（2分/个）	10	
	8. 清楚地、完整地、耐心地指导，说明要点的理由	"我再做一遍给你看，这一遍我会告诉你要点的理由。"××工作共有×个主要步骤，第一个主要步骤是×，这里有×个要点，第一个要点是××，理由是××（4分）要点理由缺失或错误（2分/个）按要点1、理由1、要点2、理由2的顺序（2分/个）讲述的内容难以理解（2分）	10	
	9. 不要超过他的理解能力	没有向员工提问：你还有什么问题吗（3分）	5	

（续）

阶段	18个步骤	评分标准	分数	得分
第三阶段 尝试练习	10. 让他试做，纠正错误	没有使员工充分掌握（10分） 没有及时纠正员工错误（5分） 员工正确完成时没有鼓励表扬（5分）	10	
	11. 让他边做边说出主要步骤	"请你再做一遍，这一遍你边做边说出主要步骤"（4分） 学习者步骤错误，没有纠正（4分） 学习者说出要点和理由但没有纠正（2分）	10	
	12. 让他边做边说出要点	"请你再做一遍，这一遍你边做边说出要点"（4分） 学习者要点错误，没有纠正（4分） 让学习者多说主要步骤或要点（2分）	10	
	13. 让他边做边说出理由，并确认他完全掌握	"请你再做一遍，这一遍你边做边说出要点的理由"（4分） 学习者理由错误，没有纠正（4分） 让学习者多说主要步骤或要点（2分） 没有鼓励或表扬员工（如恭喜你及格了）（5分）	15	
第四阶段 检验成效	14. 请他开始工作	给他布置工作任务	2	
	15. 指定协助他的人	给他指定询问人，不懂的时候可以询问	2	
	16. 经常不断地检查	经常不断地检查学习的情况	2	
	17. 鼓励他提出问题	提出无论工作上，还是生活上遇到问题，都可以请求协助	2	
	18. 逐渐减少指导的次数	告诉他慢慢减少检查的频率，请带着自信努力工作	2	

员工的工作指导是每位一线主管每天都需要进行的工作，无论是新员工还是老员工都是需要进行工作指导的对象。良好的工作指导技能能够快速地缩短员工的熟练周期时间，从而减少因员工技能不熟练导致的一系列质量、产能、效率、安全问题。在推进过程中，令人意外的是，导入班组工作指导后，员工的流失率也得到了明显的下降。

4.完善产前准备流程，推进首小时产能提升

产前准备得好不好，将直接体现在开线后的首小时产能上。同时，开线是否顺利将决定一天的任务是否能够顺利完成，开线不顺利很有可能接下来的8h都为首小时未准备好而做一系列的救火工作。一日之计在于晨，开线效率的高低取决于前一天的准备工作是否充分。这些准备主要是指对完成生产日计划所需要的资源进行排查，并依据排查的结果进行提前干预。我将前一天需要准备与排查的工作都整合到"生产日计划分解表"中了，见表1-7。

表1-7 生产日计划分解表

车间		装配		负责人	何××	总人数	30	填写日期		9月19日	
序号	生产计划						生产条件			任务分解	
序号	订单编号	名称	规格	日计划PCS	入库日期	标准人均产能PCS/(人/h)	需求时间/h	人	机	料	法	产线	人数	计划时段	达成目标行动
1	1181101040	26148	260mm	6000	9月20日	120	50.0	✓	✓	✓	✓	A2-1	10	8:00—14:00	
2	1181101041	26148	260mm	5500	9月20日	120	45.8	✓	✓	✓	✓	A2-1	10	14:30—20:00	区分订单并做好标识
3	1181101042	36500	3600mm	10000	9月20日	80	125.0	✓	✓	✓	✓	A2-2	20	8:00—15:00	
4	1181101043	36810	3600mm	6000	9月20日	暂无	暂无	✓	✓	✓	✗	A2-2	20	15:30—20:00	配合工程首次量产
5															
6															

填表时注意：

1）该报表作为车间一线主管每日计划分解的工具，对明天的日计划进行排查并及时调整完成计划的行动。
2）需要每天在 19：00 前由车间一线主管交由车间主管进行确认。
3）生产计划除 PMC 排产外，需要填写未完成的日计划、清尾计划、其他安排等，保证对每个时段都进行了有效安排。
4）需求时间 = 日计划 ÷ 标准 UPPH，需求时间与计划时段用时要一致，尽可能地在需求时间内完成计划，保证效率。
5）"达成目标行动"填写说明：在排查出人机料法有问题时，需要及时地进行跟踪并向主管沟通确认，跟进到问题得到解决才安排生产。

从表 1-7 中可知，做好生产日计划分解，就意味着做好对班组内部人、机、料、法、环的排查，并对排查出的问题进行提前干预，必要时上报处理。这样做的目的是将问题在前期进行排除，而不是到发生时才进行救火，最终培养一线主管的计划意识。

四、项目推进成果总结

经过半年的精益班组建设的导入与推进，主要在 0 阶段与 1 阶段方面进行推进，该企业最终在绩效指标、人才培养与标准规范三个方面都取得较为明显的改善。

1. 绩效指标

1）车间生产场地节约 15%。
2）订单周期缩短 30%。
3）生产效率提升 25%。
4）客户投诉减少 26%。
5）员工流失率控制在 8% 以内。

2. 人才培养

1）建立两个新员工道场。

2）技能教练认证通过率为80%。

3）班组早会认证通过率为100%。

3. 标准规范

1）班组早会管理流程规范。

2）新员工入职流程规范。

3）工作教导实训手册。

4）生产部岗位职责体系。

五、案例启示

项目推进三年后，该企业的业绩增长了3倍，人均产值增长了5倍，成为新能源企业结构件的头部供应商，班组建设在该企业快速发展过程中的贡献功不可没。

对于企业来说，班组建设不足会导致非常多的问题，如不能如期交货、产品制程问题多、生产效率低下等。因为班组建设是一个非常基础的活动，但又很少有人能够真正地理解系统的班组建设是如何展开的，所以当企业看到这些问题时，更多的是从单点去解决眼前的问题。如交货不行，就想办法加班加点工作提升产能，或者导入更多的设备或人力等，这些措施可以快速有效地解决眼前问题，但对于企业的管理基础并没有太多的提升。

在这个案例中，该企业的高管能够着眼于长远，选择进行基础的班组建设着实不易。精益班组建设在刚开展时可能因为增加了很多的规范与约束，无论是一线主管还是制造负责人都会"投诉"了很多做也做不完的事，但这些"做也做不完的事"正是企业本来需要完成的"补课"。如果企业高管未曾意识到这些"补课"的重要性，而仅仅站在一线主管与制造负责人的角度来为他们"减负"，就很难取得长远的效益。

第二章

第一阶段：精益班组管理技能提升

为什么是班组管理技能提升，而不是班组管理知识提升呢？

其实，作为企业的中基层管理者，相比起管理知识，管理技能要重要得多。

技能与知识又有什么区别？

知识主要是通过看书、阅读、经验分享等获取来的。

技能主要是依赖多次的实践与训练才能获取。

就像学自行车一样，你不可能通过看书、看学习视频就能够学会骑自行车，而更多的需要在骑自行车的训练过程中掌握。

作为班组建设第一阶段的内容，目的就是系统地训练班组管理的技能，同时通过各种"推进"来提升训练的氛围，最终保证管理技能的提升，形成一线主管的标准作业。

这个阶段是最容易出成效且可以感受到变化的，推荐作为班组建设的首推动作！

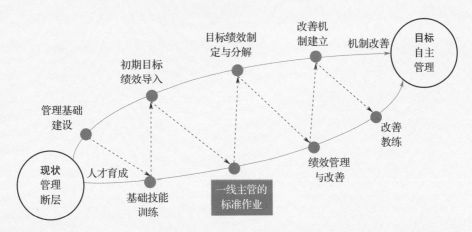

01

第一节
导入案例：小马有错吗

案例 导入案例：小马有错吗？

小马是车间的技术骨干，因为工作勤恳、技术好，被公司提拔为主管，管理30个人的生产线的工作。上任伊始，小马认为既然公司这么看中我，我就得更加努力工作。每天小马都第一个到车间现场，最后一个离开，员工操作中有什么问题，小马都能热心帮助解决。如果有员工缺勤，小马就亲自操刀上阵。员工有什么技术问题，都立即找小马解决。每一天，小马都要处理不少问题，从上班到下班，忙个不停，生产机器出现了故障，小马去解决，生产任务完不成，小马亲自上岗，生产质量有问题，小马亲自分析。

小马觉得自己很辛苦，但同时也很自豪，很多员工觉得生产现场离不开他，但同时小马觉得很累，连换休都是奢望，生产线离不开他，他也不放心。年终考核时，经理却告诉他：对他的工作并不满意，认为他没有做好工作。小马觉得很委屈：我整天都在辛苦工作，解决了不少难题，生产现场都反映离不开我，难道工作还没做好吗？

看完这个案例后，相信大多数的管理者都看到了刚晋升时的自己。

那么，我们一步步地剖析这个案例，从案例中进行学习。

第一个问题是：小马有错吗？

尽管小马晋升后是比以往更努力，但上司的评价却是客观的，小马有错。

第二个问题是：小马错在哪里？

在案例中，晋升后的小马依然充当着一线员工的角色，有时是技术员，有时是搬运工,有时是作业员,充当了一个Super(超级)员工。所以尽管小马无论是在行动上,还是态度上都比晋升前积极了,但小马并没有真正地承担起管理者的角色,这就是最大的错!

第三个问题是:你是小马,你会怎样做呢?

对于小马来说,首先要做的就是需要改变认知,认知对了才会有正确的行为。作为像小马一样的中基层管理者来说,要充分地认知到一线主管的职责与权限。

其次,小马不能每天都做些救火的工作,而是需要合理规划自己的管理工作,形成一天的管理标准作业。

最后,小马还需要刻意训练相关的管理技能来保证能够按时保质地完成班组管理一天标准作业流程的各项要求。接下来,以小马为例,让更多的像小马一样积极且勤奋的人逐步蜕变成一名优秀的一线主管。

第二节
管理能力提升的三种状态

一、管理就是维持与改善

先谈谈我对管理的理解。对于管理的定义,有不少的管理大师都有所提及。

"科学管理之父"泰勒认为:管理就是确切地知道你要别人去干什么,并使他用最好的方法去干。

"现场管理学大师"彼得·德鲁克认为:管理是一种实践,其本质不在于"知"而在于"行";其验证不在于逻辑,而在于成果。

其中,我最认同的还是日本精益大师今井正明对管理的定义:管理就是维持与改善。

对于一线主管来说,需要有大量的时间投入在日常管理的工作中,但日常管理不能代表管理工作的全部,还需要有改善推进工作。只有当维持工作与改善工作得以同时兼顾,管理的绩效才得以提升。

在一线主管成长的过程中,会有很多的救火活动,而通过救火活动对问题的根源进行改善及标准化,就可以释放出部分的时间进行管理技能的刻意训练与提升。当管理能力提升到一个阶段时,又会遇到更多更大的问题,此时就会出现新一轮的救火,对问题的根源进行改善及标准化,然后又可以释放部分的时间进行管理技能的刻意训练与提升。最终,随着管理技能的不断提升,其维持与提升的周期时间就越短,此时的一线主管就进入了改善的良性循环,如图2-1所示。

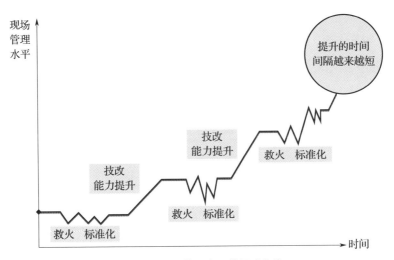

图 2-1 现场管理水平的提升曲线

利用一线主管的成长曲线,我将一线主管的管理能力提升分成三种状态:充满成就感的救火队长;一线主管被动地接受训练与改善;从要我改到我要改,进入良性循环。

二、状态一:充满成就感的救火队长

该阶段的一线主管与刚晋升的小马一样,对现场的很多异常都及时地进行解决,并产生出"现场都离不开我"的成就感。在这个阶段的一线主管不得不承认是一名难得的问题解决人才,但又很危险。危险的是很多的问题并没有思考从源头中进行改善,同时这些一线主管又忙于现场的救火活动而没有时间进行管理技能的训练。此时的一线主管在接受新方法时表达得最多的一句话就是"我们很忙,根本没时间改善",如图 2-2 所示。图中非常生动地勾画出此时一线主管的状态——即使有更好的方法也难以

图 2-2 没时间做改善

接受。

对于企业来说，现场的问题并没有真正地解决，只不过被掩盖掉而已。企业需要更多的耐心并借助外力来促使一线主管进入成长的第二个状态。

三、状态二：一线主管被动地接受训练与改善

无论是内部自己推进，还是借助外力推进，在刚启动班组管理提升项目时，一线主管在感受到高层的决心或在相关的激励下，逐步开始配合并接受相关的管理技能培训，每天将留出一部分的时间进行刻意训练。如果训练的主题刚好能够推进问题的根源解决，一线主管就会逐步地接受新的管理技能。

要进入该阶段的状态，需要有较为强势的推进与激励政策，营造人人学习，人人训练的氛围。在推进时，优先公开激励那些积极配合的一线主管，利用表彰大会来进一步拉拢中间观望的一线主管，最终形成良好的学习训练氛围。

四、状态三：从要我改到我要改，进入良性循环

该阶段的一线主管因感受到管理技能提升的好处，每天的救火工作越来越少，每天能按一线主管的标准作业的各项改善工作实施。对于员工的工作指导、员工的关系维护、生产日计划的提前准备、现场巡视、改善提案、QCC（品管圈）活动等重要的工作都能够有序地展开，使得生产现场的救火工作时间大幅度缩短。随着进入该良性循环的一线主管增多，制造现场也开始步入正轨，开始涌现大量的管理人才。

第三节
让一天的管理工作变成管理的标准作业

利用管理能力提升三种状态的说明，主要是为了让一线主管能够厘清自身的状态与理想状态的差距，使其做重要的事而不是做紧急的事。从班组建设的角度，接下来需要推进的事情就是依据班组的日常管理工作，形成一线主管的管理标准作业。一线主管的管理标准作业可分成五个步骤来推进。

一、第一步：记录一天的工作现状

记录班组管理一天的工作由一线主管自己完成记录。

因为每家制造企业的现场工作都不一样，可借助"班组管理的一天工作记录表"来完成对班组管理一天的工作的收集与整理，见表 2-1。

表 2-1　班组管理的一天工作记录表

时段 （何时做）	任务 （做什么）	工作方法 （怎么做）	责任者 （谁来做）	确认者 （查核）	表单 （记录）
8：00~8：05	晨会	全体人员须配挂厂牌，姓名及工号须向外配挂 晨会内容： 1. 宣导目前公司所推行政策及做法，让全员能了解，并配合推行 2. 宣导车间内各项活动计划的内容及做法 3. 上周或前一日客怨之不良项目提报及招待对策说明 4. 前日生产进度落后量提示说明，并告知挽回计划 5. 今日生产重点说明及注意事项提示	班长	调度	无

以下是对表格的填写说明：

1）时段：需要记录管理任务完成的开始与结束时间。
2）任务：主要是描述任务的名称，如晨会、巡视、异常处理、考核处理等。
3）工作方法：具体描述任务的开展流程与步骤说明。
4）责任者：任务完成的主体，一般是现场的一线主管或一线主管助理。
5）确认者：对该任务的内容与时间进行确认，一般是现场的车间主任。
6）表单：是指完成该任务所填写的表单。

具体由车间班组每天记录，并交由车间主任确认填写的客观真实性，至少连续填写五天作为收集与分析的基础资料。

二、第二步：分析班组管理一天的各项工作

班组管理一天的工作分析主要由车间主管来进行，需要分析的重点如下：

1. 分析任务的属性

每天都做了哪些任务，哪些属于维持性的任务，哪些属于改善的任务，以下是分析过程中的常见检视项：

1）处理异常是否占了大部分的工作任务与时间。
2）是否大多数属于维持性的任务，缺乏改善的任务。
3）任务过程中是否缺乏与员工、其他部门、上级的沟通与协同工作。
4）任务是否大多数是属于员工级的工作，如物料搬运、顶岗、异常处理、调机等。

2. 分析时间的利用是否合理

重点识别项如下：

1）改善性的工作是否充足：如提案改善、QCC 活动、A3 改善等。
2）管理性的工作是否充足：员工工作指导、员工关系管理、进度管理、现场巡线等。

3. 分析工作方法的合理性

重点识别项如下：

1）管理工作的方法是否有标准作业流程。

2）是否按标准作业流程实施。

4. 表单的记录是否准确

重点识别项如下：

1）各项管理任务是否有配套记录表单，如早会记录表、巡视记录表、5S稽查表、异常记录表、生产日计划分解表、员工训练计划表、员工沟通记录表等。

2）各项管理任务的表单是否按要求填写与上交汇总。

三、第三步：评审各项工作的有效性、全面性与职责关联性

由生产经理评审班组管理一天的有效性、全面性与职责关联性。

有效性评审：从前面的学习中可以知道，管理好生产就是管理好六大指标，分别是：P（效率）、Q（品质）、C（成本）、D（交期）、S（安全）、M（士气）。我们需要对班组一天的各项工作与六大指标进行关联性分析，看每项任务是否能够与六大指标产生关联。

全面性评审：在对各项任务的关联性分析完后，就需要分析有没有哪项指标没有管理任务支撑，从而识别管理任务的全面性。

职责关联性评审：是指各项任务与其岗位职责的关联，很多的管理工作也许都是必需的，但不一定全是由一线主管来完成，需要认真地分析每期工作是否与岗位职责相关联。与岗位职责相关的项目保留，无关联的项目交给对应的人员来完成，保证职务清晰一致。

为了更好地理解职责的关联性，以下利用案例进行说明，见表2-2。

从案例表中分析可知，开班前的工作有五项工作，这五项工作都会与生

产管理指标产生关联，但对职责的关联性分析可以得知，物料状态排查、工艺流程确认、设备工装确认等都可以由组长助理来完成，而一线主管自己负责好生产计划锁定与班组早会的工作就好。

通过职责关联表可以对一线主管的工作进行合理的安排，提升管理工作的合理性。

表2-2 职责关联表案例

时段	指标	P	Q	C	D	S	M	是否属于本岗位职责
	内容	生产效率	过程质量	物料损耗	交期达成	安全事故	员工士气	
开班前	生产计划锁定	✓			✓			✓
	物料状态排查	✓	✓					可由助理完成
	工艺流程确认	✓	✓					可由助理完成
	设备工装确认	✓	✓					可由助理完成
	班组早会	✓	✓			✓	✓	✓

四、第四步：设定一天的各项管理流程

通过前面三步的分析与评审，基本可以清晰地得出哪些管理任务由一线主管完成，每项任务需要多长时间，每项任务的标准工作步骤、每项任务的相关表单以及每项任务与指标、职责的关联。这些任务经以一天的时间线来排序，就可以设计出一线主管一天的标准作业流程。

为了让大家了解一线主管的标准作业流程，我整理了一份制造班组常见的案例流程供大家参考，见表2-3。

结合表2-3的案例，大家在设计企业内部的班组一天的标准管理作业流程时，需要体现出以下四个元素：

1）每天重复的维持性活动。

2）每天临时突发的异常处理。

3）每天改善活动的开展。

4）每天人才培养活动的开展。

表2-3 一天的管理标准作业流程案例

序号	时段	工作内容	工作方法	责任者	确认者	相关报表
1	下班前30min	产前准备	1）核对第二天需要开班的生产计划信息以及相关物料的齐套性 2）对相关人员的任务分工进行提前规划 3）需要提前准备的设备以及工装进行现场确认 4）提前识别影响计划完成的瓶颈并提前策划 5）对于不能及时解决的问题及时上报上级处理	班长	主管经理	"早会记录表"
2	上班前30min	接班	1）交班班长填写"交接班记录表"有权力不接班 2）按交接班记录表记录的内容与交班班长进行当天沟通与现场确认，对于问题未能文代清楚时有权力不接班 3）确认现场的5S与安全情况，交接未处理好时有权力不接班	班长	主管经理	"交接班记录表"
3	上班前10min	高效早会	1）所有员工按时参与早会，对于迟到员工需要站在红圈内而不能私自入列 2）所有队列从高到低统一方向排列，每位员工排位相对固定 3）开早会前需要提前填写完"早会记录表"中的所有信息，并在会中宣导 4）如有新员工进入，则需要有正式的新员工欢迎仪式并向大家介绍新员工的相关信息 5）早会的流程严格按早会标准流程实施，时间控制在5min±1min 6）早会过程需要关注每位员工的精神状态，如有异常需要及时处理	班长	主管经理	"早会记录表"
4	7:30-8:30	快速开线	1）提前准备好员工所需要的物料与工具 2）按标准人员配置进行作业，如实际人员与标准人员不一致时，则提前进行人员分配 3）如果是流水线作业，尽可能实现不清线作业 4）对于新员工，可安排在能够快速上手的非关键岗位作业 5）对于瓶颈岗位员工，则重点关注其产能完成情况并及时进行调整 6）更新生产进度看板	班长	主管经理	"首件检验记录表" "生产进度看板"

（续）

序号	时段	工作内容	工作方法	责任者	确认者	相关报表
5	8:30~10:00	开线跟踪	1) 材料与关键设备使用情况逐一亲自现场确认 2) 产品首件作业的每个工位逐一亲自现场确认 3) 新员工的作业与状态逐一亲自现场确认 4) 设备点检与记录逐一亲自现场确认 5) 对于现场的产能瓶颈逐一亲自现场确认并优化	班长	主管经理	"首件检验记录表" "生产进度管理看板"
6	10:00~12:00	现场巡视人事事务	1) 现场五要素巡视 2) 巡视问题解决与上报 3) 处理员工昨天的考勤情况 4) 对现场的5S执行情况进行巡视 5) 填写生产进度管理看板	班长主管	主管经理	"现场巡视表" "员工出勤记录表"
7	13:00~15:30	员工与生产切换管理	1) 提前3min进行员工按摩操活动 2) 对现场的每位员工的精神状态进行逐一确认 3) 记录员工当天的工作表现并对有问题的员工进行逐一确认 4) 制订员工技能提升计划并按计划实施技能提升及多能工培养 5) 生产切换过程准备与同步作业安排 6) 对当天产能目标达成进行确认并预估加班生产产品与数量 7) 成品入库及流转到下一工序	班长	主管经理	"员工绩效评价表" "员工绩效提升计划" "技能训练计划表" "生产切换流程"
8	15:30~下班前	现场改善及总结	1) 员工改善提案收集 2) 现场浪费提案改善 3) 改善课题活动开展 4) 与计划员商讨加班或明天生产任务 5) 当天生产过程总结 6) 锁定明天第二款产品与物料	班长主管	主管经理	"提案改善表" "改善课题总结" "生产任务单" "异常工时记录表"

(续)

序号	时段	工作内容	工作方法	责任者	确认者	相关报表
9	下班后	现场5S与明天工作规划	1) 当天未完成任务及异常总结记录 2) 员工出勤统计与确认 3) 班后10min5S现场督查，工作到位后方可离开 4) 完成交接班工作并填写"交接班记录表" 5) 填写"早会记录表"	班长	主管经理	"现场5S清扫标准" "交接班记录表" "早会记录表"
10	不定时	各类会议 各类顶岗 各类检查	1) 各类型会议临时的参加并落实会议内容 2) 员工离岗顶岗，人员缺少顶岗等 3) 车间5S检查等各类检查的参加	班长	主管经理	"车间6S评分表" 各类相关报表
11	不定时	尾数订单关闭	1) 收尾订单物料准备齐套 2) 收尾订单做显著标识生产 3) 协调相关单位人员共同跟进收尾产品生产 4) 异常物料当天处理完，确保订单关闭	班长	主管经理	"收尾订单计划表"
12	异常发生时	异常处理	1) 品质异常、设备异常、材料短缺、人员异常等的快速反馈、协调、处理 2) 临时客户投诉问题的处理 3) 临时产品不良的返工处理	班长 主管	主管经理	各类相关报表

五、第五步：推进一线主管标准作业流程的落地

制作出清晰的一线主管标准作业流程并不代表一线主管就能够按标准进行管理，此时需要推进人员持续地推进实施，使一线主管按一天的各项标准作业流程严格执行。推进人员可以是指标稽核专员，也可以是精益生产专员。该专员推进的主要任务分别有：

1）对流程是否有执行进行检查，如是否有按时开早会，早会是否有提前准备早会记录表等。
2）对流程的执行质量进行检查，如班后清扫是否执行到位，巡视的问题与现场问题是否一致等。
3）每周/月对检查的结果进行公布，并按评分的高低进行班组排名，兑现相关激励。

六、小结与推进任务

让一天的管理工作变成管理的标准作业为班组管理技能提升的有效前提，只有知道班组每天都需要干什么、怎样干、输出哪些报表资料后，才能提炼出一线主管所需要具备的核心管理技能。建议推进的五个步骤一步步地操作，最终整理出适用于内部一线主管的标准作业流程。

第四节
丰田班组管理一天的案例

为了让大家了解丰田班组的一天是如何规划与分工的，收集了丰田班组管理的一天供读者参照。在查看丰田班组管理的一天前，需要大家先了解丰田班组管理组织架构，以便快速对应企业内部的岗位名称，丰田班组管理组织架构如图2-3所示。其相关的职责前面已介绍过，就不再重复说明了。丰田班组的一天分成作业前、作业中、作业后三个部分，接下来进行详细的说明。

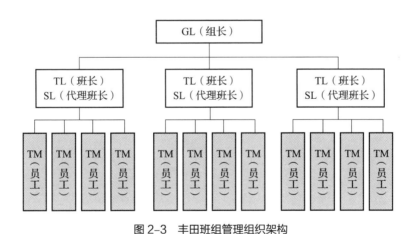

图2-3　丰田班组管理组织架构

一、丰田班组管理的一天——作业前

丰田班组管理的一天从早上进厂的问候开始，具体内容见表2-4。

表 2-4 丰田班组管理的一天——作业前

项目	业务内容	频率	相关人员
1. 问候	到公司后精神饱满地跟大家打招呼:"早上好!"	1次/班	TL→TM
2. 出勤及入厂	确认部下出勤情况及设备、照明开关是否打开	1次/班	GL 或 TL
3. 确认交接记录	现场确认后检查另一班的交接记录并把握现状	1次/班	GL
4. GL&TL 会议	把握、报告出勤情况及接受 GL 的指示	1次/班	GL→TL
	接受对应 GL 的其他指示	1次/班	GL→TL
5. 准备体操	以班为单位自发地进行准备体操	1次/班	全员
6. 班前会	传达联络事项及作业指示;提醒安全问题,观察部下健康状况,强调公司勤务制度,指导 TM 执行请假手续	1次/班	TL→TM
7. 补充小件零件;作业前点检作业	补充小件零件和作业前点检状况的把握	1次/班	TL
	零件等准备情况的把握及报告	1次/班	TL

二、丰田班组管理的一天——作业中

丰田班组管理一天作业中的内容案例见表 2-5。

表 2-5 丰田班组管理的一天——作业中

项目	业务内容	频率	相关人员
1. 明确本组负责车辆	作业开始第 1 台车辆的标识及填写各个表格	1次/班	TL
2. 作业的指导及确认	由于内部原因造成滞后 作业滞后的对应、异常处置、返修 经常性滞后工位的改善及指导	发生时	TL→GL
	由于外部原因造成滞后 向 GL 报告 按 GL 指示对应	发生时	TL→GL
3. 检查安全	检查 TM 是否进行安全作业及对不安全行为进行指导	随时	TL→TM
	报告设备不安全状态及异常位置	随时	TL→GL
4. 观察作业	确认是否遵守手顺书、要领书,指导员工按标准作业	随时	TL
5. 质量检查	把握问题内容,制定对策,推进问题的解决	随时	TL
	确认车间与部件的外观质量	1次/2h	GL

（续）

项目	业务内容	频率	相关人员
5.质量检查	向 GL 进行重要问题的确认，并指定指示相关对策	发生时	GL
	填写各项管理项目的数据（抽检扭矩、液量等）	1 次/班	GL
6.异常处置（装配、设备）	把握及报告问题的内容，接受指示后实施对策，防止再发	发生时	TL
	确认设备故障、接受恢复指示并实施	发生时	GL→TL
	实施线内、线外的不良返修	发生时	GL→TL
7.突发问题应对	对应安全、质量、生产等方面发生的问题	发生时	TL
	对临时对策申诉意见、接受指示并实施	发生时	TL→GL
	组内不能对应部分申诉意见	发生时	TL→GL
	接受离线车辆的对应指示并实施（缺错件、设备异常问题）	发生时	GL→TL
8.确保生产用零件	补充及管理生产所需零件	需要时	TL
	看板回收	发送指示	GL 或 TL
	产线挑出的异常零件确认并向 GL 报告	发生时	TL→GL
	不齐套物料的确认汇报并接受 GL 的指示	发生时	TL→GL
	辅助材料的管理并接受 GL 的指示与实施	随时	GL→TL
9.设计变更切换对应	实施零件、规格变更时的对应与报告	发生时	GL→TL→GL
10.生产指示单变更（量产变更时）	指示单的记号变更、追加、讨论、联络与确认	发生时	TM→TL→GL
11.改善活动	识别生产、质量、安全隐患并记录报告	随时	TL→GL
12.降低成本活动	查找和降低成本有关的浪费并进行提案	随时	TM、TL→GL
13.所需物品的准备	生产活动所需用品的管理、回收、准备与联络	发生时	TL→GL
14.人员管理	班内人事、健康管理、指导与报告和 TM 打招呼	随时	TL→TM
15.4S	为了不影响生产、质量和安全方面，指示并实施整理、整顿、清扫、清洁	随时	GL→TL→TM

（续）

项目	业务内容	频率	相关人员
16. 材料、加工废品管理	把握加工废品的发生状况并追究原因，实施对策	随时	GL → TL → TM
17. 提出议案提议	班内的创意工夫，吓一跳（安全）提案等	随时	TL → GL

三、丰田班组管理的一天——作业后

丰田班组管理一天作业后的内容案例见表2-6。

表2-6 丰田班组管理的一天——作业后

项目	业务内容	频率	相关人员
1. 参加班长会	小结1天的生产活动状况和商讨关于明天的生产安排，并接受指示，做好交接班记录	1次/班	GL → TL/SL
2. 4S	为了不影响生产、质量、安全方面，指示并实施整理、整顿、清扫、清洁	定期的	GL → TL/SL → TM
3. 生产线的质量确认	接受当日重点项目的质量检查指示并实施（发生问题的部位、要发生问题的部位）	1次/班	GL → TL/SL → TM
4. 勤务管理	确认打卡、及时记录出勤情况、合理安排加班并申报上级批准	1次/班	TL/SL → GL
5. 慰问员工	在下班时，诚恳地向TM们说："今天辛苦了！"	1次/班	TL/SL → TM
6. 回家或离工厂	关闭设备、照明开关；监督班车规定遵守情况	1次/班	GL、TL/SL

四、【案例启示】七大核心管理技能

结合丰田班组管理一天的流程与常规制造企业班组管理一天的流程，班组管理的一天离不开以下12个内容：

1）产前准备：围绕着生产日计划对明天的人机料法进行排查与准备。

2）工作交接：围绕着上个班次的生产任务进展与遗留问题进行确认与接手处理。

3）班组早会：每天开班前对员工进行任务宣读与士气提升的固定活动。

4）设备管理：每天对关键设备进行基础的点检与基础保养确认。

5）现场巡视：对生产过程中的人机料法环的状态进行及时确认，防止批量事故发生。

6）员工管理：围绕着员工的精神状态与员工关系的提升而进行的定期管理活动。

7）工作指导：让员工正确地、安全地、迅速地掌握作业技能而进行的员工训练活动。

8）现场改善：现场的5S管理、提升现场管理绩效而进行的改善活动。

9）问题处理：现场异常问题发生时，对问题进行处理、记录、分析改善与上报。

10）进度管控：按生产日计划目标达成时段产能的管理活动。

11）管理会议：部门内容或跨部门的日常例会，提供有效信息并对相关问题进行提议。

12）工作总结：对当天的任务完成情况、异常处理等进行总结与记录。

熟悉了12个通用的流程并不代表一线主管就能够很好地按标准流程进行管理，这背后需要有很好的管理技能进行支撑才能完成12个管理任务，我将它总结成七个核心技能，这些技能只有一线主管刻意地训练才能成为自己的技能，具体技能如下：

1）开好班组早会的技能。

2）员工工作指导的技能。

3）现场巡视的技能。

4）异常处理的技能。

5）现场5S管理与推进的技能。

6）领导的技能。

7）改善的技能。

以上这七大技能将作为本章节中的重点进行说明。

第五节
技能1：开好班组早会

在美国马歇尔·戈德史密斯（Marshall Goldsmith）《大师的管理课》一书中对早会有着非常高的评价：

- 开好一个早会能够省下一天50%的员工管理工作。
- 我一生的管理感悟大多得益于早会。
- 早会是我觉得最高效的管理方法，没有之一。

所以，开好早会对于一线主管来说非常重要。一线主管与员工最大的不同就是一线主管是需要依赖员工来完成自己的工作任务，而员工则干好一线主管布置的任务就好了。作为管理多个员工的一线主管，每天的工作任务分工安排不可能每个人单独进行沟通，而是需要通过集体会议来完成这个管理动作。对于每一个新晋升的一线主管来说，需要做好的第一个管理任务就是开好班组会议。对于一线主管来说有必要了解下早会的基础知识。

一、早会的作用

早会是生产管理者每天上班前，在固定的区域，按照规定的步骤和要求，对所管理的团队定期进行一种有组织、有目的、有意义的生产教育活动。

对于班组而言，它的作用有：

1）增强集体观念，形成良好的团队习惯与氛围。

2）上传下达，保持良好的沟通。

3)有序安排,提高工作效率。

对于一线主管而言,它的作用有:

1)提升管理者的威严。
2)提升管理者的亲和力。
3)领会工作沟通的技巧。

二、开好班组早会的四个关键词

我将一个好的班组早会定义成四个关键词,分别是唤醒、纪律、关怀、士气。

1. 关键词一:唤醒

很多一线主管认为班组早会的目的只有上传下达、当天任务分工与布置等,但这些并不完全是开早会的目的。

目的决定了行动,对目的的思考如果不够全面时,行动就会有所缺漏或偏差。

早会为什么一定要在早上开,而不是上班后再开,它背后本身就蕴含着较大的意义。

员工一大早过来时,每个员工的精神状态怎样?也许我们想的是,刚睡醒,员工的状态应该很不错,对吗?真实的场景跟我们想象中是相反的。没有进行早会训练的一线员工的精神状态都比较糟糕,我经常见到员工在开早会时还处于眼睛眯着的半沉睡状态。我们也可以想象一下,员工在这种半沉睡的状态中进行作业,他们的生产品质、作业效率、作业安全还有什么保障。

因此,早会首先有一项比较重要的目的就是唤醒。让每一位员工切换到上班时应有的精神状态,从而保证在开完早会后员工能够在最佳的精神状态中进行作业。

2. 关键词二：纪律

除了唤醒员工，让员工切换到上班时应该的状态以外，还有什么目的呢？作为一个管理者，他需要调用所有人的积极性与相关资源达成组织的目标，但凡有过管理经验的人都知道，不是每个人一过来都很积极听话，此时，管理者的重点在于将立好的规矩贯彻到底，这样才能打造一支能打善战的作战团队。

无论对于新员工还是老员工，让每个人都能够按既定的规矩作业需要依赖于管理者对每个人的行为塑造而不是依赖于招聘一个守规矩的新员工。那么，如何塑造每位员工的行为让每位员工都遵守既定的规矩，那就需要从每天的早会中得到应该有的纪律意识训练，通过每天的纪律意识训练来塑造员工遵守规矩的行为，逐步打造出一支能打善战的作战团队。

3. 关键词三：关怀

在管理中认为人是懒惰的，同时懒惰是顺应大脑"趋利避害"的一种正常反应。那么，如何让这种调动员工积极的"纪律"能够每天坚定如一地执行呢？如果各位读者有在部队经历过的都能够体会到，每位军人都需要有铁一般的纪律，但同时在军队里面又觉得非常的温暖，周边的人员就像跟家里人一样和蔼可亲。所以，在早会中除了铁一般的纪律以外，至少还有以下三个非常人性化的员工关怀：

1）新员工过来时隆重的介绍与热烈的欢迎仪式。
2）在早会中，管理者与每位员工进行眼神交流确认，确认每个人的精神状态并对精神状态不佳的人给予关怀与问候。
3）周边的同事与自己都能够在早会受到管理者的认可鼓励与公开表扬。

4. 关键词四：士气

很多班组的早会都会有相互问好的动作。比较常用的应该就是一线主管说"大家早上好"。员工回复"好，很好，非常好"。这种互动本身没有问题，而且我也会推荐大家以这样常见且简单的形式来完成相互问好的方式。这种互动最大的问题不是互动本身的内容,而是很多一线主管不理解这互动背后的目的是什么。很多的一线主管与员工就像走流程一样,将这个流程走完就结束了,就像完成任务一样。相互问候的本身不仅仅是问候,而且应该还有带动员工士气提升的目的,这才是这个问候动作本身的目的。能否达到带动员工士气提升的目的,在这个过程中有两个关键因素,这两个关键因素都取决于一线主管本身而非一线员工。

1)一线主管自己在向所有员工问好时是不是士气昂扬的状态,这种状态是调动员工状态的点火线,如果连这根点火线本身都没有激情,那凭什么让员工反馈更高的激情?
2)员工在回复一线主管问候时的声音是否足够的整齐洪亮。从声音来看,至少是一线主管一个人声音的5倍以上。让员工达到回复问候时的整齐洪亮关键不取决于员工,而是取决于一线主管对员工回复问候的状态有没有要求。在未达到要求时,作为一线主管一定要让员工重复几次,达到声音足够整齐洪亮为止。只有这样,才能达到提升员工士气的目的。

三、班组早会的自我诊断表

对于班组早会开得好不好,我形成了一个简易的诊断标准表,见表2-7。这个标准共有9部分,自己可以针对这个内容进行一下自我评估,找出改善点。

表2-7 早会诊断标准表

序号	评比维度	满分标准	改善点
1	定位	班会需要在一个固定的地方,该地方相对比较安静	
2	定人	人员由高到低进行前后左右排序,且每天位置相对固定	
3	定服装	员工的服装要统一,包含厂牌、衣帽、鞋子等	

(续)

序号	评比维度	满分标准	改善点
4	定姿势	员工以统一的跨立式的站姿来完成早会	
5	整队	管理者需要对队列进行整队，保证队列整齐划一	
6	口号	需要以互动的形式进行问好，保证每个员工都在唤醒时的状态，员工回复要整齐洪亮	
7	宣讲	一线主管需要提前准备好宣讲的内容，内容按昨天目标达成、昨天经验总结、今天的生产目标、注意事项、具体分工、优秀人员表彰、公司宣导事项的顺序并提前填写到"早会记录表"中	
8	互动	指定特定员工进行分工 对特定员工进行表扬 对特定员工进行工作内容抽查	
9	结束	以全员充满信心的统一三拍鼓掌结束早会	

四、如何让班组早会变得高效

高效可以从两个方面去定义，一个是效果，一个是时间。作为一个基层的管理者，如果能够将一个小小的早会做到用高效来形容，那么在对待其他的管理事务上必定也能够做到游刃有余。

1. 第一个需要思考的就是效果：一个好的早会需要达成怎样的效果呢

（1）首先需要达成的效果就是：让员工听得清楚一线主管在讲些什么

可能有些人听到这个要求会很奇怪，让员工听清楚一线主管讲的内容不是很简单的事吗？事实上，我们在辅导的客户中，60%的一线主管连这点都做不到。这里主要有三个常见原因：首先就是队形排列不科学的原因，导致只有一部分员工能够听清楚一线主管的内容。其次就是一线主管在表达的时候声音并没有刻意地放大，只是用跟他人单对单聊天的音量宣讲内容。最后就是环境原因，有一部分是因为场地有限，好几个班组在同一个地方同一个时间开，这导致了班组早会之间的声音干涉；还有一部分原因就是车间环境本身比较嘈杂。

（2）需要做到有条理地、全面地宣讲早会的内容

对于早会要宣讲的内容，也许很多有经验的管理者都能够快速地整理出来，如昨天的任务与目标达成回顾；今天的生产任务与目标、注意事项、员工分工说明；部门或公司强调的重点，如安全生产、现场 5S 维持、客户审查等。这些内容整理起来不难，难的就是一线主管准备不充分，导致每天班组早会在宣讲这些内容时就会有偏差。如遗忘了某部分内容、对某部分内容做了过多时间的讲述等。

（3）在早会过程中做到人性化

如果一线主管能够深刻理解早会的几个目的，那么这个人性化就能够很容易达成了。

- 体现纪律是为了让所有人遵守同样的规则与行为，这是团队形成的基础。
- 体现关怀是为了让部分人更好地融入团队，提升班组的凝聚力与战斗力。
- 体现士气是为了让团队中的所有人通过标准化感受到团队自豪感与荣誉感。

2. 第二个需要思考的就是时间：一个高效早会需要用多长时间才合适

- 早会时间短了，那么早会的内容不够完整且信息量不充分。
- 早会时间长了，那么早会的内容很有可能会还没有开完，员工就开始遗忘了。

通过多年的实践，我认为一个早会的最佳时间是在 5min，这 5min 需要完成前面所谈到的人性化、上传下达、昨天工作总结与回顾、当天工作安排与分工、注意事项等。在这 5min 里面，时间的分布如下：

- 纪律——整理队形：20s。
- 唤醒——唤醒精神：30s。

- 团队——工作安排：230s。
- 士气——信心结束：20s。

大家可能会觉得开个早会居然以秒为单位，是不是太苛刻了。实际上，我将早会看成是一个培养与训练管理人才的最佳平台。只要一线主管对早会训练有足够的重视，他一定能够按时保质完成任务，并且能够通过早会平台得以成长。

另外的声音就是每天的工作安排有长有短，真能够刚好在230s完成吗？一方面，早会时间过长，员工不容易记得住；另一方面，要控制好精准的时间，并不是临场发挥出来的，而是需要提前一晚将早会需要宣读的内容提前按标准格式模板整理好，只有这样才可以有重点有控制地按时保质完成早会内容的宣讲。

五、高效早会的四个流程

通过前面的讲述，高效早会有四个关键词：纪律、唤醒、团队、士气。这四个关键词就分别对应着高效早会的四个流程。

1. 流程一：整理队形

与整理队形对应的关键词是纪律，一方面让员工养成遵守规则的好习惯，一方面是培养一线管理者的威严。因为整理队形的时间只有20s，所以需要员工每天在队伍中的站位是相对固定的。员工的站位可参考以下三个关键点：

1）按由高到低的顺序固定站位。在面向一线主管右边的员工高，后面的一排比前面的一排要高。
2）员工与员工之间的间隙约10cm，约一个拳头的距离。
3）每排的人数在10~15人之间，班组员工在超过40人时可在一线主管的左右两边各站立一列形成U形队列。

接下来，一线主管开始整理队形。整理队形的标准与军队的标准一致，动作点有四个，目的是体现军队一般的纪律感。

1）动作点一：一线主管用严肃且洪亮的声音喊"立正"，全体员工接到命令后立即挺胸收腹并以立正的姿势与饱满的精神应对。关于立正的动作要领参考以下五点：

① 两脚跟靠拢并齐，两脚尖向外分开约60°。
② 两腿挺直，小腹微收，自然挺胸，两肩要平，稍向后张。
③ 手指并拢，自然微曲，拇指尖贴于食指第二节，中指贴于裤缝线。
④ 头要正，颈要直，口要闭，下颌微收，两眼目视前方。
⑤ 上体保持正直，微向前倾，两臂下垂自然伸直。

此时一线主管应该确认每个员工的动作是否达标，对未达标的员工进行及时纠正。

2）动作点二：一线主管用严肃且洪亮的声音喊"向右看齐"，全体员工接到命令后立即向右扭头且调整前后位置。具体动作要领如下：

① 向右看齐的要领是身体在立正的基础上，头向右摆动60°，脚用小碎步前后左右移动至与右者看齐，要求能够看到隔一个人的腮部，且看不到其后人，不能低头或仰头。
② 最终的标准是通过小碎步的调整使整个队伍矗立在同一直线上，且员工间距保持在10cm左右，每个员工身体始终要保持正直状态。

此时一线主管应该确认每个员工的动作是否达标，对未达标的员工进行及时纠正。

3）动作点三：一线主管用严肃且洪亮的声音喊"向前看"，全体员工接到命令后立即向前扭头，用眼睛余光注视着一线主管。

4）动作点四：一线主管用严肃且洪亮的声音喊"跨立"，全体员工接到命令后立即进入跨立状态，用眼睛余光注视着一线主管。员工跨立的具体动作要领：

① 跨立时，要保持上体正直，两手自然后背，两腿伸直；姿态端庄。做到"两快""两准""一稳""一协调"。

② "两快"即左脚向左跨出的速度要快，两手后背的速度要快。

③ "两准"即左脚向左跨出一脚之长的距离要准，左手握着右手手腕且放在腰带的上方要准。

④ "一稳"即左脚向左跨出和两手后背的同时，上体要保持正直稳固。

⑤ "一协调"即左脚向左跨出和两手后背的动作要协调一致。

5）动作点五：员工精神状态确认。此时，一线主管应该关注每个员工的精神状态，及时识别并处理状态不佳的员工。与此同时，为了确保员工队列整齐、跨立动作到位，一线主管应该围绕着班组走一圈进行队形与动作的确认。对未达标的员工及时纠正，确认每位员工达标后再进入下一环节。

小话题 员工在开早会时迟到如何处理？

在回答这个问题时，首先要回复的首要问题是员工迟到了该不该处理。我见过很多新晋的一线主管不敢当面处理员工，这种做法是不对的，而且员工迟到时现场处理才是塑造员工行为素养的最佳时机。那么，迟到时应该如何处理呢？在班组中要立下一个规定，无论新老员工，只要迟到，都要站在一线主管的左手边面对大家以作全员警示。这样做既避免了当面语言指责，又让迟到的员工得到小惩罚。

2. 流程二：唤醒精神

与唤醒精神对应的关键词是唤醒，一方面让员工切入到上班时应该的精气神，一方面是培养员工良好的互动行为习惯。该环节的要点是务必唤醒每位员工的精气神，即使是重来 10 遍也要达到标准再进入下一个流程。

1）动作点一：一线主管用精神饱满且洪亮的声音喊："大家早上好！"员工需要整齐且精神饱满地回应"好！很好！非常好！"

2）动作点二：一线主管用精神饱满且洪亮的声音喊"我们的班组口号是"，员工需要整齐且精神饱满地回应班组自己设定的口号。该口号由一线主管与员工共同制定，一般每半年换一次。如果公司没有指定，那么相关的班组口号可参考如下：

- 用心、感恩、成长、超越。
- 团结、真诚、主动、高效。
- 同努力、共发展、乐奉献。
- 一起超越，一起成长。
- 追求卓越，永不停息。
- 没有最好，只是更好。
- 铸造卓越团队，开创成长人生。
- 一流管理，一流服务，一流人才，一流业绩。
- 挥动激情、放飞梦想，团结拼搏、争创佳绩。
- 一呼百应，激情工作，超越自我，快乐生活。

3. 流程三：工作安排

与工作安排对应的关键词是团队，一方面让员工清楚地了解一线主管要传达的内容，一方面是形成友好的工作氛围。工作安排是整个早会的核心，这需要一线主管在开早会之前做好精心的策划与准备。在工作安排中需要准备以下相关信息：

1）员工的出勤信息：当天是否有新员工、当天是否有员工请假或缺勤旷工等。

2）新员工的信息：新员工姓名、哪里人、兴趣爱好等。

3）昨天的任务回顾：昨天的产量、质量是否达标，有哪些没做好的地方与经验教训。

4）当天的任务安排：今天的产量、质量目标，具体分工安排、操作要领、现场 5S 要求、设备维保、安全作业等宣导。

5）部门内安全－品质注意事项或公司相关公示宣导。

6）班组优秀员工表扬。

7）员工交流互动。

作为早会中最重要的环节，为保持工作安排的高效且不遗漏关键信息，需要留意以下四个动作要点。

1）动作点一：为了做到以上的所有信息不遗漏且重点突出，一线主管需要在前一个晚上就将这些信息进行整理并认真地填写"早会记录表"，这样在开早会时就可以有重点有条理地进行宣导。早会记录表见表 2-8。

2）动作点二：为了对员工需要关注的点进行重点说明，一线主管可以准备一些实物进行宣导。如昨天生产的不良品宣导、当天产品的操作要领宣导、工具使用的方法与技巧宣导等。

3）动作点三：为了防止员工心不在焉，保证让每位员工都能够聚精会神地听一线主管的宣导内容，此时一线主管可以按实际情况对部分员工进行抽查，让其复述宣导的某些内容。抽查复述的内容可以是当天的产量质量目标、注意事项，也可以是当天的新员工信息。

4）动作点四：为了更好地鼓励有疑问的员工发言，可以按需要向员工进行询问。在询问员工时，避免出现"大家都听明白/清楚了没有"这样封闭式的提问，建议一线主管以"请问大家还有哪些需要我补充说明的信息吗"这样的方式提问，这样的表述能够更好地鼓励员工发言。

表2-8 班组早会记录表

××班组早会记录表

出勤记录						
应出勤		实际出勤		变动说明	日期	
Part1：昨天任务回顾				Part2：今天工作说明		
生产目标完成情况与经验教训				任务目标说明		
品质目标完成情况与经验教训				操作注意事项（5S/安全/设备维保）		
Part3：部门内安全-品质注意事项或公司相关公示						
Part4：新员工欢迎（新员工基本信息：姓名、哪里人、兴趣爱好）						
Part5：优秀员工表扬（员工姓名、具体优秀事迹、体现了怎样的团队精神）						

4. 流程四：信心结束

与信心结束对应的关键词是士气，一方面让员工表达完成当天生产目标的决心，一方面是塑造员工的团队合作意识。这里有三个动作要点需要留意：

1) 动作点一：此时班组的每位员工都是跨立的状态，一线主管需要用精神饱满且洪亮的声音喊"立正"，员工需要马上切换成立正的姿势。

2) 动作点二：一线主管需要用精神饱满且洪亮的声音喊"早会到此结束，谢谢大家"，员工需要以整齐的三拍掌动作来表示达成生产目标的决心。要让一个团队做到整齐的三拍需要团队的多次重复练习与默契的配合，这就是团队协作精神的体现。

3）动作点三：一线主管确认员工三拍掌整齐洪亮后，对员工喊"散会"，早会流程就全部结束，员工有序回到自己的工作岗位开始一天的作业。

第六节
如何推进高效早会

对于早会流程,个别一线主管通过多次的训练应该可以掌握,但如果要让高效早会的流程标准化且在全厂推广,那么就需要交由推进小组来完成了。以下是推进高效早会的标准步骤,大家可以借鉴使用。

一、形成早会评分标准

标准早会流程推进的最好方法就是将每个动作与要求形成可衡量的计分标准,最终以得分的形式来反馈给每位一线主管。以下是对每个评分细项的说明:

第1项 时间控制:前面有说过,好的早会标准是5min。对于评分来说,只要时间控制在4~6min之间,都可以得满分。

第2项 队形纪律:该内容是对团队队形整理的要求。满分的标准是队伍能够从高到低排序、队伍无论是纵向还是横向都能呈现一条直线、员工以标准的跨立状态站立、无明显状态不佳的员工。

第3项 员工互动:该内容是对相互问候与班组互动时声音的要求。满分的标准是一线主管自己的声音洪亮、员工回复的声音洪亮整齐。

第4项 早会记录表:该内容是对一线主管发言内容提前整理的要求,本质是推动一线主管每天班后总结与工作计划的良好习惯。满分的标准是能按要求如实填写"早会记录表"并按时提交。

第5项 内容宣导:该内容是对一线主管按早会记录表清晰准确宣导内容

的要求。各环节表达清晰，通俗易懂就可以得到满分。

第6项 员工表扬：该内容是对一线主管每天认真观察员工的行为，积极挖掘员工良好表现的要求，满分的标准是在表扬时优秀事迹充分具体并提升到团队文化。

第7项 结束仪式：该内容是对一线主管在结束时进一步提升员工达成目标士气的要求，员工回复三拍时整齐响亮可得到满分。

不同阶段会有不一样的推进侧重点，以上七项内容可以依据推进的要求进行不同的配分。以下是一家刚导入高效早会的评分标准，见表2-9。由于重点推进"早会记录表"的填写，所以在"早会记录表"中的配分是最高的。

表2-9 早会评分标准表

评分维度	高		中		低	
	得分	标准	得分	标准	得分	标准
1. 时间控制（10分）	10分	5min±1min	8分	5min±2min	5分	5min±3min
2. 队形纪律（15分）	15分	队列整齐 动作一致	10分	队列不整齐或动作有拖沓不一致（员工着装、迟到等）	5分	员工精神面貌未唤醒
3. 员工互动（15分）	15分	组长声音洪亮 员工声音一致洪亮 员工接受任务有响亮回复	10分	组长声音不够洪亮或员工声音不一致	5分	员工士气低落
4. 早会记录表（20分）	20分	内容填写完整 填写信息能够对开工有促进作用	15分	内容准备不够充分，但能够支持早会完成	10分	准备过于简单，大部分内容为组长临时发挥
5. 内容宣导（15分）	15分	组长表达顺畅 任务布置清晰 有记录表格（或笔记本）	10分	组长表达不清晰或任务说明混乱	10分	没听明白讲什么
6. 员工表扬（15分）	15分	表扬内容真实感人 表扬内容有学习价值或分享	8分	表扬内容细节或学习价值不够充分	5分	表扬内容较虚
7. 结束仪式（10分）	10分	三拍整齐洪亮	8分	三拍不整齐洪亮	5分	未能感受到信心

二、成立评分小组定期对各班组评分

有了评分标准后，就需要建立评分小组。评分小组在组建时建议让各个部门的工程师或主管来参与。因为大部分的班组早会都是同一时间开始，小组的成员越多越能兼顾各个班组的评分。为了使评分结果客观，需要由推进小组组长收集不同班组的早会视频，并依据各项评分要求建立评分标准库。这样就可以利用评分标准库对评分小组进行训练，使每个评委在评定时分数误差控制在 ±5 分内。为了兼顾评分的公平性，每个班组的评分每月由不同的评审进行轮流评分，因此还需要建立一个"评分计划表"。需要评分的班组越多，评分的工作量就越大，建议班组的评分控制在 1 次/周会比较合适，随着班组早会技能的不断熟练，可以逐步减少评分的次数。"评分计划表"见表 2-10，样式供大家参考。

表 2-10 评分计划表

评委	第一周					第二周					第 n 周				
	班组1	班组2	班组3	班组4	班组N	班组1	班组2	班组3	班组4	班组N	班组1	班组2	班组3	班组4	班组N
评委 1	●					●					●				
评委 2		●					●					●			
评委 3			●					●						●	
评委 4				●					●					●	
评委 N					●					●					●

注意事项

评分小组建立的目的是让一线主管更好地按标准流程去执行早会标准，因此在评分时需要当面与一线主管进行扣分点的确认以便在下次开早会时得到改善，而不是为了评分结果而评分。计划表中的黑点填充代表的是在本周内取随意一天的早会进行抽查评分。

三、优秀班组评比

当有了清晰的评分标准，也有了评委对班组进行现场评分与反馈，那么接下来就需要将各个班组的成绩进行排名与公布，利用得分的 PK 来进一步推动一线主管达成班组早会的标准。

班组早会 PK 需要使 PK 方案通知到所有参与 PK 的班组，并在公司、车间、班组、员工饭堂等公告栏中粘贴，并在早会中多次通告，从而形成一种全员参与的 PK 氛围。关于 PK 激励办法，大家可以参考下面的辅导案例。

> **案例** 3 月优秀早会班组 PK 激励办法

目的：为了更好地落实新早会流程，提升早会的效率与员工士气，针对需要开早会的班组进行相关 PK 及评价，对优秀的早会班组进行及时激励，特此制定激励办法。

评比对象：开料车间、冲压车间、烤漆车间、木器车间、铁管车间、包装车间等需要开早会的 12 个班组。

评分标准：按"高效早会评分标准"对各班组进行每周 2 次的评分。

评分时段：3 月第一周到第四周，共 8 次早会评分结果。

评分统计：每周一各评委将上周的评分结果交由推进组进行汇总并计算最终平均分，按得分的高低进行排名。

优秀早会班组评比规则：

第一名：优秀早会班组流动红旗 +500 元现金，名额：1 名。

第二名：300 元现金激励，名额：2 名。

第三名：200 元现金激励，名额：3 名。

最后一名：加油班组流动红旗，名额：1 名。

激励兑现：制造中心月度管理例会。

解释权限：本规定由项目组解释。

对此案例中的评分进行说明如下：

1）PK 评分的结果需要由分数的高到低进行可视化排序，这样可以清楚地快速判断哪个班组第一名，哪个班组最后一名，形成有力的视觉冲击，进一步地对参与 PK 的班组与员工形成推动力。
2）将标准的流程形成视频分别放在饭堂的电视、手机的微信、公司的公众号平台等进行宣传，形成一种快速自我学习与纠偏的氛围。

四、小结与推进任务

班组早会之所以成为第一个管理能力提升的技能，是因为班组早会推进相对比较简单，且大部分都能够维持得很好。在推进过程中，将班组早会的每个动作形成得分标准，利用评分 PK 的方式是一个让早会持续改善的关键动作。大家不妨回到自己的企业现场，完成以下推进任务：

1）形成早会的标准化流程。
2）形成早会流程的评分标准。
3）建立 PK 机制，每月评选与表彰早会优秀班组。

第七节
技能2：员工工作指导

一、训练员工是一线主管所当然应做的工作

但凡管理过现场的一线主管都能够理解，员工技能不足将会影响到作业过程中的产能、效率、品质、安全等相关指标的达成，但不是每位员工一开始就能够熟练掌握作业技能。那么，员工技能从不熟练到熟练是需要依赖一线主管良好的工作指导技能。一线主管良好的工作指导技能能够缩短员工技能从不熟练到熟练的周期，从而降低因员工技能不熟练所导致的操作隐患。一般情况下，当出现以下这些问题时，就是需要一线主管进行工作指导的时机：

1）不按标准进行作业。

2）工作质量达不到标准。

3）不良品或返修品多。

4）弄坏工具或设备。

5）要花很长时间才能学会工作（业务）。

6）没有正确使用安全装置。

7）通道或现场的整理整顿较差。

8）员工对工作不感兴趣。

9）员工不注意设备的使用方法。

10）没有正确地使用辅助工具或计量器。

11）消耗品、资材的过度使用。

12）对工作没有计划性。

13）缺乏安全卫生管理的知识。

以上这些问题如果使用正确的指导方法去教导员工的话，清单中大部分问题应该可以消除或减少。在日常管理工作中，无论是刚进来的新员工，还是经验丰富的老员工，在满足以下这些条件时，一线主管都需要对他们进行工作指导：

1）新产品、新设备、新材料导入时。

2）多能工培训或岗位轮岗时。

3）生产异常或不良不达标时。

4）员工岗位变动或新员工调入时。

5）作业的方法（设备、材料、工艺）发生变更时。

对于工作指导训练来说，日产训版本的 TWI 是最为经典的工作指导方法。TWI 是第二次世界大战时，由美国的技术人员开发并普及的一种训练方式。从导入日本起至今为止，除生产部门及服务部门以外，也被活用于各行各业的职场，取得了巨大的实际成果。这种训练的基本理念是：

1）尊重人性，即承认世间的每一个人的存在价值及尊严。

2）用科学的方法，也就是要消除作业（业务）上的勉强、浪费及不均衡。

丰田公司从 20 世纪 50 年代引进 TWI 培训体系以来，距今已经 60 多年了，现如今，依然在原汁原味地使用着，并作为公司人才培养的一个重要体系。从某种意义上讲，丰田之所以能成为世界制造业的标兵，和 TWI 有着不可分割的关系。

TWI-JI 工作教导：是指能够让员工正确地、安全地、有效地、迅速地领悟工作的方法。在 TWI-JI 开展训练时，要做好指导前的准备工作。作为指导前的准备，下面列出了四点必要事项。如果指导前没有做好这些准备，就不能取得良好的效果。

1）制作训练预定表。

2）对工作进行分解。

3）准备好一切所需物品。

4）整顿工作现场。

对于这四点准备事项，接下来按顺序详细说明其实施步骤。

二、准备1：制作训练预定表

因为只有事前制订适当的计划，作业员的培训才能顺利地进行。顺其自然是不可能顺利进行的。如果制定了训练预定表，就能够清楚地掌握自己职场的现状，清楚地了解必须要紧急培训的项目，明确了训练谁、训练何种工作、何时完成训练。

在制造训练预定表时，共有7个步骤。接下来以配套实际案例的形式来描述填写"训练预定表"的七个步骤，训练预定表案例见表2-11。

表2-11 训练预定表案例

训练预定表

小马电装组①20230312	作业分解编号	老陈③	老张	老林	张若	陆飞	小白	生产变化⑤
锁螺钉②		✓④	✓	✓	✓	✓	✓	
打胶	D01⑦	✓	✓	✓	✓	✓	0410⑥	4月中旬需要插线订单增加
外观检查	D02	✓	✓	✓	△0320			
功能测试		✓	✓	✓				
焊接		✓	✓	✓				
性能调试	D03	✓	✓	0520				
人事变动⑤作业状况		老陈6月退休						

表2-11中①~⑦的序号表示的是做成的顺序。关于上表案例做成的相关说明：
① 填写班组信息与日期。
② 填写该班组所需要的关键技能。
③ 填写该班组的相关成员姓名。
④ 填写关键技能的掌握情况（✓代表掌握、Δ代表异常）。
⑤ 填写人事变动、作业状况、生产变化信息。在人事变动方面，老陈6月退休；在作业状况方面，张若外观检查异常；生产变化方面，4月中旬需要插线作业订单增加。
⑥ 填写训练的完成日期。因张若外观检查异常是最紧急的，优先完成该训练，训练的完成日期为3月20日；因4月中旬需要插线作业订单增加，以及多能工训练的需求，需要在4月10日前完成对小白插线作业的工作指导；老陈6月退休，意味着性能调试的技能仅老张掌握，此时对老林完成性能调试的工作指导，需要在5月20日完成。
⑦ 按工作指导日期的先后训练填写作业分解表的编号。

三、准备2：制作作业分解表

作业分解表案例见表2-12，如果制定了作业分解表，指导者在指导前就能在自己的头脑中，整理出应教内容的妥当顺序。若没有整理好的话，就不能正确地进行指导了。如果通过训练预定表清楚地了解了必须要指导的作业时，那么无论对于教有经验的，还是教没有经验的情况，都要做出适合对方经验程度的作业分解。接下来以作业分解表制定的7个步骤来讲述每个步骤的要点。

表2-12 作业分解表案例

作业分解表

NO D01 ①

② 作业　　　装饰件打胶
③ 作业物　　扶手饰件、上盖饰件
④ 工具及材料　胶枪、结构胶、刮片、无尘布

主要步骤 促使工作顺序完成的主要作业程序 ⑤	要点 左右工作能否完成的内容——成败 危及作业人身安全的内容——安全 具备工作更顺利完成的技术——易做 ⑥	要点的理由 ⑦
一、擦拭表面	1. 用无尘布由左到右一次擦拭 2. 先擦拭上面部件再擦拭下面部件	减少粉尘二次污染 减少漏擦拭隐患

（续）

主要步骤 促使工作顺序完成的主要作业程序	要点 左右工作能否完成的内容——成败 危及作业人身安全的内容——安全 具备工作更顺利完成的技术——易做	要点的理由
二、固定扶手饰件	1. 胶枪45°角 2. Z形的顺序	出胶厚度一致 饰件固定均匀
三、固定上盖饰件	1. 中间2cm圆点 2. 平衡压入听到"咔"一声	保证饰件不鼓起 保证安装到位

填表说明：

① 填写作业分解表的编号，该编号与训练预定表对应主题的序号相关联。

② 填写作业名，该作业名与训练预定表对应名称要一致。

③ 填写作业物，指的是作业的主要对象（可理解为物料清单中的物料）。

④ 填写工具及材料，辅助作业完成相关的工装与材料。

⑤ 填写主要步骤，填写要点如下：

- 主要步骤描述的是做什么，用来区分作业的每个段落。
- 主要步骤必须是在现场带着实物在实际中边作业边决定的。
- 主要步骤通常是"做什么"事情，原则上在作业分解表上，用动词+名词的动宾结构表现最佳。
- 尽量用正确的、简洁的、具体的表现语言来表现主要步骤。这样在做给他看时，就可以语言与动作相吻合地进行说明了。
- 步骤的表现，不要含有作业名，要用对称型来表现（如果有"打开盖子"，就不要忘了"关上盖子"的表现），在划分上更要注意使各步骤的难易程度大体相当。

⑥ 填写主要步骤的要点，要点填写时，需要留意以下几个事项：

- 成为要点，需要满足以下三个条件中的任何一个，否则可以没有要点：第一个是左右工作能否成功的关键点，即成败；第二个是对作业安全有影响的事项，即安全；第三个是使工作容易做的关键点（感觉、窍门、技巧、秘诀等），即易做。
- 选定要点是要考虑"怎么做"，必须在带着实物的操作中，边做每一个主要步骤，边选定每个主要步骤的要点。
- 在一个主要的步骤中，有几个要点时，按在该作业中选定要点的顺序，记入序号。
- 在记入要点的时候，不要使用抽象的语言（例如准确地、正确地、充分地等）。怎么做才可靠，怎么做才恰当，需要具体的、可执行的语言来记入。

- 不要用否定型的表现方式。例如，记入"不要……样做"就不太合适，对于"不要……样做"，要考虑怎样去做，要使用具体的"这样做"这种清晰的表现形式。

⑦填写要点理由：
- 描述每个要点为何这样做，一个要点一个理由。
- 理由描述的目的是让员工更好地理解与记忆，这也是指导中尊重人性的体现。

四、准备3：准备好一切所需物品

指导前必须准备好一切所需物品。设备及工具这些正规的东西当然要准备了，材料及消耗品等也要做好充分的准备，不要在指导途中出现不够用的情况。

如果进行了作业分解，那么在作业分解表的标题栏里，应该记有作业物、工具及材料，就参考它来做准备。其中，部品及材料，特别是消耗品，因在指导的第2阶段、第3阶段要用很多，所以如果在作业分解表上记上必要的数量，就会方便多了。用临时凑合的道具、设备、材料等，是不能正确地进行指导的，员工也很难感受到一线主管对他的关注与重视。

五、准备4：整顿工作现场

因为如果指导者做了不好的示范，学习的人就会养成坏习惯，所以指导者平常就必须给学习的人做出正确的示范。职场的整理整顿是安全作业的第一步，设备、机器、工具类的点检、整备也是安全作业必不可少的。所以指导前对这些要做好充分的整备，以确保能够做出正确的示范。

指导者亲自示范，对学习的人会有很大的影响。这些对于作业安全、品质提高、维持职场纪律等都是极其重要的。正确地示范作为一项职责，是一线主管及指导者理所当然必做的事情。

使用"准备方法"做了指导前的准备后，接下来就是对作业员进行指导了。这种指导方法是使作业员迅速地掌握，能够正确地、安全地、有效地作业的方法。关于工作指导，分成四个阶段，接下来按从第 1 阶段到第 4 阶段的顺序来进行说明。

六、第 1 阶段：学习准备

在指导员工具体作业时，无论指导员，还是被指导的员工都需要进入学习的应有状态，这就是学习准备需要完成的内容，具体来说，有以下几个要点：

1. 使学习者轻松愉快

如果过于紧张，就很难全力以赴地学习了。身体紧张得僵硬的话，动作就会变得笨拙，平时的能力也发挥不出来。因为跟上司或前辈学习时，学习的人容易紧张，所以有必要使其放松至平时的状态。但是，如果使其过于放松的话，反而变成散漫了。

2. 告诉他将做何种工作

因为学习的人对于要学什么而感到不安的情况较多，所以要消除这种不安，使其对工作有心理准备。因此有必要告诉他作业名，给他看实物，告诉他这个工作的全貌。

3. 了解他对这项工作的认识程度

教给学习的人已经知道的东西，就会造成时间、劳动力及资材的浪费。相反，他不知道的东西，你认为他已经知道了而省略不教的话，就会使对方为难。所以有必要确认他对于这项作业的了解程度。

4. 激发他对这项工作的兴趣

在对方不感兴趣的情况下，无论你怎样认真地说给他听，做给他看，对方可能还是左耳进右耳出，或是漏看。为了不发生这种情况，就有必要告诉他学会该工作的重要性或对他的期望等来激发员工学习的兴趣。

5. 使他进入正确的学习位置

要考虑学习的人不会漏看、容易看清、没有危险、不会误解、不给周围的人添麻烦等，所有这些条件都能满足的位置，而且是指导者容易指导的位置，有必要选定并使他进入正确的学习位置。

七、第2阶段：传授工作

因为对方没有充分的能力去认真地进行工作，所以才需要进行指导。首先要从指导者想教的工作的说明开始。在传授工作时，需要结合"作业分解表"中的步骤、要点、要点的理解进行逐一传授，具体的要点如下：

1. 将主要步骤一步一步地讲给他听、做给他看

主要步骤是指通过动作及语言对工作的主要程序所进行的说明。如果边做给他看，边按顺序、无过失一步一步地讲给他听的话，对方就很容易记住了。

2. 明确强调要点

对方了解了工作的程序、顺序之后，接下来为了使他能按照该程序正确地执行下去，特别是为了把应该让他了解的重要点，即左右事情的成败，关系到安全，使工作易做等作为关键去加深印象。这时，边清楚地示范要点的动作，边用简洁的语言，按顺序，对要点进行反复的说明是非常重要的。

3. 清楚、完整、耐心地指导，说明要点的理由

它是针对本阶段的全体而言的注意事项，用清晰的语言、清楚的动作、准确无误、耐心地、反复地进行说明，做给他看是非常必要的。这时，如果将为什么它会成为要点、要点的根据、存在理由也能完整地传授的话，对于防止遗漏、自己标准、突然忘记等有很大的帮助。

4. 注意不要超出他的理解力

如果超出了他的能力，理解就会困难了。是否超出了能力，可以通过提问、脸色、态度等来进行判断。

八、第 3 阶段：尝试练习

大部分工作，仅仅靠头脑的记忆、理解是做不好的。多数情况下，理解与会做是两种事。所以有必要在说明之后，让他尝试练习，用身体去掌握，用语言去复述步骤、要点与要点的理由，具体的要点如下：

1. 让他试做——纠正错误

首先让他试做，如有错误，早期纠正，不要让他养成不良习惯。

2. 让他边做边说出主要步骤

因为作业的步骤就是通过语言把动作表现出来的东西。如果动作能够进行，那么步骤也就容易说明了。通过让他说出所做的，而使他能再次确认，并能牢记步骤。

3. 让他边做边说出要点

再次让他边做边说出要点，在头脑中整理作为关键的要点，确认已记住的东西。即使是能够正确地做出作为要点的动作，但本人是否具有这就是要点的意识，从外表是无法识别的，所以有必要让他说出要点。

4. 让他说出要点的理由，并确认他完全掌握

它的意思是学习的人是否理解了，指导者要确认到他完全理解了为止。由于在前面的细目中确认了动作、步骤、要点，所以在本细目中，最好是通过让他说出要点的理由来进行确认。

九、第 4 阶段：检验成效

在这个阶段，不是教完了就不管了，而是要帮助他，直到他能够独立作业为止，具体的要点如下：

1. 安排他开始具体工作

如果在第 3 阶段能够确认到他完全理解了为止的话，那么就明确安排他独立工作，这样对方也就没有依赖心理，就可以使他带着责任感去工作了。

2. 指定可以帮助他的人

如果指定了不懂的时候可以询问的人，那么学习的人就不会由于问谁好而犹豫了，就可以经常向能够正确地、很好地指导工作的人学习了（首先是指导员自己，不在的情况下指定其他可信赖的人）。

3. 经常不断地检查

在工作之初，经常容易发生突然忘记、误解、手忙脚乱等情况，还有在不良品堆积之前，要诚恳地选定解决方法，有必要在养成错误的习惯之前就给予纠正。

4. 鼓励他提出问题

学过的人，在忘了或是有新问题的时候，因对指导者的顾忌或有不想让人知道自己的记性差这种虚荣心，是不会轻易提问的。所以指导者要营造易于提问的氛围，有必要使他容易提出问题。

5. 逐渐减少指导的次数

因为没必要教已经知道的事情，只需指导不清楚的地方就行了，所以可以减少指导次数，或简化指导内容。这样就可以唤起学习者的独立心，而且不用浪费时间就能达到目的了。

十、小结与推进任务

工作指导对于班组早会来说成为第二个核心技能，一方面是每位一线主管都需要掌握的技能，一方面是掌握的难度相对班组早会会高一些。难度较高不是因为操作复杂，是因为跟传统的工作指导相比有着很多理念上的优化。以下是一个学员在学习 TWI-JI 工作指导的感悟案例。

> **案例** 学习 TWI-JI 工作指导的感悟案例

在学习完林老师给我们公司培训的日产训 TWI-JI 两天的课程后，我深有感触。主要的感悟有三点，首先是"员工没学会，是指导者没教好"，以前我总期望能够招到一些悟性高的员工，这样的员工在简单的教与练之后就能够掌握技能，那些悟性低的员工就基本不用了。学习完这套方法后，无论是怎样的员工都能够快速地领悟操作的技能，缩短员工的熟练周期。其次，对于"教好"一个员工的标准发生了很大的变化，以前在教完员工后只要他会操作就好，现在教导员工后不但需要员工会做，还要会说出主要步骤与要点，这样的好处是形成一个良性循环，以后在有新员工进入到同样的岗位时，这位员工也可以按我教导他的方法来指导新员工。最后，就是深刻体验到耐心的指导与用对方能够理解的语言的重要性，在导入工作指导训练后，我发现我们班组不但在产能上发生了很大的提升，在员工的流失率上也有非常明显的改善。班组里的老员工对我这段时间变化的评价是"老大更像老大了"。

在学习完这节的内容后，大家不妨回去尝试按里面的步骤来进行刻意训练，如制作班组内部的"训练预定表"，依据对需要培训的工序形成"作业分解表"。在对员工进行工作指导时，结合"作业分解表"对员工进行四阶段法的工作指导，也将这种指导法称为"教三练四"指导法。

第八节
如何推进工作指导

工作指导的核心是"员工没有掌握,是指导者没教好",没有教不会的员工,只有不会教的管理者。工作指导是一项技能,而不是知识,只有一线主管持续地刻意练习,才能真正地灵活运用。只有当一线主管能够灵活运用工作指导的方法,缩短员工的熟练周期,才能减少因员工技能不熟练导致的产能、交期、安全、质量等问题。

一、工作指导成功落地的六个关键因素

为了让一线主管从知道到做到,此时,如何高效地推进一线主管工作指导技能的落地至关重要。首先,作为推进要思考的第一个问题是:工作指导成功落地的关键因素都有哪些?

通过实践的经验,我认为工作指导成功落地有六个关键因素,分别如下:

1. 每次 2h 左右的训练

完整的 TWI 内训大概在 10h 左右,很多时间一线主管很难抽出一整块的时间进行学习。因此,在组织内部推进过程中,可以切分成 2h 左右的训练课程来对一线主管进行训练。

2. 每期人数 12 人较佳

在工作指导的培训过程中,训练所占用的时间在 50% 以上。因此,一般情况下分成 4 组,每组 3 人的训练较佳。此时,无论是课程的整体时间,还

是每个人训练的时间都有质量保障。3人小组的分工分别为：指导员、员工、评分观察员。

3. 学员需要带上自己的培训实物案例到现场进行演示

除大型设备的操作培训以外，一般情况下鼓励学员带上自己平时工作中的道具进行现场演示与训练。通常可以演示的案例有：仪器的使用方法、工装的保养方法、××工序的作业方法、安全消防用具的使用方法、产品的检验方法等。带着自己的培训实物案例是一个很好地将知识内化的过程。

4. 训练完成后在一周的时间内组织对一线主管的工作指导技能认证

当培训结案后，就需要一线主管回到自己的岗位进行刻意训练。按经验，如果一线主管能够持续5天左右的刻意训练，一般就能够通过工作指导技能认证，并能够在后续的日常管理工作中应用工作指导的技能对员工进行科学的工作指导。

5. 将"预定训练表"植入到班组管理看板中，不定时抽查工作指导的开展过程

工作指导是每位一线主管每天都需要做的重要管理任务，训练谁、训练何种工作、何时完成训练等信息都可以在"预定训练表"中体现。一线主管的上司需要不定期抽查一线主管是否按计划进行工作指导的管理任务，最终将工作指导变成一线主管的常规工作。

6. 举办工作指导成果发表会

工作指导可能缩短员工技能熟练的周期，那么良好的工作指导就可以通过员工技能的熟练来提升相关的效率、品质、安全等管理指标。指导员需要帮助一线主管提炼出因员工技能不熟练所导致的问题形成改善课题的形式来推进，最终通过工作指导成果发表的形式来扩大工作指导的成果与影响力。

二、工作指导推进落地的四个步骤

结合推进成功的六个因素,在工作指导推进时可以参考以下四个步骤来落地。这四个步骤分别为:

1. 成立推进组织

工作指导推进组织如图2-4所示,具体成立时组织内需要有一名TWI-JI的认证资格讲师作业指导员或跟踪训练指导员,为工厂内部的一线主管进行工作指导的培训工作。该名认证资格讲师可以是系统地学习过日产训课程的人员,也可以是外部聘请的认证资格讲师。在推进时主要有两个主要任务,一是对一线主管进行工作指导的培训与认证,二是协助一线主管的上司对一线主管的训练进行支援辅导。为更好地达成上面的目的,在指导员进行TWI-JI培训时,需要将一线主管与一线主管的上司拉进来一起培训,这样才能更好地完成培训后的跟踪辅导训练工作。

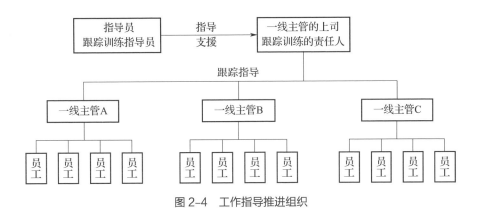

图2-4 工作指导推进组织

2. 对一线主管进行技能认证

指导员在对一线主管进行培训后,需要在2周的时间内对一线主管的管理技能进行认证。认证的主体内容是工作指导的四阶段法。此时,一线主管在培训结束后需要配合指导完成以下三件事:

1）依据自己的班组选定一个作业工序，制定"作业分解表"。
2）对该工作的员工结合"作业分解表"利用工作指导四阶段法进行训练。
3）邀请指导员与上司在约定的时间按"工作指导认证表"标准进行现场认证。

"工作指导认证评价表"依据四阶段进行提取，对每个知识点赋予分值，满分为100分，认证通过分数为80分。"工作指导认证评价表"见表2-13，供大家参考。在评分时需要注意，每位评委都系统地参加过工作指导的课程，对工作指导的四阶段法标准有清晰的认知。另外，推进认证的目的是使得一线主管在工作指导的过程中结合"作业分解表"形成标准化的指导语言，只要培训后进行刻意训练，认证一般是可以通过的。认证是为了更好地促进一线主管进行刻意训练，对一次认证不通过的一线主管可以给予第二次的认证机会，使其能够有更为充足的训练。

表2-13 工作指导认证评价表

工作指导认证评价表

评分人：　　　评比对象：　　　最终得分：

阶段	18个步骤	评分标准	分数	得分
第一阶段 学习准备	1. 使他平心静气	寒暄，消除学习者的紧张情绪	2	
	2. 告诉他将做什么工作	告诉他工作的名称和内容	2	
	3. 了解他对工作的认识程度	询问他以前是否从事过该工作或类似工作	2	
	4. 营造乐于学习的气氛	说明工作的重要性或用其他方法激发学习兴趣	2	
	5. 使他进入正确的位置	根据教导者的惯用手法决定学习者的正确位置	2	
第二阶段 传授工作	6. 将主要步骤一步一步地讲给他听做给他看	物品准备：作业名、物料、工具及材料告知及确认（2分） ××工作共有×个主要步骤，第一个主要步骤是×，第二个主要步骤是×（4分） 主要步骤缺失或错误（2分/个） 说出要点或理由（2分/个）	10	

（续）

阶段	18个步骤	评分标准	分数	得分
第二阶段 传授工作	7. 明确强调要点	××工作共有×个主要步骤，第一个主要步骤是×，这里有×个要点，第一个要点是××（4分）	10	
		要点缺失或错误（2分/个）		
		说出要点的理由（2分/个）		
	8. 清楚地、完整地、耐心地指导，说明要点的理由	××工作共有×个主要步骤，第一个主要步骤是×，这里有×个要点，第一个要点是××，理由是××（4分）	10	
		要点理由缺失或错误（2分/个）		
		按要点1、理由1，要点2、理由2的顺序（2分/个）		
	9. 不要超过他的理解能力	讲述的内容难以理解（2分）	5	
		没有向员工提问：你还有什么问题吗（3分）		
第三阶段 尝试练习	10. 让他试做，纠正错误	没有使员工充分掌握（10分）	10	
		没有及时纠正员工错误（5分）		
		员工正确完成时没有鼓励表扬（5分）		
	11. 让他边做边说出主要步骤	请你再做一遍，这一遍你边做边说出主要步骤（4分）	10	
		学习者步骤错误，没有纠正（4分）		
		学习者说出要点和理由没有纠正（2分）		
	12. 让他边做边说出要点	请你再做一遍，这一遍你边做边说出要点（4分）	10	
		学习者要点错误，没有纠正（4分）		
		让学习者多说主要步骤（2分）		
	13. 让他边做边说出理由，并确认他完全掌握	请你再做一遍，这一遍你边做边说出要点的理由（4分）	15	
		学习者理由错误，没有纠正（4分）		
		让学习者多说主要步骤或要点（2分）		
		没有鼓励或表扬员工（如恭喜你及格了）（5分）		
第四阶段 检验成效	14. 请他开始工作	给他布置工作任务	2	
	15. 指定协助他的人	给他指定问询人，不懂的时候可以询问	2	
	16. 经常不断地检查	经常不断地检查学习者的情况	2	
	17. 鼓励他提出问题	提出无论是工作，还是生活上遇到都可以请求协助	2	
	18. 逐渐减少指导的次数	告诉他慢慢减少检查的频率，请带着自信努力工作	2	

3. 完成工作指导的落地改善主题与发表

员工操作技能不熟练或不能够按标准作业很容易导致品质、安全、效率相关的问题，提升员工的技能意味着品质、安全、效率更有保障。因此，在完成技能认证后，有必要利用工作指导的技能来完成相关的主题改善，最终使得现场的管理绩效提升。落地改善主题的关键点在于前期的选项，关于推进过程在选题时有四个建议：

1）选取的主题应该是员工技能不熟练而引起的问题。
2）问题的解决时间以 2 周内得以解决与验证最佳。
3）通过"作业分解表"来提取出质量、安全、效率的改善要点。
4）通过工作指导的四阶段法来保证员工真正掌握作业的技能。

4. 利用员工技能培训计划表进行持续推进

"员工技能培训计划表"（见表 2-14）与"预定训练表"内容差不多，更多是从精益生产与改善推进的角度加入了以下的三个要素：

1）将员工掌握拆分成四种水平，分别代表的是：
- 水平 1——25%：训练中。
- 水平 2——50%：需要辅导。
- 水平 3——75%：熟练掌握。
- 水平 4——100%：可指导他人。

2）以 3-3-3 的原则完成多能工指导训练：
- 每个技能至少 3 个人掌握。
- 每个人至少掌握 3 个技能。
- 至少有 3 个全能工。

3）班组管理者由车间负责人认定技能水平：
- 无论是组长还是班长所有技能都需要达到可指导他人的水平。
- 班长助理在全能工中挑选，每项技能至少达到熟练掌握的水平。

表 2-14　员工技能培训计划表

班组		技能1	技能2	技能3	技能4	技能5	技能6	技能7	技能8	技能9	技能10	评估结果					
日期												目标能力			实施达成		
组长												M1	M2	M3	M1	M2	M3
编号	姓名																
1	组长	⊕	⊕	⊕	⊕	⊕	⊕	⊕	⊕	⊕	⊕						
2	班长	⊕	⊕	⊕	⊕	⊕	⊕	⊕	⊕								
3	班长助理	⊕	⊕	⊕	⊕	⊕	⊕	⊕	⊕								
4	员工1	⊕	⊕	⊕	⊕	⊕	⊕	⊕	⊕								
5	员工2	⊕	⊕	⊕	⊕	⊕	⊕	⊕	⊕								
6	员工3	⊕	⊕	⊕	⊕	⊕	⊕	⊕	⊕								
7	员工4	⊕	⊕	⊕	⊕	⊕	⊕	⊕	⊕								
8	员工5	⊕	⊕	⊕	⊕	⊕	⊕	⊕	⊕								
9	员工6	⊕	⊕	⊕	⊕	⊕	⊕	⊕	⊕								
10	员工7	⊕	⊕	⊕	⊕	⊕	⊕	⊕	⊕								
11	员工8	⊕	⊕	⊕	⊕	⊕	⊕	⊕									
结果	M1											训练中			25%	◔	
	M2											需要辅导			50%	◑	
	M3											熟练操作			75%	◕	
评论	变化说明											可指导他人			100%	●	

表格填写说明：

1）由班组负责人填写左上角的班组信息。

2）在第一行填写班组所需要的技能。

3）在第二列填写班组的员工信息，组长、班长、班长助理也在其对象中。

4）按当前班组员工各项技能的掌握状况参考右下角的技能水平示意图进行评估。

5）按每小格为一份，填写对应月份的实际达成得分，每月底更新一次。

6）填过对应月份的训练目标得分，每个季度更新一次。

第九节
技能3：现场巡视

现场巡视是指管理者深入作业现场，执行管理职能，发现问题并即时解决问题的一种现场管理的作业方法。现场巡视是以"巡"与"视"为主要作业行为，并且其行为的范围约定在企业各类作业的发生点和进行地。"百闻不如一见"，看几份报告，听几次汇报，都不如亲自到现场巡视一趟深刻。现场巡视是生产管理非常重要的一个环节。

一、现场巡视的三现原则

三现原则指的是现场、现物、现实。简单点就是说，当发生问题的时候，要快速到"现场"去，亲眼确认"现物"，认真探究"现实"。这是一种以事实为基础的科学行动，而非以经验为基础的管理方法。

1）现场：是指不要只坐在办公室决策，而是要立即赶到现场，奔赴第一线。现场是生机勃勃的，每天都在变化，不具备正确的观察方法，你就无法感觉它的变化，包括异常。

2）现物：是指管理的最重要的概念是"总是以事实为基础而行动"，解决问题要求你找到事实真相。因为只有一个真理存在，最通用的方法是"到问题中去，并客观地观察其过程"。观察你看不到的地方，这时，事实将出现。要发现其变化的原因，仔细观察事实。当你这样做时，隐藏的原因将会出现，这样做，你可以提高发现真相的能力。

3）现实：是指解决问题需要你面对现实，把握事实真相。我们需要用事实解决问题，而事实总是变化无常的，要抓住事实就要识别变化，理想与实际总是有很大的差距。

很多问题如果我们不亲临现场，不调查事实和背景原因，就不能正确认识问题。但为什么会发生那样的问题呢？我们要多问几次"为什么"，对"现物""现实"进行确认。三现也是TPS现场管理的基础原则，丰田生产方式的创始人大野耐一先生说过"现场有神灵"，说的就是问题的答案就在现场，就像刑警破案一样，不去现场无法找到有效的破案线索。

二、现场巡视的五要素

现场巡视的五要素指的是现场管理的五个对象，分别是人、机、料、法、环。

1）人：就是指在现场的所有人员，包括主管、生产员工、搬运工等现场存在的人。
2）机：就是指生产中所使用的设备、工具等辅助生产用具。
3）料：就是指原料、半成品、配件、包材等相关的生产物料。
4）法：指生产过程中所需遵循的方法、流程及规章制度。
5）环：指生产作业环境。

三、现场巡视的重点内容

1. 掌握生产进度

生产进度落后，常常是许多企业的通病。因此，准确掌握进度情况也就成了现场巡视的主要内容之一。如果想通过现场巡视发现生产落后的问题和原因，巡视者就需要对生产进度和生产工序非常熟悉。要掌握生产进度，以下三点内容需要重点留意：

1）要熟知产品及产品零部件。作为一名到现场进行巡视的管理人员，应当一看到生产线上的半成品或零部件就知道是哪一个订单的产品，或者是哪一个型号的产品。否则，就无法判断各车间、班组是否按照计划在进行生产，有没有将急着赶货的东西放在一边，而在做不着急交货的订单，是否有物料不齐套隐患等。

2）要了解产品的生产工艺。了解产品的生产工艺，可以更好地在现场巡视过程中发现问题。比如，有没有下工序急着要货的零部件，上工序已经生产出来却迟迟未见交出等现象。了解生产工艺，可以对各工序的生产平衡状况进行评价，进而发现问题，解决问题。

3）要从产品开线时就进行巡视。每一款产品刚上生产线或产线在切换时，生产管理人员要及时进行现场跟踪巡视。因为从开线时进行跟进，零部件少，便于识别产品异常，如果中途才去巡视，生产已经在各工序全面铺开，在制品及零部件较多，批量隐患异常大。

2. 发现品质问题

品质问题都是在生产过程中出现的，发现品质问题有两个含义：一是指发现潜在的品质问题隐患。比如，材料以次充好的问题，偷工减料的问题，不按要求的比例进行物料调配的问题等。二是指发现已经出现的品质问题，以便进行及时的处理，将品质事故的损失降到最低。在现场巡查中发现品质问题，应注意以下要点：

1）要注意品质问题多发工序。在一个产品的生产过程中，一般都存在着一个或几个品质问题频发的工序，这个工序可能是某台设备经常出现问题或产生较大的加工误差，可能是某一工艺技术一直不成熟，也可能是控制水平不过关或人为因素等，对这些问题多发的工序应该在巡视时引起高度重视。

2）要注意手工作业集中的工序。用设备加工是比较容易控制品质的，而手工作业就较难一些。由于每一个人的工作经验不同以及理解力、反应能力、责任心等不同，对于产品的品质影响将会很大，所以说，这些地方都是要在巡视中多花时间去观察和认真进行检查的。

3）要注意重点环节的品质问题。每一个产品的生产都有几个关键工序，它直接影响产品的质量，这也是巡视的重点。

4）要注意新工艺、新材料。用到新工艺的地方或使用新材料的地方，往往都会因为技术的不成熟或经验的不足而出现各种问题，巡视时要特别引起注意。

5）新员工较多的工序。工作经验不足，也是出现问题的原因之一。新员工较多的工序，常是问题多发工序，效率最低和管理较难的工序，也是巡视的重点工序。

3. 检查员工的作业方法是否正确

按标准作业是对员工作业的要求，监督与指导员工是否按标准作业就是对一线主管的要求。作业方法有很多种，如操作方法、搬运方法、检验方法、点检方法、员工行为规范、物品摆放等，这些在检查时都要注意不要遗忘。

对于作业方法巡视的要点如下：

1）巡视者要研究和熟知操作方法，只有自己知道标准操作方法，才能去判断员工操作方法正确与否。

2）建立作业标准文件。作业标准文件是员工作业的依据，作业标准应该规范、科学、严谨。并且，企业要加强作业标准的宣传和培训，使每个操作员都清楚明白。

3）要观察细微，只有深入观察才能发现问题。在现场巡视时，对于关键工序和工作环节，生产管理人员应特别留意，不能放过任何违反操作要求的做法。

对于作业方法巡视的内容如下：

1）作业人员劳动保护用品及个人标志是否佩戴。
2）操作员是否与设备标注的操作人员相同。
3）作业人员有无带病或超负荷疲劳作业。
4）作业人员是否按正常的操作程序进行操作。
5）是否按正确的工艺流程作业。
6）半成品的堆放是否规范。
7）对于超贵重的物品的移送是否规范。
8）所有作业是否依据作业指导书执行。
9）人员离机时是否关机或拨到自控状态等。

一个现场巡视的主管，只有了解巡视的内容和掌握巡视的方法，才能做到有的放矢，真正达到巡视的目的。

4. 安全事故检查

安全事故检查不是检验事故，而是按照预防的要求来防范安全事故的发生。作为一线主管需要明确需要防范的安全事故与巡查要点。

需要防范的安全事故有：

1）**工伤事故**：危险性设备自身的问题及检修不够或员工未按要求操作都可能会造成工伤事故。
2）**火灾事故**：火灾事故可能会因电线老化、设备安装不合理、设备本身问题、员工不遵守操作规程、易燃物品保管不当、吸烟等引起。
3）**有毒物品泄漏**：储存不当、作业不规范或容器破损等会造成有毒物品泄漏。
4）**漏电**：设备接线问题或电线老化、浸水、磨损等，都有可能引起漏电。

安全事故常常是由设备所引起的，所以，进行设备检查对于防范和发现安全隐患有着重要意义。进行设备检查时，操作人员经常用"看、闻、听、摸、问、测"等方式进行巡回检查，具体检查要点如下：

1) 看，就是做到眼勤。在巡视设备时，操作人员要充分利用自己的眼睛，从设备的外观发现跑、冒、滴、漏，通过设备直至零部件的位置、颜色的变化，发现设备是否处在正常状态，阻止事故苗头的发生。

2) 闻，做到鼻勤。在巡视设备时，操作人员充分利用自己的鼻子，在工作现场通过气味的变化，从而发现和查找出设备的隐患，进行针对性的处理。

3) 听，做到耳勤。在巡视设备时，操作人员充分利用自己的耳朵，通过设备的声音变化，从而及时发现和查找出设备存在的问题，将事故消灭在萌芽中。

4) 摸，做到手勤。操作人员用手来感觉设备运行时的温度变化、振动情况。在操作设备前，要空手模拟操作动作与程序，切忌乱摸乱碰，以免引起误操作。

5) 问，做到嘴勤。操作人员要多问，其一是多问自己几个为什么，问也是动脑的过程，不动脑就会视而不见。其二是在交接班过程中，对前一个班组设备运行情况，要问清楚，要进行详细的了解，做到心中有数；交班人员要交代清楚每个细节，防止交接班期间发生事故。

6) 测，做到腿勤。操作人员利用简单有效的测试工具或药品，对重要的设备控制点进行测试，观察测试结果的变化，发现异常更应加密勤测，便于及时判断事故隐患并及时处理。

安全巡视六法，是一个系统判断的方法，不应相互隔断，应综合应用，调动人的感官功能，发现事故前的设备异常，及时处理，保证设备的安全运行。

5. 检查员工的劳动纪律

有要求就需要遵守，员工劳动纪律的巡视要点如下：

1）作业人员是否有串岗、离岗行为。

2）作业人员是否在干私活。

3）作业人员是否认真，有无东张西望、作业不专心的现象。

4）一线主管是否在自己的工作岗位，如果不在，那么干什么去了。

5）作业人员的岗位标志是否清楚。

6）作业人员的出勤情况如何。

6. 现场看板的检查

现场看板是精益可视化的要求，同时也是快速地进行现状共识的地方。打造一目了然的现状不仅仅是地面划线与标识，现场看板也是很重要的内容。一线主管需要对现场的管理看板进行实时如实的维护，一方面对自己的班组状况做总结，一方面让上司了解现状。通常来说，现场看板的内容有：

1）各类计划的公布，如生产计划、班组计划、出货计划、培训计划等。

2）实绩的公布，如生产实绩、班组个人工作实绩、出货实绩等。

3）工作状况反映，如作息时间安排、每日考勤、工作分配等。

4）各种进程结果，如QC检查表、QA检查表、工序诊断结果、重点工序控制图等。

5）重要的设备布置。

6）各种行政通知。

7）管理人员、技术人员、车间人员的行踪一览表。

生产现场看板现场巡视要点如下：

1）看板的内容有无文不对题、形式主义和做表面文章的现象。

2）看板所反映的资料是否按要求积极更换、是否是最新的。

3）看板的位置、高度是否合适。

4）注意看板上所反映的问题，及时摘抄记录。

5）看板是否通俗易懂。

6）看板上有无泄露商业机密。

7）看板是否成了"戏言俚语"的传播站。

四、现场巡视的要求

生产现场的巡视要做到准时、注意重点、目的明确以及做好巡视记录。

1. 要求1：准时

所谓准时，就是按照规定的时间与规定的频次对现场进行巡视。一般情况下，一线主管需要每隔2h按照既定的巡视路径对生产现场的人机料法环进行有次序、有重点的巡视。生产的大问题都是由一些未曾发现的小问题构成的，准时巡视意味着有效地对每个小问题及其隐患进行识别与处理，最终预防生产大问题的产生。

2. 要求2：注意重点

所谓注意重点，就是凡事要有主次之分。巡视过程中要注重关键、把握重点，比如重点要放在：进度是否落后、有无重大质量问题、有无安全隐患问题、订单有无完成、物料供应是否及时等问题上；而不应该将过多的精力放在某个员工上班是不是穿了拖鞋，厂牌有无戴好，椅子坐正了没有等问题上，这些基本纪律应由班长助理进行日常监督。

3. 要求3：目的明确

所谓目的明确，就是在巡视前必须要带着问题去巡视。比如，发现产品的不合格率上升或是生产进度落后，那么就要从深入现场向基层管理人员去了解情况、查看各生产环节以及相互之间的流程、听取品管人员及部门主管汇报、了解购买材料的质量和材料的供应、观察作业人员的熟练程度及工作态度等方面入手。

4. 要求4：做好巡视记录

做好巡视记录就是在巡视时要随身带个记录本，将发现的问题及时地记录下来，以便分析解决。如果同一问题在记录本上多次出现，就证明在该环节存在着严重的缺陷，需要着力解决。如果没有解决或落实不力，则对相关人员进行严厉批评，对出现问题较多的部门要进行整顿，对问题较多的员工要批评教育和处罚。

第十节
如何推进现场巡视

在熟知现场巡视的内容与要点后,如何推进现场巡视落地并成为一线主管的技能就是推进人员的责任了。推进要做的就是将知识转化成可执行的动作,并对是否执行与执行是否有效进行持续的推动。在一线主管有疑问时积极解决,在有困难时及时协调资源解决,在推进氛围不佳时策划 PK 活动进行激励等。对于现场巡视的落地推进,需要重点完成三个表的落地执行,分别是现场管理巡视表的落地、质量管理巡视表的落地与安全管理巡视表的落地。

一、推进一:现场管理巡视表的落地

现场管理的巡视对象离不开人机料法环,在制作现场管理巡视表时,需要按该类别提炼出各个现场需要重点管理的点。在制定巡视内容时,以关键词"是否"的形式来描述,这样可以让一线主管在填写时能快速地理解。以下以"注塑车间现场管理巡视表"为例,见表 2-15,来说明如何形成现场管理巡视表的内容与推动要求。

现场管理巡视表推进内容说明:

1)需要提炼出所管理区域或线体的常见问题。
2)将常见问题按人机料法环进行分类,填写到巡视内容列。
3)一般以 2h 左右进行一次巡视,并将巡视结果放置在明显的位置。
4)如发现异常,则依据三现的原则进行处理,如果问题未能解决,则进行上报并跟踪,直到问题的关闭。

表2-15 注塑车间现场管理巡视表

序号	类别	巡视内容	巡视时段	3月6日	3月7日	3月8日	3月9日	3月10日	3月11日
1	人	一个月以内的新员工是否佩戴袖章 新员工是否能够熟知产品作业步骤与检验标准 是否有员工擅自离岗？员工穿戴是否符合车间要求 检验人员是否经过培训与品管认证	8:30—10:30 15:00—17:00 18:00—20:00	新工不熟练 新工不熟练 OK	OK OK OK	OK OK OK	OK 员工擅自离岗 OK	OK OK OK	OK OK OK
2	机	皮带线表面是否有积尘或灰尘 皮带线是否有异响或皮带偏移 皮带线运输过程中是否存在因设备/模具导致的连续不良	8:30—10:30 15:00—17:00 18:00—20:00	OK OK OK	OK OK OK	OK OK OK	OK 皮带异响 OK	OK OK OK	OK OK OK
3	料	产品是否有混料 波浪板与产品是否相符 产品是否出现批量不良 原料是否及时添加到注塑机	8:30—10:30 15:00—17:00 18:00—20:00	OK OK OK	OK OK OK	OK OK OK	OK OK OK	OK OK OK	OK OK OK
4	法	产品是否及时送检入库并开送检单 车间生产计划看板是否按时保质填写 机台及设备工装是否按时点检并记录 生产异常是否按时记录并协同相关人员沟通解决	8:30—10:30 15:00—17:00 18:00—20:00	机台未点检 OK OK	机台未点检 OK OK	OK OK OK	OK OK OK	OK OK OK	OK OK OK
5	环	作业区域是否摆放员工私人物品 不良品是否有标识并做好区分 地面是否有掉落物料或产品 设备底部是否有未清扫到位的异物	8:30—10:30 15:00—17:00 18:00—20:00	不良未区分 OK OK	OK OK OK	OK OK OK	OK OK OK	OK 产品掉地 OK	OK OK OK
车间组长签字									
车间主任签字									

5）无论是车间一线主管还是车间主任均要每天签字，车间一线主管一天巡视 3 次，车间主任在对应的区域一天巡视一次以确认现场状态与一线主管描述是否一致，对异常及时处理。

6）车间主任应该将一线主管在巡视时发现的异常进行确认，明确地指示后续的改善行动。

重点说明事项：

1）在现场管理有一个重要的原则：一线主管不仅仅是问题的提报人，而且还需要对问题进行跟踪直到关闭。这是丰田 TBP 十大意识中的"当事者意识"的体现。

2）对于巡视问题的描述需要是客观的事实，而不是描述感受。如很多人在描述现场物品摆放的问题时描述成现场物品摆放零乱，那"零乱"就是一种感受，而感受是无法得出有效的对策的。正确的描述应该为现场物品摆放缺乏定位标识，这描述的就是客观事实，其改善对策就是增加物品摆放的定位标识，这样对策就便可实施。

二、推进二：质量管理巡视表的落地

现场质量管理巡视建议按每道作业工序进行梳理，类似 QC 工程图的做法。对于现场质量巡视，它的对象就是现场的关键作业工序，通常的关键作业工序有：

1）现场的瓶颈工序。
2）检查作业工序。
3）关键的设备作业工序。
4）特殊技能作业工序。
5）常引发客户投诉的工序。

以下以"质量管理巡视表案例"为例，见表 2-16，来说明如何形成质量管理巡视表的内容与推动要求。

表2-16 质量管理巡视表案例

序号	关键工序	确认项目	历史异常客户投诉	巡视时段	4月10日	4月11日	4月12日	4月13日	4月14日	4月15日
1	投板工序	1）订单与PCB板号一致 2）变更前后PCB板区分	变更前后PCB板混板	8:30—10:30 15:00—17:00 18:00—20:00	OK OK OK	OK OK OK	OK OK OK	OK OK OK	OK OK OK	OK OK OK
2	点数及压高件工序	1）无漏件 2）无反插 3）元件无松动	元件浮高不良	8:30—10:30 15:00—17:00 18:00—20:00	OK OK OK	OK OK OK	OK OK OK	OK 元件松动 OK	漏件 OK OK	漏件 OK OK
3	波峰焊工序	1）无批量不良 2）无连续锡珠	炸锡报废	8:30—10:30 15:00—17:00 18:00—20:00	OK OK OK	OK OK OK	连续锡珠 连续锡珠 OK	OK OK OK	OK OK OK	OK OK OK
4	执锡工序	1）无虚焊/假焊不良 2）无元件浮高不良 3）无锡珠/连焊不良	执锡异常	8:30—10:30 15:00—17:00 18:00—20:00	OK OK OK	OK OK OK	OK OK OK	OK OK 漏执锡	OK OK 漏执锡	OK OK 漏执锡
5	点胶工序	1）按顺序依次点胶 2）无点胶拉丝不良	点胶不良	8:30—10:30 15:00—17:00 18:00—20:00	OK OK OK	OK OK OK	漏件 OK OK	OK OK OK	拉丝 OK OK	OK OK 漏件
车间组长签字										
车间主任签字										

"质量管理巡视表"推进内容说明：

1）需要提炼出所管理区域或线体的重点工序。
2）提炼各重点工序的重点检验项目。
3）一般以 2h 左右进行一次巡视，并将巡视结果放置在明显的位置。
4）如发现异常，则依据三现的原则进行处理，如果问题未能解决，则进行上报并跟踪，直到问题的关闭。
5）无论是车间一线主管还是车间主任均要每天签字，车间一线主管一天巡视 3 次，车间主任在对应的区域一天巡视一次以确认现场状态与一线主管描述是否一致，对异常及时处理。

三、推进三：安全管理巡视表的落地

对于安全管理巡视，它的对象就是各种安全隐患，通常的安全管理对象有：

1）危险化学品管理。
2）安全用电管理。
3）防护用品穿戴管理。
4）消防管理。
5）设备维保管理。
6）特殊作业管理。

以下以"安全管理巡视表案例"为例，见表 2-17，来说明如何形成安全管理巡视表的内容与推动要求。

"安全管理巡视表"推进内容说明：

1）需要提炼出所管理区域或线体的安全隐患。
2）将各种安全隐患进行分类。
3）通常由车间一线主管与车间主任每天进行一次不定时抽查。

表2-17 安全管理巡视表案例

序号	检查项目		检查标准	日期				
				5月22日	5月23日	5月24日	5月25日	5月26日
1	个人防护		按规定配发劳保用品,并无破损、无超期使用的劳保用品	OK	OK	OK	OK	OK
			按规定穿戴劳保用品	OK	OK	OK	OK	未穿戴劳保手套
			按规定放置劳保用品	OK	OK	OK	OK	OK
2	安全生产		遵守操作规程,无违章作业	OK	OK	OK	OK	OK
			未经安全生产教育和培训合格的从业人员,不得上岗作业	OK	OK	OK	OK	OK
			特种作业人员需持证上岗作业	OK	OK	OK	OK	OK
3	现场管理		有关设施、设备上设有明显容易辨别的安全警示标志	OK	OK	OK	OK	OK
			车间通风良好,不压抑	OK	OK	OK	OK	风扇损坏
			设备无跑冒滴漏现象,管道运行压力不超过相关规定	OK	OK	OK	OK	OK
			废旧材料、备件,施工余料及时清理回收,不随意占道及场地	OK	OK	OK	OK	废铁未清
4	消防管理		按相关标准摆放消防设施、灭火器材,并定期检查记录	OK	OK	OK	OK	OK
			禁止占用、堵塞、封闭防火疏散通道	OK	OK	OK	OK	OK
			消防安全重点部位每月进行防火巡查,并做好相关记录	OK	OK	OK	OK	OK
5	设备物资管理		定期检查维护相关的设备,做好相关的记录,并设立警示标志	OK	OK	OK	OK	OK
			设施设备停用或维修按规定挂牌上锁	OK	OK	OK	OK	OK
			危险物资需设有双人双管、双人双锁	OK	OK	OK	OK	OK
车间组长签字								
车间主任签字								

4）如发现异常，则依据三现的原则进行处理，如果问题未能解决，则进行上报并跟踪，直到问题的关闭。

5）无论是车间一线主管还是车间主任均要每天签字，车间主任在对应的区域一天巡视一次以确认现场状态与一线主管描述是否一致，对异常及时处理。

四、利用三级巡视机制形成问题的闭环

无论是现场管理巡视、质量管理巡视还是安全管理巡视，其目的都是降低现场批量异常的隐患，使异常能够及时得到处理。在实务操作中，现场的一线主管并不一定完全能够按时保质完成巡视表的内容，如果不能良好地推进机制的落地，最终一整套巡视的表单就会流于形式，不能发挥真正的作用。

在管理中，有句话是"下属只做领导检查的事，而不是该做的事"。这句话从正面理解就是如果想要将一件事情推进落地，检查监督是少不了的。没有不听话的下属，只有懒惰的管理者也是同一个意思，要想真正地将巡查落地，那就需要有一套从一线主管到车间主管到企业高层的执行监督机制作为落地的保障，推进巡查的彻底落实，最终实现各种异常问题的闭环。

在此，向大家推荐一种经过实践验证的机制，我将它命名为"三级巡视机制"。

所谓的三级，是指三个不同的现场层级职位，分别指的是车间一线主管、车间主任、生产经理/总监。具体的三级巡视机制见表2-18。

表2-18 三级巡视机制

级别	责任人	内容	频度	输出
一级	车间一线主管	"巡视表"	每日	每日整改清单
二级	车间主任	每日整改清单"巡视表"	每周	每周整改清单
三级	制造部长	每周整改清单"巡视表"	每月	每月整改清单

以下具体说明三级巡视的内容：

1）一级巡视：是指由一线主管每天按巡视表的内容与标准对自己所负责的产线进行巡视，列出每日整改清单，对异常问题的跟踪处理计划直到问题得到闭环。

2）二级巡视：是指由车间主任每周轮流对下属一线主管的产线按巡视表的内容与标准进行巡视，监督与比对一线主管是否有按时且真实客观地反映巡视的异常，确认一线主管按日整改清单内容推进整改事项，对需要车间主任推进的事项形成每周整改清单。

3）三级巡视：是指由制造部长每月轮流对下属车间主任的车间按巡视表的内容与标准进行巡视，监督与比对车间主任是否有按时且真实客观地反映巡视的异常，确认车间主任按周整改清单内容推进整改事项，对需要制造部长推进的事项形成每月整改清单。

五、小结与推进任务

现场的巡视应该要成为一个刻意训练的管理动作，而不是有时间就做一做，因为只有这样才能成为一名合格的管理者。在巡线时，只有在三现的前提下才能对生产五要素有清晰的把握，利用5个为什么的方法就能够高效地找出问题的根源，从而实施有效的防止再发措施。要将现场巡视有效落地，建议按着本节的内容完成以下两个推进任务：

1）依据企业的现场提炼出适合的现场管理巡视表、质量管理巡视表、安全管理巡视表。

2）结合以上三表，持续推进三级巡视机制的落地。

第十一节
技能4：异常处理的技能

通过现场管理巡视、质量管理巡视、安全管理巡视后，现场的各种问题将彻底地显现暴露出来。同时，在巡视管理的原则中多次提到，一线主管不仅仅是问题的提报人，而且还需要对问题进行跟踪直到关闭。这是丰田十大意识中的"当事者意识"的体现。对于一线主管来说，在能力与权限范围内的问题自己解决，否则联系并组织相关人员共同解决。使得问题彻底解决是一线主管能力的体现，反之问题未能彻底解决就是一线主管应该承担的责任。那么，在推进异常问题解决或预防问题的发生时，一般都有哪些方法呢？

- 在预防问题的发生上，需要推进现场的变化点管理。
- 在异常问题的解决上，需要推进现场的QRQC异常快速响应机制。

本节的内容将重点阐述变化点管理与QRQC的落地推进。

一、变化点的管理内容

变化点管理是指从通常状态变化为另外的状态。通常将事先知道的变化点称为变更，不能预先掌握的变化点称为异常。因为任何过程都可能存在许多引起变化的因素，变化是必然的，是不可避免的。如果出现变化点时管理不到位，就可能导致引发质量问题，严重时会出现批量性质量问题，如图2-5所示。

1）通过变化点管理，有利于加强对各环节的质量控制、质量改进，有效防止质量问题出现及不良品流出。

2)做好变化点管理,有利于产品出现问题时进行分析,有利于对流出的不良品进行追溯、处置。

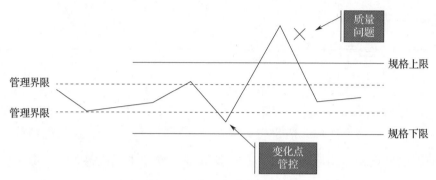

图 2-5　变化点管控与质量问题示例

二、变化点的两大类别与处理流程

1)计划内的变化是指能预先掌握的变化点,该变化点以从上至下的管理方式处理:提出变更—变更验证—变更实施—首次生产样品确认与实施(初物管理)。
2)突发的变化是指不能预先掌握的变化点,该变化点以从下至上的管理方式处理:发现异常—找出差异—差异分析及处置—异常问题的彻底解决—标准化管理与实施。

现场常见的变化点内容见表 2-19。

表 2-19　现场常见变化点示例

分类	5M1E	计划内的变化	突发的变化
作业者容易识别的变化	人	• 节拍变更、工序变更、人员交换 • 职位变更 • 年休、临时休息、临时替换、短期休息返回 • 生产线外作业者变更 • 炎热时期、午休、作业前、下班时	• 临时离岗、人员顶岗(上厕所等) • 突发年休 • 作业中断 • 生产线停止和再起动

（续）

分类	5M1E	计划内的变化	突发的变化
作业者容易识别的变化	机（设备）	• 改造工程、修改工程、模具改造、修改 • 模具新设、更新、移设设备、能力增强新设 • 工具、治具、刀具的变更、交换 • 检查治具、检具新设、更新 • 定期点检、保全 • 周转箱、台车交换、清扫 • 防呆装置的变更移设 • 架子、输送带的变更	• 设备故障、设备异常 • 模具异常 • 工具、治具和刀具的老化、破损 • 工具、治具和刀具的故障 • 模具故障（包括破损） • 检测治具和测量仪器的故障、破损 • 生产指示减少（防呆装置破损）
	物料	• 设变、工变 • 素材变更、材料变更、粗坯材变更 • 油类变更 • 精度修正、调整 • 副资材变更 • 长期连休前后的对应	• 异常处置 • 反追点检、追溯点检
	方法	• 工序变更 • 非常时期工序变更 • 条件变更 • 配置参数变更 • 工法变更 • 循环时间变更 • 节拍时间变更 • 生产线工程 • 生产线变更（移设） • 试行 • 测试 • 量试	• 作业迟滞时的跟进 • 作业中断时的跟进 • 作业错误的跟进
	环境	• 环境因素变化（如温度，湿度） • 异地生产 • 环境因素出现异常 • 测量环境发生变化	• 地震、台风、火灾
	测量	• 检验标准发生变更 • 使用新测量设备 • 变更测量设备	• 测量设备异常（包括设备、检具、通用量具、检测用工装等异常）
不易识别变化	人机料法	• 健康状态的变化 • 模具、刀具的磨耗、现状变化 • 消耗品的磨耗	• 人为错误 • 极少见的变化 比如，在相同的动作下电压的突然降低等

三、推进变化点管理的四个方法

推进变化点管理是为了预防问题的发生,只要彻底地做好变化点管理就能大幅度地减少既重要又紧急的事后救火行为,这对于一线主管来说是每天都需要执行的重要事项。推进变化点管理就意味着将变化点管理的动作有效地展示出来,并保证产生效果。通常来说,推进变化点管理有四个常见方法,以下重点说明。

1. 建立变化点管理看板,强化现场人员变化点意识

一般来说,变化点管理看板的内容有四个:变化点相关知识,变化点地图,变化点管理流程,变化点记录。具体案例如图2-6所示。

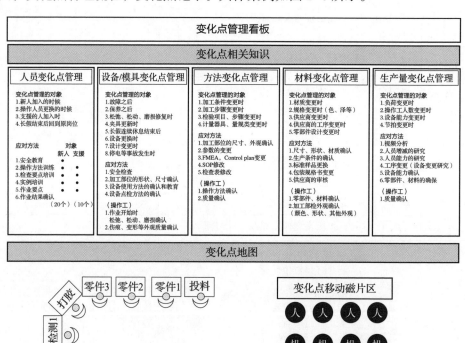

图2-6 变化点管理看板案例

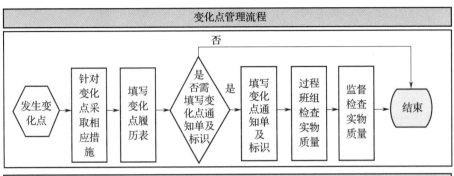

图 2-6 变化点管理看板案例（续）

2. 对变化点岗位进行标识，同时在早会上与全员共享变化点内容

无论是作业人员的变动，还是岗位作业内容的变动，都需要清楚地标识出来，以便作为日常管理的重点事项，如图 2-7 所示新人上岗变化点案例。

①在车间员工上岗表上体现新人上岗变化点

②新员工佩戴培训臂章　③操作岗位悬挂醒目变化点标识牌（便于变化点管理与品质跟踪）　④在早会上与全员共享变化点内容

 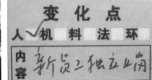 

图 2-7 新人上岗变化点案例

3. 建立变化点管理台账，实现追溯

变化点管理台账是将现场每天的变化点如实记录，形成流水台账，以便后续的质量追踪，具体案例见表2-20。

表2-20 变化点管理电子台账案例

_____公司____年____月变化点管理电子台账

日期	发现时间	产线	零件名称	变化点类型				变化点描述		检查结果
				人	机	料	法	环	变化内容	不良数	
8月30日	10:15	外壳冲压线	左箱体				✓		强制更换底孔丝锥	0	OK
8月30日	15:00	外壳冲压线	左箱体		✓				机床原点丢失，无法起动	1	OK
8月30日	15:20	外壳冲压线	右箱体				✓		通规紧换刀	0	OK
8月30日	16:45	配件冲压线	把手		✓				更换机台作业	0	OK
8月31日	9:10	内桶冲压线	底盖	✓					外部人员支援作业	0	OK
8月31日	10:22	内桶冲压线	连接环	✓					外部人员支援作业	0	OK
8月31日	19:10	配件冲压线	开关支架				✓		更换通用模具冲压	0	OK

4. 运用"变化点通知单"，实现变更管理的实时跟踪

在日系企业，凡事变更后的相关产品叫初物，初物管理是指从变更发起、验证……首件封样标准化到实施推广的整个过程，具体的变化点通知单案例如图2-8所示。

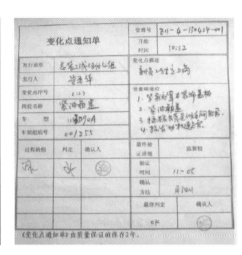

《变化点通知单》由质量保证班保存2年。

图 2-8　变化点通知单案例

四、QRQC 异常快速响应机制的内容

推进变化点管理是为了预防问题的发生，如果问题已经发生，并形成了异常，那需要推进现场的 QRQC 异常快速响应机制。

在巡线过程中，一线主管发现自己不能处理的问题需要及时上报处理，就需要启用 QRQC 机制。QRQC（Quick Response Quality Control，快速反应质量控制），这是汽车零配件生产行业常用来快速解决生产现场质量问题的流程。QRQC 的基本原则是在第一时间制止不合格产品的继续产生，并采取应对措施，尽快恢复生产。

针对不同的问题类型，有三种层级的 QRQC，分别是生产线 QRQC、车间 QRQC、工厂 QRQC。三个不同层级的 QRQC，其关注点、主导人、参与者、频次、相关支持者都会有所不同，具体的差异见表 2-21。

1. 生产线 QRQC 内容

- 定位：立即采取措施解决问题。
- 参加人员：操作员、一线主管。

- 其他参与人员：工艺、设备、品管等人员（按需）。
- 做什么：处理生产线上发生的问题。
- 什么时候：当生产线上一出现缺陷时就停止操作。
- 怎么做：做好缺陷件标识，到生产线 QRQC 板上记录，报告一线主管，并召集会议开展分析和改进等活动。

表2-21　三个不同层级的 QRQC

层级	关注点	主导人	参与者	频次	相关支持者
生产线 QRQC	每个生产线的不良	组长	全体操作人员	每次不良发生	生产线管理员、车间主管、车间质量工程师、车间技术工程师
车间 QRQC	车间里的主要问题	车间主管	车间各职能人员＋生产线管理员	每天	车间主管、车间质量主管、高级工程师
工厂 QRQC	安全问题、客诉问题	工厂经理	职能部门人员	每天	公司总经理、公司质量经理、技术经理

2. 车间 QRQC 内容

- 定位：解决生产线无法解决的问题。
- 参加人员：车间主任、检验员、一线主管、工艺、设备等人员（按需）。
- 做什么：回顾以前的指标、问题的整改措施完成情况、讨论生产线上提出的新的问题。
- 什么时候：每天固定时间。
- 怎么做：带好 QRQC 任务单、好的和坏的零件，在 QRQC 板前开会交流。

3. 工厂 QRQC 内容

- 定位：解决客户的退货和抱怨。
- 参加人员：生产部经理、质量经理、工艺、设备等人员（按需）。
- 做什么：检查车间指标的完成情况、回顾客户抱怨采取的整改措施情况、讨论车间提出的新的问题。

- 什么时候：每天。
- 怎么做：带好客诉单、好的和坏的零件，在 QRQC 板前开会交流。

五、QRQC 落地推进的三个重点

QRQC 不仅仅是生产部门负责的事，而更多涉及公司的每个部门。在这个过程中，QRQC 的流程，所用的表单、QRQC 会议都非常重要，推进成功与否意味着异常问题能否有效地解决。以下针对 QRQC 落地推进的三个重点进行说明。

1. 推进内部 QRQC 的流程

以下以一家生产汽配线束的工厂为例，见表 2-22，分别从流程、工作要求、要点、责任人几个维度进行展开说明。

1）企业在构建 QRQC 流程时需要注意流程的起点直接从发现异常开始，对可疑品要进行标识并放入红箱子内并填写相关的表单。接下来需要召集相关人员进行临时措施制定以便恢复生产。如果未能按时恢复生产，问题就需要上报直到找到有效的临时措施。在恢复生产后找出根因与长期措施，直到问题的关闭结束。
2）工作要求的重点主要需要体现三现原则，问题出现后相关人员都需要尽快赶赴现场，对不良现物进行分析，提出解决方案。
3）工作要求的要点主要需要体现时效性与执行细节要求。
4）责任人分别有发现人、车间主任、现场 QE、区域经理、品管经理等，随着问题的升级，所需要涉及的部门职员层别就越高。

2. 推进 QRQC 表单

QRQC 表单是问题处理过程的记录与总结，其中会体现精益工具的应用，如利用 5W2H 措施问题、利用差距分析找出初步原因，利用 5WHY 分析找出根因等。QRQC 表单分由五部分组成，以下结合表单的形式进行说明。

表2-22 汽配线束工厂 QRQC 流程

序号	流程	工作要求	要点	责任人
1	发现异常	立即通知上报	启动 QRQC 流程的条件包括但不限于： 1）生产线缺少必要的测量装置、防错或标准件标准 2）缺少培训过的员工执行检查 3）曾经客诉过的问题 4）连续的异常发生	发现人
2	隔离标识可疑品，并将可疑品放入红箱子内	车间主任和现场 QE 依据风险性和严重度，做出可疑品隔离及是否停线的决定	车间主任和现场 QE 从发现问题开始 15min 内必须到现场并进行处置 需要追溯至上次检验合格的批次	车间主任 现场 QE
3	通知相关人员到现场，填写"生产线 QRQC 单"	由车间主任负责召集相关人员到现场 现场确认可疑件处理方法，评估风险 QE 负责在"生产线 QRQC 单"填写相应的问题描述	"生产线 QRQC 单"必须张贴在现场	车间主任 现场 QE
4	现场确定临时措施	团队进行现场分析，决定是否对之前产品进行追溯遏制，并制定临时措施	责任人在 QRQC 表单上填写临时措施	异常责任人
5	问题升级	停线开始 30min 内未制定临时措施或临时措施无效，立即问题升级，通知区域经理及相关部门主管	停线开始 30min 内未制定临时措施或临时措施无效	车间主任
6	由区域经理决定临时措施	进一步分析，提出有效的临时措施	如果临时措施失效，或 120min 后产线未能正常重启，问题升级到总经理	区域经理
7	恢复生产	由各级生产管理者及其同层次参与问题解决的 ME 或 QE 团队做出"恢复生产"决定		团队成员
8	找到根因对策	根本原因分析及长期措施实施，责任人在 QRQC 表单上填写 5WHY 及相应长期措施	1）原则上在 7 个工作日必须完成根本原因分析，2 周内完成长期措施。期间生产产品处理方法：遏制、筛选、100% 检等 2）如果因停线对交货造成影响，需通知业务部门 3）组长、大组长、区域经理负责跟踪验证长期措施的有效性，连续验证 5 个班次，并每班在 QRQC 表单上签字，由品管经理进行保存、归档	品管经理
9	问题关闭结束			

1）第一部分为问题描述：利用 5W2H 的理念对现状问题进行完整的描述，这是现场管理"三现原则"的体现。具体问题描述的内容见表2-23。

表 2-23　QRQC 问题描述

一、问题描述			
问题类型	停线时间：	重启时间：	
品质（Q）	发生什么问题：		
	为什么这是个问题：		
	什么时候发生的：		
安全（S）	谁发现的：		
	发生位置：		
产能（C）	怎么发现的：		
	型号、数量：		
其他	是否再发问题：☐ YES　☐序号	升级价值流：☐ YES　☐序号	
	是否影响客户：☐ YES　☐序号		

2）第二部分为标准比对：以人机料法为对象，通过标准状态与实际状态的差异分析现场产品异常发生的初步原因，见表2-24。

表 2-24　QRQC 标准比对

二、标准比对			
人：☐ YES　☐序号		机：☐ YES　☐序号	
料：☐ YES　☐序号		法：☐ YES　☐序号	
要素	标准	实际	差异
1			
2			
3			
是否符合标准：☐ YES　☐序号			

3）第三部分为团队分析：利用 5WHY 分析法，对异常问题进行多次的询问，直到找出有效的根本原因，见表2-25。

4）第四部分为措施制定：通过前面的 5WHY 分析法，找出解决眼前问题的有效措施，并以问题的杜绝为目标制定长远措施，见表2-26。

表 2-25　QRQC 团队分析

三、团队分析	
职能支持：□设备　□客服　□品管　□PMC　□采购　□其他	
对在制品是否进行遏制：□ YES　□序号	
WHY1	
WHY2	
WHY3	
WHY4	
WHY5	
小组成员签字：	

表 2-26　QRQC 措施制定

四、措施制定			
序号	临时措施	完成时间	责任人
1			
2			
3			
序号	长远措施	完成时间	责任人
1			
2			
3			

5）第五部分为验证关闭：对措施实施跟踪，确认措施的有效性，对有变更的作业方法与流程进行相关人员的培训，见表 2-27。

表 2-27　QRQC 验证关闭

五、验证关闭			
班次	验证内容	验证结果	验证人
1			
2			
3			
改进的措施培训人员签名：			

案例 QRQC 表单实战

为了让大家更好地理解 QRQC 表单的应用，以下以"端口包胶不良"为案例进行说明，见表 2-28。

表 2-28　端口包胶不良 QRQC 表单案例

一、问题描述			
问题类型	停线时间：2021-3-18　9：20		重启时间：2021-3-18　09：40
	发生什么问题：端口包胶不良		
品质（Q）	为什么这是个问题：端口包胶不良超过 10 个		
	什么时候发生的：2021-3-18　9：10		
安全（S）	谁发现的：端口检验工序作业人员		
	发生位置：端口检验		
产能（C）	怎么发现的：目视		
	型号、数量：TC150- 白色		
其他	是否再发问题：□ YES　√序号		升级价值流：□ YES　√序号
	是否影响客户：□ YES　√序号		
二、标准比对			
人：√YES　□序号　　机：√YES　□序号　　料：√YES　□序号　　法：√YES　□序号			
要素	标准	实际	差异
1	包胶模具不能有异物	包胶模具中有铁屑	有
2	包胶模具每隔 30min 进行吹气除杂物	基本按要求操作	无
是否符合标准：□ YES　√序号			
三、团队分析			
职能支持：√设备　□客服　□品管　□PMC　√采购　□其他			
对在制品是否进行遏制：□ YES　√序号			
WHY1	端口在同一个地方漏出塑胶表面		
WHY2	端口摆放偏位		
WHY3	端口摆放时被异物顶起		
WHY4	端口异物掉落在模具中未发现		
小组成员签字：			

(续)

四、措施制定			
序号	临时措施	完成时间	责任人
1	除去模具铁屑	即时	操作工
2	所有端口进行异物检查并处理	即时	操作工
3	订单生产完后检测模具是否有压伤	切换时	模具工
序号	长远措施	完成时间	责任人
1	端口来料异物检验	下批来料	IQC
五、验证关闭			
班次	验证内容	验证结果	验证人
1	除去模具铁屑后是否存在包胶不良	OK	班长
2	端口来料是否无异物	OK	班长
改进的措施培训人员签名：			

3. 推进 QRQC 会议

在推进 QRQC 时，一般都需要有一个讨论的会议，QRQC 会议场所如图 2-9 所示。结合前期 QRQC 的内容，在推进 QRQC 会议时，需要结合以下四个关键要点：

图 2-9 QRQC 会议场所

1）设置不良红箱：这是现场不良品的收集区。

2）设置 QRQC 白板：利用 QRQC 表单的内容，在白板中体现问题描述、5WHY 分析、改善措施、跟踪关闭等。

3）设置每日异常跟踪表：对车间的整体不良率进行监控，从整体中验证

QRQC 推进的成果。

4）站立式讨论：QRQC 会议是每天都需要进行的会议，那会议时间就需要控制，通常会议时间控制在 30min 以内较为合适。为使大家的注意力集中在问题的分析与解决上，站立式的会议能够高效地推进问题的解决。

六、异常处理的十大意识

异常处理与改善的过程就是人才培育的过程，其中也是灌输正确的管理意识的最佳时机。其中异常未能及时解决或被掩盖，很多时候是对于异常的管理意识出了问题而导致的。因此，我整理了在异常处理时，不应该出现的十大禁止行为，与鼓励大家做到的十大理想状态，大家也可以有意识地在会议中宣读或制作成管理看板放在 QRQC 的会议地点里进行宣读，逐渐形成正常的异常管理意识。异常处理十大意识见表 2-29。

表 2-29 异常处理十大意识

序号	十大禁止行为	十大理想状态
1	不能以忙为理由缺席会议	以品质为最优先考虑：找人代为出席
2	不要为逃避责任而作解析	先想自身问题
3	不要对接到的信息妄下论断	首先按三现原则去看现物
4	不能因为自己解决不了就把问题放在一边	向异常会议提案
5	上级不要只对下级做指示	一定要对结果进行跟踪
6	不要认为只要拜托了对方就一定能解决	对方也很忙，要做好跟进工作
7	不要因为有了好办法就松懈	一定要在现物上验证结果
8	不要只凭过去的经验说事	要用数据说话
9	监督者不要简单地将责任推给作业者	要完全当作监督者的责任
10	管理者不要完全依赖监督者拿出对策	要一起通过事例来学习

第十二节
技能5：现场5S管理与推进

一、5S 是现场管理的基础

5S 现场管理法起源于日本，5S 即日文的整理（Seiri）、整顿（Seiton）、清扫（Seiso）、清洁（Seiketsu）、素养（Shitsuke）。通过规范现场、现物，营造一目了然的工作环境，培养员工良好的工作习惯，是日式企业独特的一种管理方法，其最终目的是提升人的品质。

1. 5S 现场管理法：整理

将工作场所任何东西区分为有必要的与不必要的，把必要的东西与不必要的东西明确地、严格地区分开来，不必要的东西要尽快处理掉。

- 目的：腾出空间，防止误用，塑造清爽的工作场所。
- 生产过程中经常有一些残余物料、待修品、待返品、报废品等滞留在现场，既占据地方又阻碍生产。
- 注意点：要有决心，不必要的物品应决断地加以处置。
- 实施要领：制定"要"和"不要"的判别基准。

在这里，要与不要并不是指是否有使用价值，而更多是依据物品的"使用频率"来决定要与不要。企业可以参考表 2-30 建立一个常用的使用频率与处理方法标准。

表 2-30 物品使用频率与处理方法对照表

使用频率	基准	处理方法
每小时都会使用的物品 每天使用一次	经常使用	放在作业区域内随手可得之处
每周使用一次 一个月使用一次以上	偶尔使用	在工作场所内集中保管
两个月至半年用到一次（平均）	不常使用	固定地方集中保管
半年至一年使用一次	很少使用	放置在仓库或特定区域
一年一次也没使用到	几乎不用	丢弃、报废

2. 5S 现场管理法：整顿

对整理之后留在现场的必要物品分门别类放置，排列整齐，明确数量并进行有效的标识。

- 目的：工作场所一目了然；整整齐齐的工作环境；消除找寻物品的时间；消除过多的积压物品。
- 注意点：提高效率的基础条件。
- 实施要领：前一步骤整理的工作要事先彻底落实，按照区域—线体—物品从粗到细的顺序进行开展。
- 整顿的"3定"原则：定点、定容、定量。
- 定点：放在哪里合适。从车间来讲，这就是一个布局问题，整体要符合一个流的原则，使得拿取物品不迂回曲折，减少时间；从作业来讲，这就是一个作业效率的问题，整体要符合人因工程的原则，使得物品在拿取时最顺手、合理与科学，减少动作浪费。
- 定容：用什么容器、颜色。现场需要依据各类物品不同的大小与形状设定合适的容器，在决定物品的容器时，需要与现场的物流配送、场地大小相一致。
- 定量：规定合适的数量。定量是对精益物流配送的基本要求，定量后才能计算物流配送的频次、配送时序、配送批量等。

3. 5S 现场管理法：清扫

将看得见与看不见的场所与部位都打扫干净，消除污染源。

- 目的：消除脏污，保持职场内干干净净、明明亮亮。
- 注意点：消除污染源。
- 实施要领：强化日常与班后清扫，还原现场与设备的应有状态；识别并改善污染源，予以杜绝或隔离；对设备进行彻底清扫与点检。

4. 5S 现场管理法：清洁

将上面的 3S 实施的做法制度化、规范化，并贯彻执行及维持结果。

- 目的：维持上面 3S 的成果。
- 注意点：制度化，定期检查。
- 实施要领：落实前面 3S 工作；制定考评方法与奖惩制度，加强执行；高阶主管经常带头巡查，以表重视。

5. 5S 现场管理法：素养

通过晨会等手段，提高全员文明礼貌水准。培养每位成员养成良好的习惯，并遵守规则做事。开展 5S 容易，但长时间的维持必须靠素养的提升。

- 目的：培养具有好习惯、遵守规则的员工；形成班组文化，形成正向的学习氛围。
- 注意点：持续地活动形成良好的氛围，才能养成良好的习惯。
- 实施要领：制定服装、仪容、识别证标准；制定共同遵守的有关规则、规定；推进各种企业文化活动，强化企业行为准则；教育训练（5S 行为规范标准的建立与训练考核）；推动各种士气提升活动（晨会、问候活动等）。

二、5S 活动推进六步法

从某种意义上来说，5S 也是一种基于 PDCA 科学管理的问题解决方法。

那么，从推进的角度来看，同样也可以借助 PDCA 的方法来推进 5S 管理。在项目辅导过程中，我总结了如下的 5S 推进六步法，供大家参考。

1. 推进第一步：学习训练、成立推进团队、设定目标

5S 推进第一步要点见表 2-31。

表 2-31　5S 推进第一步要点

主要步骤	要点	相关示意图
1. 学习训练	1）高层带领并以身作则，启动全员 5S 改善大会 2）统一 5S 相关知识课件，每个部门负责将前 3S 的典型问题插入到对应的知识点进行讲解 3）建立一线主管的技能认证计划（见右图）	训练主题／5S 知识认证／整理技能认证／整顿技能认证／清扫技能认证／区域 5S 验收；认证目标 85 分通过／改善 5 个问题点／85 分通过；班组长 1～4：5月6日、5月20日、6月10日、6月20日、6月30日
2. 成立推进团队	1）以一线主管为干事，推进并执行各区域的 5S 活动 2）以部门负责人为委员长，制订部门内的推进计划 3）各部门的公共区域设置 5S 活动管理看板	5S 活动管理看板：5S 推进组织架构／5S 责任区域图／5S 优秀改善事例／班组 5S 流程红旗／5S 推进目标／5S 不合理点列表／5S 标准／5S 推进计划／5S 不要物列表／5S 知识／5S 优秀班组
3. 设定目标	1）各委员长带领干事依据学习的知识对自己的现场进行 2 天以上的深入评估诊断与打分，按整理、整顿、清扫对现场的问题进行分类，以 2 个月为期限，讨论行动计划与车间整改项目 2）以周为单位，每周进行总结与计划	序号／发生位置／问题点描述／问题归类／拍照记录／改善措施／责任人／改善日期；1　单元线　垃圾桶位置太低　整顿　将垃圾桶挂到齐腰的位置（在工作台大约 1m 高的设置挂钩）；2　线缆　走线混乱（扫描仪线、网线、电源线、烙铁线）　整顿　应用线槽包装；3

143

2. 推进第二步：现场整理——推进红牌作战

红牌作战前的准备：

- 按使用频率区分要与不要物品标准。
- 制定工位的必须物品清单（见表2-32）。
- 明确必需品与非必需品处置方式。
- 对非必需品标上红牌。
- 按5S红牌指示处理相关物品（见表2-33）。

表2-32 生产线物品清单示例

工程	物品清单	数量	放置场所	工程	物品清单	数量	放置场所
插入工程	不良品			完成修理	毛刷		
	毛刷				打点笔		
	酒精				笔筒		
	工程管理表				烙铁		
	打点笔				接锡盒子		
	浸锡治具				设备点检表		
	作业指导书				不良项目表		
	电批				作业终标示		
	作业中标示				防锈油		
捆包	毛刷			AOI	毛刷		
	胶带				不良项目表		
	干燥剂				点检表		
	打点笔				不良标签		
	笔筒				量具		
	作业终标示				作业终标示		
	现品票						
	封箱胶布机						
	不良项目表						

注：特殊线别因客户原因或产品特殊要求需要追加物品，该线别需要单独做成"生产线物品清单"。

表2-33　5S红牌示例

5S红牌				
所属部门			红牌编号	
区分	☐ 机械设备	☐ 模具、夹具		☐ 工具、辅具
	☐ 计量器具	☐ 办公用品		☐ 辅助材料
	☐ 在制品	☐ 半成品		☐ 成品
	☐ 原材料	☐ 零部件		☐ 其他
品名				
型号				
数量			金额　　元	
原因	☐ 生产计划的估计错误	☐ 下脚料		☐ 不要
	☐ 订单取消	☐ 不合格品		☐ 不明
	☐ 设计变更	☐ 失去用途		☐ 老化
	☐ 呆滞品	☐ 滞留品		☐ 其他
判定者				
处理方法			效果确认	☐ 可（关闭）
				☐ 不可（重对策）
日期	贴附日期　年　月　日	整改日期限　年　月　日前		
备注				

在推进5S红牌作战时，需要与一线主管在活动前与活动中发现的问题达成共识，只有共识达成，才能消除推进的误会，更好地推进成果的落地。一般情况下，我在推进5S红牌作战中，会加入一个目的，那就是协助一线主管发现日常未能识别的5S问题，借助外力来提升现场管理水平，而不是否定他们的管理成果。另外，5S红牌作战应该成为制造现场定期推进的一项活动，在下一次红牌作战时，有必要对上一次红牌问题的解决状态进行排查。如发现同样的问题，则需要上报协商处理，直到问题得以解决。

3. 推进第三步：现场整顿——推进现场可视化

主要推进步骤、要点见表2-34。

表2-34 现场可视化推进步骤示例

主要步骤	要点	相关示意图
1.区域规划	1）按精益布局原理优化布局 2）重新划分功能模块 3）划分主通道	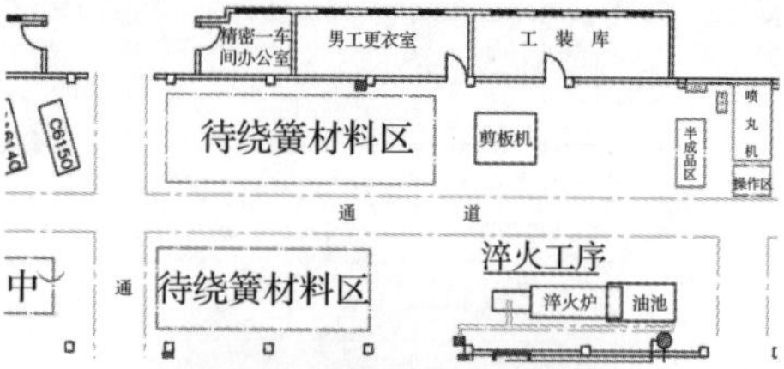
2.作业区规划	1）对备料区进行可视化 2）对成品区进行可视化 3）对操作区进行可视化 4）对半成品区进行可视化	
3.设备翻新	1）转动位涂黄色 2）非转动位统一颜色（或本体色）	
4.标识目视化	1）消防用电安全类标识（黄黑相间） 2）各区域导视牌 3）形迹管理导入（见右图）	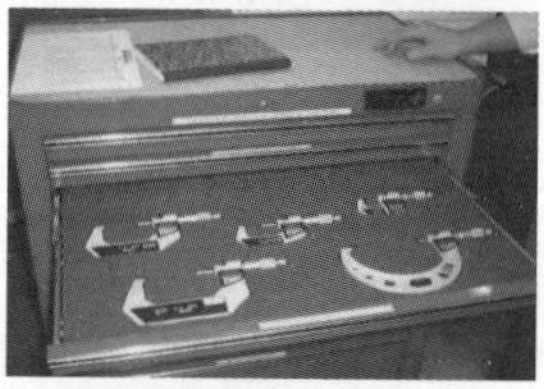
5.生产看板建立	1）生产管理看板（见右图，示意） 2）班组管理看板 3）质量管理看板	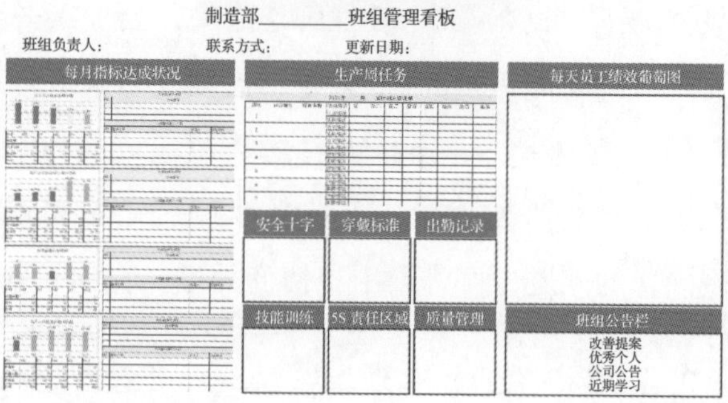

4. 推进第四步：现场清扫——推进彻底清扫活动

主要推进步骤、要点见表2-35。

表2-35 现场彻底清扫活动步骤示例

主要步骤	要点	相关示意图			
1.彻底清扫活动	1)"三见"即沟见底、轴见光、设备见本色 2)"四无"即无垃圾、无杂物、无废物、无灰尘（见右图） 3)设备：无灰尘、无油垢、无蚀锈、呈现本色 4)现场：墙面白，玻璃亮、地面亮，无死角	车间/部门	责任人	改善区域	日期
		冲压车间/设备科	×××	200T冲床区域	2019/6/20
		改进前		改进后	
		改进前问题描述	实施的方法		改善后的效果
		冲床顶部油污、脏污	清理、整顿		干净、整洁
2.设备维护点检	1)制定日周月点检清扫基准书及目视化（见右图） 2)制定日周月加油润滑基准书及目视化	➤点检部位标签（尺寸：外圆5cm） 每日 1 清扫/点检　每周 2 清扫/点检　每月 3 清扫/点检			
3.污染源控制	1)现场排查污染源 2)缩短清洁时间、改善活动导入	改善前　改善后 改善效果：硬脂酸钙处加装了吸尘管道，粉尘污染源得到有效治理			

5. 推进第五步：现场清洁——建立5S管理制度与评分机制

主要推进步骤、要点见表2-36。

表 2-36 现场 5S 管理制度推进步骤示例

主要步骤	要点	相关示意图
1. 制定 5S 管理制度	1）成立以高层为发起，专职推进，以部门长为区域负责人的推进组织 2）以 100 分为满分，设置各区域的 5S 评分标准 3）按各部门区域的大小设定评分系数，平均区域大小导致的不公平（如有需要） 4）设定正负激励措施，每月在 5S 管理会议中兑现 5S 班组流动红旗	5S 优秀班组　　5S 加油班组
2. 建立各区域 5S 标准	1）以定点摄影为工具，为每个区域的应有 5S 状态为标准以照片的形式放在区域门口，并以文字的形式描述要求 2）强化班中与班后的 5S 清扫活动，建立清扫标准 3）细化各工序的 5S 标准，明细日、周、月的维护内容（见右图）	烤粉车间 5S 标准示意图 每天：每天清扫完成后要将物品摆放整齐并归位，标准如图所示 每周：对设备工装、座椅、周转容器进行彻底清扫，还原本色 每月：对地面墙壁管线进行彻底清扫，还原本色 下班毛巾清洁后整齐平铺于桌子上 不良品禁止放在托盘内 地面无杂物且保持干净 下班椅子应整齐摆放于黄线内 生产垃圾需用套袋子放在机台边
3. 建立日周月的巡视机制	1）建立各区域的巡视路线与每人区域的 5S 管理标准（见右图） 2）建立每天一线主管巡视，每周车间主任巡视，每月 5S 委员会巡视与现场评分的机制	（车间平面布置示意图：注塑作业区、成品检验区、模具维修区、阁楼等）
4. 每月 5S 管理会议	1）由专员对各区域的 5S 评分进行汇总 2）第一名班组的管理经验分享 3）加油班组的改善计划 4）下月推进重点的宣读 5）优秀与加油班组的激励兑现	（可颁发奖状、奖金）

6. 推进第六步：形成素养——推进 5S 目视化标准手册

5S 目视化标准手册由三部分组成，分别是 5S 划线及颜色基准、5S 区域责任示意图、各区域的 5S 开展标准。以下内容结合辅导的案例进行说明。

1) 5S 划线及颜色基准：依据企业的 VI（Visual Identity）设计与 OSHAS 体系的要求，设计企业开展目视化的基准。该基准主要由颜色基准与划线基准组成，目的是规范统一企业在开展可视化过程中颜色使用与划线规划。开展案例如图 2-10 所示。

1.1 工业管道涂漆颜色通用标准		NO	名称	涂颜色	NO	名称	涂颜色
目的	现场设备、管道防腐涂漆醒目规范统一	1	设备本身	中蓝	14	连接阀门	中蓝
		2	设备基座	中黄	15	阀门手柄	中黄
		3	电机本身	中蓝	16	甲醇管	棕色
对象	工业管道、电机设备、化工设备等	4	电机护罩	中黄	17	保温管	不涂
		5	电机风扇罩	中黄	18	不锈钢管	不涂
		6	循环水管	中绿	19	不锈钢连接	不涂
标准	按工业管道国际标准要求执行，部分管道防腐涂漆颜色规范如右表	7	压缩空气管	浅灰	20	已锈阀门	中蓝
		8	氮气/氨气管	中黄	21	支撑杆	中蓝
		9	污水管	黑色	22	踏板面	中黄
		10	水蒸气管	大红	23	楼梯边缘警示	中黄
		11	真空管	白色	24	箭头/标识	大红
		12	纯碱	中蓝	25	冷水/冷凝水	中绿
		13	可燃液体	棕色	26	设备区域	中绿

2.1 车间画线通用标准化		NO	适用项目	宽度规格	基准颜色	NO	适用项目	宽度规格	基准颜色
目的	对生产现场进行颜色管理，使其规范化	1	厂区外围主通道线	150mm	黄色油漆	10	半成品区域线	50mm	黄色油漆
		2	车间主通道线	100mm	黄色油漆	11	危险区域线	50mm	红色油漆
		3	车间辅助通道线	50mm	黄色油漆	12	不合格品区域	50mm	红色油漆
对象	生产车间内所有工作场所	4	可移动物定位线	50mm	黄色油漆	13	灭火器	50mm	红色油漆
		5	物料放置区域线	50mm	黄色油漆	14	消防栓	50mm	红色油漆
标准	1.列出生产现场的主要通道定制线、设备定制线、区域定制线等标准 2.按管理要求在相应的地方刷上不同颜色的油漆	6	成品放置区域线	50mm	黄色油漆	15	待检区域线	50mm	黄色油漆
		7	作业区域线	50mm	黄色油漆	16	消防管道	管身	红色油漆
		8	隔栏/护栏	50mm	黄色油漆	17	警示区	50mm	黄黑间接斜线
		9	办公桌上物品	10mm	蓝色胶纸	18	配电柜	50mm	

图 2-10　5S 划线及颜色基准案例

2) 5S 区域责任示意图：利用区域颜色来划分不同区域的 5S 责任人（见图 2-11）。

3) 各区域的 5S 开展标准：对现场的各种标识、划线方法、设备管理的标准进行说明，案例如图 2-12 所示。

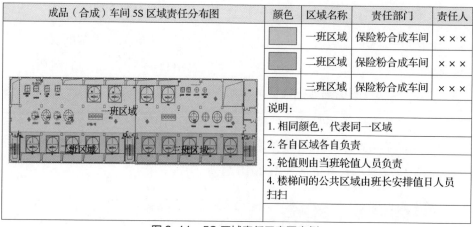

图 2-11　5S 区域责任示意图案例

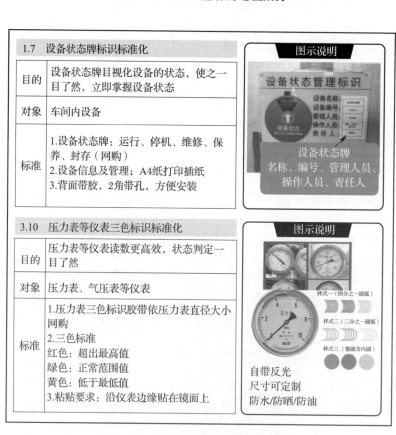

图 2-12　各区域的 5S 开展标准案例

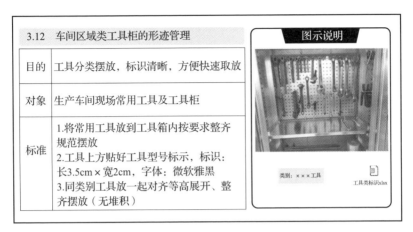

图 2-12　各区域的 5S 开展标准案例（续）

三、5S 现场管理法与其他管理活动的关系

5S 是现场管理的基础，是 TPM（全面生产管理）的前提，是 TQM（全面品质管理）的第一步，也是 ISO 9000 有效推行的保证。

5S 现场管理法能够营造一种"人人积极参与，事事遵守标准"的良好氛围。有了这种氛围，推行 ISO、TQM 及 TPM 就更容易获得员工的支持和配合，有利于调动员工的积极性，形成强大的推动力。

实施 ISO、TQM、TPM 等活动的效果是隐蔽的、长期性的，一时难以看到显著的效果。而 5S 活动的效果是立竿见影的。如果在推行 ISO、TQM、TPM 等活动的过程中导入 5S，可以通过在短期内获得显著效果来增强企业员工的信心。

5S 是现场管理的基础，5S 水平的高低代表着管理者对现场管理认识的高低，这又决定了现场管理水平的高低，而现场管理水平的高低制约着 ISO、TPM、TQM 活动能否顺利、有效地推行。通过 5S 活动，从现场管理着手改进企业"体质"，能起到事半功倍的效果。

第十三节
技能6：领导的技能

作为管理者，不知道大家是否也遇见过以下同样的情景，那就是给某位下属安排工作任务的时候，明明他的技能是可以胜任该任务的，但却表现得极度不情愿的样子，最后导致任务的完成效果不达标。这种问题的原因往往跟主管有较大的关联，下属不会做是主管的问题，同样下属不愿做也是主管的问题。那么，为了让下属心甘情愿地完成任务，是一种什么样的管理能力呢？在日产训 TWI 课程中，所谓的领导力，就是能够让下属在你希望的时间，用你希望的方法，心甘情愿地完成工作。

一、关系才是一线主管的生产力

在管理学有这样一句话，管理者是需要凭借员工来完成工作的。那么，到底凭借什么呢？放在今天来说，凭借的并不仅仅是作为主管的权力，而更多是凭借主管与下属间的人际关系。对于一线主管来说，关系就是生产力。当一线主管与员工之间的人际关系出现问题时，很多的管理问题就会涌现出来。以下是常见的工作关系不足导致的问题：

1）下属明明发现了问题，却不主动上报。

2）下属恶意顶撞上司或与周边同事吵架。

3）员工不遵守纪律，上班迟到或早退。

4）每次布置任务，总是挑三挑四，首先强调困难。

5）稍微施加压力，就说需要请假。

6）额外的劳动或清扫工作不情愿。

7）不遵守标准作业。

这些问题的背后就是一线主管与员工之间的人际关系出现了问题，让一线主管与员工之间的人际关系更加良好的过程就是领导力提升的过程。

在丰田，提升与员工间的人际关系的目标是打造"明快的职场"。所谓明快的职场是指以尊重人性为中心，打造一线主管和下属能同心合力、彼此互相尊重的理想职场环境。

所谓以"尊重人性"为中心，需要做到：

1）不疏远他人。

2）不无视他人的人格。

3）不无视他人的实力。

4）不将他人视为机械。

5）不歧视他人。

打造"理想职场"，需要做到：

1）能感受生存的意义。

2）有发挥人的智慧、独创性的机会。

3）有更加提高自己能力的机会。

4）有通过工作产生和睦的人际关系的机会。

5）有通过彼此的经验，相互启发、切磋琢磨的机会。

6）有得到同事、上司、部下、其他职场的人承认的机会。

因此，提升一线主管与下属之间的关系就是提升管理领导力，而提升管理领导力的目标是创造明快的职场环境。如何强化一线主管与下属之间的关系来提升领导力？对于一线主管来说需要理解并应用两个核心理念：强化意见沟通的技巧；掌握提升人际关系的技巧。

二、强化意见沟通的六个技巧

所谓"意见沟通"是指为了某种目的,传达者通过媒体传达想法、感情、信息等内容给接收者,靠这个过程,双方可以让彼此的印象状态更为接近(印象的共有化)。

意见沟通的三个层次:

1)层次一:"明白对方说的话"的阶段。

2)层次二:"能叙述自己的想法"的阶段。

3)层次三:"即使和对方有不一致的地方,还是能一边商量,一边找寻一致的地方,开始行动"的阶段。

以初次见面沟通为例,传达者与接收者为了某种目的,传发信息时,两者之间的意见沟通会按照三个层次进行持续深入,如图2-13所示。

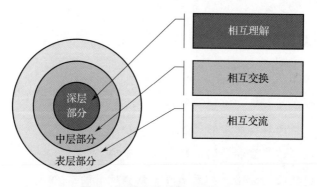

图2-13 意见沟通的三个层次

1)表层部分:相互交流(人的往来、交涉的开始)。如相互问好,握手,交换名片等基础交流(作为社会习惯,本来应该做到的礼仪、礼法,是在社会中与人交往等的时候必要的部分)。

2)中层部分:相互交换(互相承认对方的存在)。如交换各自的个人信息、爱好、职场、朋友、荣誉地位、对某个问题的见解等(充分地传达自己的想法、主张，让对方同意等的部分）。

3) 深层部分：相互理解（互相尊重彼此的存在意义）。找到共同的个人信息、成长历程、价值观、职场经历、爱好、朋友、荣誉地位、对某个问题的见解等（充分理解双方的成长过程、价值观、理念等）。

对于一线主管来说，需要不断地训练自己的意见沟通技巧。通常来说，提升意见沟通有六个技巧，分别是表达承认、表达倾听、表达同感、表达配合、引导发问、意见表达。

1. 表达承认

承认是指尊重个人的观点，承认并接纳个人或部下的存在。通过承认能够缩短与个人（部下）的距离，"尽早发觉对方表现出来的差异、变化、成长、成果，并以语言的方式，清楚地传达给对方"。通过日常的承认技巧的事例，可以理解，这么做，对方能知道自己的成长、变化，还能引导出对方的成就感、工作干劲，并能督促对方采取主动的行动。日常的表达承认的训练：

1) 承认成果或成长："你最近很努力。""你很遵守标准作业。""现场收拾得很干净。"当部下获得上司的承认时，会感到喜悦和有成就感。

2) 打招呼，并将观察的事物照原样传达：跟部下打招呼说"早上好"，"辛苦了"，"今天你干到这么晚，辛苦了"等，或发觉部下的变化，部下能确认自己受到关心。每次被叫到名字时，部下会感觉自己的存在得到承认，产生安心感。

3) 传达自己的感情（我-你-我们信息）："你把出货时的品质检查做得很好，帮了大家一个大忙。""多亏你的帮忙，我觉得现场变得更整洁了。"因为这些信息是传达者这一方的事实，接收者能容易地接受这一事实。

4) 对发问或提案一定要回答：回答部下的要求，要越快越好，这样可以让等待回答的那一方，意识到自己提出的要求事项获得了理解。

2. 表达倾听

所谓"倾听"是集中精神"侧耳倾听",也是"关心对方地"听对方说话,同时也在确认对方的主张和根据。提升倾听能力的小训练:

- 听别人说话时,自己要点头或微笑,表示感兴趣。
- 对不感兴趣的人说的话,要比感兴趣的人说的话,更要注意听。
- 感觉有什么遗漏或矛盾的时候,要直接地发问,请对方清楚地说明他的想法。
- 听别人说话的时候,要注意对方的表情、动作等,设法理解对方想传达的全部内容。
- 不论在什么样的会话当中,声调、气氛、语句、选择用字、快慢、模式等,即不论是对方说出来的,还是没有用语言表达出来的,都要听。

3. 表达同感

所谓"同感"是"与他人一同存在,与他人有同样的感受"。也就是说,与对方有同样的想法,加深与对方的相互信赖。特别说明:表达同感而非表达同情。

- 同感要暂且抑制自己的感情。
- 同感是在有某种程度的经验后,就能站在对方的立场考虑。
- 同感是在训练后可以得到的感情,自己和对方的心情形成一体。
- 同情是自然的感情,但和同感不相同,同情中有自我满足(优越感)的心理。同感的表达可以让对方心情的恢复更快,而同情的表达会让对方更加受打击。

表达同感是基于日常工作生活中的共同经历的表达,以下是一些普遍的烦恼或问题,如经济上的艰苦;人际关系的烦恼;公司生活中的烦恼;地区生活中的烦恼;私生活中的烦恼等。有了这些烦恼的经验,当我们意外地碰上他人在烦恼时,也能想象并充分理解对方的痛苦。在基于这些常识的背后,将有利于我们更好地通过交流来掌握问题。从我自己的经验出发，在掌握问题时，需要留意以下四个事项：

1）能以语言表达的烦恼，事实上，有时候并非问题的核心。
2）如果仅用简单发问等的技巧，很少人仅回答发问，就会说出问题的核心。
3）即使是部下无故缺勤等的问题，虽然仅提出现象方面，是"无故缺勤"，但根本的问题，有时候在于个人的私生活方面。
4）为了掌握问题的核心，有必要探究其根本。

4. 表达配合

表达配合是可以有效地传达给对方"我站在你这一边""我和你是一样的"的技巧。而且，这可以让因为立场的不同，对上司有警戒心的部下，想侧耳倾听，并尽早建立信赖关系。表达配合的技巧：

1）叫名字：你和部下说话时，要叫他的名字。
2）别人和你说话时，注意力要转向对方：当你打计算机或看手机时，如果部下和你说话，就好像有听又没听地听他说话。你往往会想"好麻烦""希望他等会再说"，但部下应该也在观察什么时机和你说话比较好。把视线远离计算机、手机，先注视部下的眼睛一次，再听他说话。注视部下的眼睛，部下从这一点也能获得安心感。
3）配合穿着，或试着做出同样的举动：让部下站着，自己却向后靠坐在椅子上，听部下说话的上司。仅是这样，部下对上司多少会感到紧张。如果部下脱掉上衣，自己也试着脱下，让部下坐下来，和自己以同样的姿势、同样的视线高度来说话，仅这一点，部下就能获得安心感。

5. 引导发问

如果能提出有效果的引导发问，就能提供自己和对方改变观点、督促行

动、改变行动的机会。（核心原理：相信每个人都具备解决问题的能力）

6. 意见表达

配合部下的个性、经验、技术力、判断力来表达意见。一般情况下，可依据员工不同的工作经验来给予不同程度的工作指示，见表2-37。

表2-37　员工经验与意见表达对照表

序号	员工经验	意见表达
1	熟练可独立完成任务的员工	支援、援助（就这样一起干）
2	不能独立完成任务的员工	商量、提意见（这么做，你认为如何？是否有更好的方案）
3	新进员工	指导、指示（请这么做）

最初，让部下反复做他做得到的"小的要求"，让他累积成功的经验，产生自信。接着，对他提出"大的要求"就会有效果。

三、搞好人际关系的四个方法

1. 告诉本人工作评价

对于下属每天的工作表现，上司不要害怕去评价下属的表现，特别是下属存在做得不足的地方，要敢于向下属进行意见沟通。此时，如果能够遵循以下两个条件，就能够更好地强化与下属之间的人际关系：

1）先决定希望对方做什么。在管理者看到下属的不足时，更多是想到告诉他不能干什么以及后果，但并没有想清楚希望下属做什么。所以，下属存在做得不足的地方时，一线主管要事先想好希望对方做些什么才能做得更好，这样就能够进入正确的交流状态。

2）指导对方，让对方做得更好。比起说"××，那个操作方法完全不对"，还不如说"××，左手压下盖子，右手拿电动扳手，当你拧紧了螺栓的时候，声音会变，你会听到'嘀'的电子音"，然后再亲自示范做法，这样做会更加有效果。

2. 做得好时要及时表扬

在下属做得好时，一线主管一定不要吝啬自己的赞扬，应及时向下属进行赞扬。在表扬时，有以下两个小技巧：

1) 技巧一：平常要注意做得好的工作和行为。一线主管平时需要刻意训练注意下属的每天不同工作表现，刚开始训练时，要定下每天表扬一个人的小目标。批评一个人只能让他人知道不能干什么，而在公开场合表扬一个人就能够让所有人知道哪些是正确的事。一线主管良好的赞扬他人的能力能够快速地提升管理效率。

2) 技巧二：要能及时激励下属继续努力。赞扬下属是为了激励下属继续努力，在赞扬下属时需要按照行为、能力、身份、团队这四个层级逐步赞扬。

案例 当众赞扬

以下是一段小张的主管对小张提交完方案后，当众赞扬小张的案例。

小张，这次你的方案写得非常棒，方案中既有内部的问题点，又有对同行竞争对手的分析，这是一种出色的综合分析能力。同时，你对待其他的工作也是这么认真，你真是一个非常出色的员工。你是我们团队的榜样，大家都应该向你学习。

小张的主管在这次表扬中就很好地遵循了赞扬的四个层级，以下为大家做个剖析。

行为：方案中既有内部的问题点，又有对同行竞争对手的分析。

能力：出色的综合分析能力。

身份：一个非常出色的员工。

团队：大家都应该向你学习。

当你还不知道如何赞扬他人时，多训练这样的赞扬技巧，一定会让员工感受到你对他的关注。

小提示：正确的表扬与正确的责备都是一线主管需要修炼的能力，学会表扬并不代表不能对下属进行责备，只不过需要注意责备的技巧。正确的表扬与正确的责备的对比如图2-14所示。

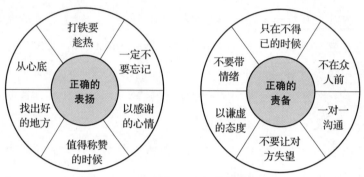

图2-14　正确的表扬与正确的责备的对比

3. 对本人有影响的变更，要事先告知

在日系企业里，当存在一个好消息与坏消息时，一定会先说坏消息，这就是该原则的体现。同理，对下属有影响的变更，要第一时间告知下属。告知本人有影响的变更，其本质是一种对人性的尊重。在职场中，一线主管要做到以下两点：

1）跟对方说理由：在说明客观的变更后，要说明变更的理由，以期待对方的理解。

2）让对方同意变更：很多的变更都是为了整体的利益，一线主管需要有耐心地说服对方，让对方接受变更。一线主管不要觉得被拒绝或对方抵触就失去耐心，心理学告诉我们，所有人面对对自己有影响的变更时，一定都会习惯性抵触。作为一线主管，要做的不是掩盖事实，不告诉他们这些有影响的变更，而是要缩短从抵触到接受的周期。

4. 充分发挥本人的实力

每个人的内心都要充分发挥自己的价值，作为管理者，应该要充分地识别且挖掘下属的才能,让每位下属做自己最擅长的事。在这里,有两个要点。

1) 要点一:替对方找出尚未发挥的才能。一线主管在日常的工作中要留意每位下属那些与众不同的才能,或组织各种活动来替对方找出尚未发挥的才能。如果能够让下属每天都在干自己擅长的事,下属只会更加感谢一线主管,同时工作也不容易感觉到累。

2) 要点二:不要妨碍对方的成长之路。当下属有更好的适合他的晋升机会时,一线主管不能阻拦他人的发展。相反,一线主管要衷心地为下属有更好的发展机会而感到高兴,因为下属的晋升就是对一线主管人才培养的最高认可。

总结提示 关于提升领导技能

搞好人际关系并不是意味着不顾及职场的基本规则,相反,人际关系的提升是为了更好地执行职场规则。从搞好人际关系的四个方法中可以得出,要想他人能够在希望的时间、按希望的方法、心甘情愿地完成工作,就需要上司提前满足下属的精神需求。这些精神需求与四个方法的关联如图2-15所示。从图可见,这种提升领导技能的四个方法是一种基于人性的科学方法。

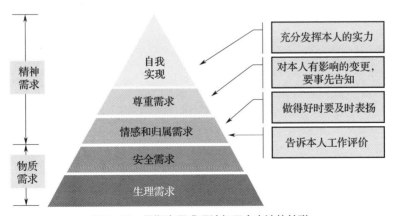

图2-15 马斯洛需求理论与四个方法的关联

同理，这种提升人际关系的方法同样可以利用于一线主管与其上司、周边同事、外部的客户或供应商等（见图2-16）。如果每位一线主管都能这样思考，此时的领导力会提升到更高的层次。

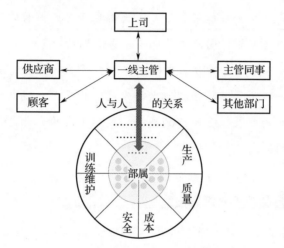

图2-16　一线主管在企业的关系线

第十四节
技能7：改善的技能

在咨询辅导过程中，曾有不少一线主管跟我们提及，改善都是IE部门的事，跟我们没有关系。同时，我们仅仅是一线主管，身上的资源少得可怜，不可能做出让公司满意的改善。在我认为，这些对改善的观点更多是因为公司并没有形成良好的改善氛围，而不是一线主管做不了改善。因此，在导入现场改善时，需要打造植入新的改善理念。

一、对待改善的三个正确理念

1. 理念一：真正的改善是细小的持续改善

改善就像日系企业中的"爱心箱"，当你认真观察时，发现里面都是一些零散钱，像0.5元、1元、5元等，超过10元的都很少见，为什么？是因为在日企，爱心箱也叫积福箱，积福的含义是关注日常的持续的细小的祝福，而不是心情好时的偶然的百元大钞。对于改善的定义也是一样，不追求翻天覆地的大变革，而是每天的细小的持续改进。每天的细小的持续改进意味着营造一个让全员参与的改善氛围，而不是英雄式的改善。

2. 理念二：所有的改善离不开一线主管

一些规模大点的公司都会有一个IE改善部门，负责日常的持续改进工作。很多人都会认为整个公司的改善就是IE部门的事，这是一种错误的观念，如果企业的老板也是这样认为的话，IE部门应该是一个很快就会消失的部门。

真正的 IE 部门，最大的价值不是让 IE 工程师去做改善，而是营造全员参与的改善氛围，为大家在改善时提供良好的资源与方法。对于一线主管而言，IE 是一个远离现场的部门，IE 所接触到的信息是非常有限的。反过来说，现场在操作层面上的各种不顺手、不方便、不安全、不合理、不科学等，只有一线主管才能清楚地了解到。在现场中，操作是否科学合理、设备是否高效等，一线主管是除操作员工以外，最了解现场的管理者了。员工不一定有资源可以改善，但作为管理者的一线主管是有权力调动资源去完成各种改善的。因为真正的改善是细小的持续改善，所以很多时候一线主管才是改善的主力军。

3. 理念三：改善的顺序应该按利己、利他、利公司的次序

1）利己：当改善的成果与自己的工作成果一致时，才会有源源不断的改善动力。建议所有的改善先从利己开始，优先从消除那些影响自己工作质量、安全、效率的浪费着手。
2）利他：当自己的工作已经理顺，不再成为团队的管理瓶颈时，可依据自己的能力，利用团队的力量完成整个团队能力的提升。
3）利公司：当部门不再成为公司的管理瓶颈时，借助跨部门改善团队的力量完成公司的绩效提升，其改善的目标与公司的运营目标一致。

对应三种改善的顺序，也衍生出三种推进改善的三个阶段，如图 2-17 所示。

1）第一阶段：关注动作的浪费改善。现场各种动作浪费的改善可以通过常识或简单的改善工具即可掌握改善方法，从而快速地推进改善的落地。这是一种最为直接且可观的改善，通过这些改善加以成果发表会，可以快速地提升氛围，让更多的人参与到改善中。这个阶段是后面两个阶段的基础条件，会在本章节中重点展开说明。
2）第二阶段：关注流程的浪费改善。流程的改善可以是一条生产线的作业流程改善，也可以是跨部门的运作流程改善。最常见的流程改善如

订单交期改善、前期开发流程改善等。流程改善的难度比动作浪费的改善要高一些，主要是涉及跨部门的沟通与协同，改善的周期会更长，改善的效果评估也没有像现场改善那样会有直接的体现。但是，流程的改善通常能够提升公司的运营指标，参与人更多是企业的中高层。对于流程的改善可以关注三个节点：

① 输入端改善：如来料质量改善、来料及时率改善等。

② 处理端改善：如生产周期改善、生产成本改善、作业安全改善、生产效率改善、生产质量改善、员工稳定改善等。

③ 输出端改善：如准时交货改善、客诉降低改善等。

3）第三阶段：建立全员改善机制及氛围。改善的着眼点是培养公司的改善教练，通过改善教练来引导更多的人掌握改善的方法与技能，推进第一阶段与第二阶段的改善，为公司持续地植入改善的原动力。

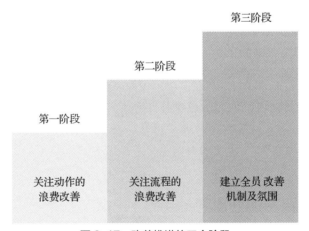

图 2-17　改善推进的三个阶段

二、常见的 12 种动作浪费

在七大浪费中的动作浪费中，常见的有 12 种动作浪费，这些浪费应该成为一线生产班组的重点改善对象。

1）双手空闲：在具体作业过程中，作业者出现两只手均无事可做的时间段的浪费。

2）单手空闲：在具体作业过程中，作业者出现一只手无事可做的时间段的浪费。

3）作业动作停止：在具体操作作业中，因操作顺序不合理等导致动作出现停顿的浪费。

4）动作太大：动作幅度超出"经济动作"范围。

5）左右手交换：因物料、工具等放置位置不合理，导致需要左右手交换进行拿取所造成的动作的浪费。

6）步行多：空手等无价值的步行的浪费。

7）转身角度大：超出"经济动作"范围。

8）移动中变换"状态"：因零件、工具等放置位置不合适，导致拿取、使用过程中动作变换的动作的浪费。

9）不明技巧：不了解作业技巧而导致的时间浪费。

10）伸背动作：超出"经济动作"范围。

11）弯腰动作：超出"经济动作"范围。

12）重复或不必要的动作：因操作顺序或工艺流程不合理，导致产生了重复的或不必要的动作浪费，如多次翻转、多次检验等。

三、动作改善的四原则

在工业工程专业中，有一种专门针对动作浪费的改善方法，叫"动作经济原则"。"动作经济原则"又称"省工原则"，是指使作业（动作的组成）能以最少的"工"的投入，产生最有效率的效果，达成作业目的的原则。"动作经济原则"是由吉尔布雷斯（Gilbreth）开始提倡的，其后经许多工业工程的专家学者研究整理而成。熟悉掌握"动作经济原则"对有效安排作业动作，提高作业效率，能起到很大的帮助。

"动作经济原则"是一组指导人们如何节约动作、如何提高动作效率的准则,它的目的是减少工作疲劳与缩短操作时间。动作的改善基本上可以以四项基本原则作为基本思路:

1. 基本原则1:减少动作数量

1)动作的数量越少越好。

2)现有的动作在考虑使用保护用具的基础上尽量减少。

3)有效利用自动输送时间、加热时间等。

4)适当地减少使用用具、材料的动作数。

5)把两个工具合二为一、使用拿取材料和物品较方便的容器来减少动作的数量。

6)2个以上的动作合并为一个动作。

7)重新排列动作的顺序,节省无用的动作。

8)有效地利用上脚,来减少手的动作。

2. 基本原则2:同时使用双手

1)尽量使用双手同时开始操作,并同时结束。

2)双手的动作尽量是反方向或是对称的形式。

3. 基本原则3:缩短移动距离

1)尽量缩短步行距离。

2)弯腰、屈身等躯体的运动减少。

3)手臂的移动距离缩短。用前手臂、手腕、手指就能完成动作。

4)加工用品和工具等尽量放在眼睛看得到、手拿得到的身边的某个地方。为了达到这个程度,操作者有必要熟悉他所作业的范围。

4. 基本原则4:愉快地作业

1)尽量利用惯性、重力、自然力。

2）搬运重物时用简单的搬运设备就能很愉快地操作。

3）工具和机械的把手都要做成便于握住的形状。

4）沿着自然的动作方向操作比曲折性动作或直线突变角度动作要好得多。

5）对非常有必要保持正确性的作业来说，可以用简单的道具来限定动作的路径。

6）只要下一点功夫，就可以使动作的难度递减。

7）避免不自然的姿势，尽量用舒适的姿势工作。

8）作业时良好的照明能提高作业者的效率。

9）适当的换气、正常的温度和湿度能减少疲劳。

10）安全就是要时刻整理整顿。

四、利用改善四原则推进现场动作改善

将改善知识变成点检或评分表，利用巡视或PK的方式形式相互监督、相互竞争的氛围，这就是推进的核心思想。同样，现场的动作改善可利用四个改善原则形成点检表或改善想法，有效地推进现场动作浪费的改善（见表2-38~表2-41）。

表2-38 动作浪费点检表-1

基本原则1：减少动作数量			姓名： 所属部门：	
因素	方法	内容	检查		改善想法
^	^	^	能	不能	^
动作方法	1）去掉不必要的动作	能否去掉寻找、挑选动作			
^	^	能否不考虑、不判断、不注意			
^	^	能否不用重新拿取			
^	^	能否不用倒换双手			
^	2）减少眼睛的动作	能否用耳朵（声音）确认			
^	^	能否用指示灯			

(续)

因素	方法	内容	检查		改善想法
			能	不能	
动作方法	2）减少眼睛的动作	能否将物品摆放在人的视野内			
		能否用色别、标记表示			
		能否利用透明或部分透明容器、器具			
	3）组合2个以上的动作	能否1次搬运数个物品			
		能否1次加工数个元件或数个工位			
		能否边传送边加工			
		能否边传送边检验			
操作场所	1）将材料或工装夹具放在人员前方固定	能否用标记指定材料或工装夹具的放置点			
		能否将材料容器固定在前面			
		能否将工具悬挂在前面			
	2）按操作顺序摆放物料	能否按操作顺序摆放材料、工具			
		能否按操作顺序重叠材料			
	3）将材料或工具放在易使的状态	能否按顺手方向摆放材料、工具			
		能否用槽或筐整理材料			
		能否按易握方向摆放工具的手握部分			
		能否摆放在易取的高度			
工装夹具或机械	1）利用易取材料或元件的容器或器具	能否扩大容器口			
		能否将容器底部改为圆形			
		能否将容器底部改浅			
		能否利用料斗			
		能否在容器底部加斜板，使材料靠近手前			
		能否将小物品放在胶皮或垫子上			
		能否将扁平元件放在波形板上			
	2）工具合二为一	能否组合不同尺寸的工具（扳手、孔规）			
		能否使工具改造成可调式（活动扳手）			
	3）使用安装简便的夹具	能否减少安装点			
		能否使用蝶形螺栓			
	4）用1个动作完成机械操作	能否将控制杆或把手操作改为按钮开关			
		能否将旋转式开关改为按钮开关			

表 2-39 动作浪费点检表 -2

基本原则2：同时使用双手			姓名： 所属部门：		改善 想法
因素	方法	内 容	检 查		
			能	不能	
动作 方法	1）双手同时开始 动作并同时结束	能否不用单手手持、空手			
		能否改掉除恢复疲劳以外的双手空手			
		能否不发生一手工作时另一手必须空 手的现象			
		能否双手同时拿取材料			
		能否双手同时加工2个产品			
		能否双手放置产品			
	2）双手同时向相 反、相对方向动作	能否左右对称地摆放材料或工装夹具			
		能否改掉双手向同一方向动作			
操作 场所	调整布局使双手 能同时动作	能否在左右摆放材料或夹具			
		能否使双手左右动作的位置接近			
		能否配置2个工装夹具			
工装 夹具或 机械	1）对需长时间持 有的物品使用支撑架	能否用老虎钳夹紧物品			
		能否用空气吸引力吸住物品			
		能否将物品插入槽、孔中			
	2）使双手同时开 始动作并同时结束的 机械	能否使用机械式（钢丝、连接棒）脚 踏结构			
		能否用电式（电开关）脚踏结构			
		能否使用物理式（液压、空压）脚踏 结构			
	3）使双手同时动 作的夹具	能否左右对称地摆放材料或工装夹具			
		能否改掉双手向同一方向动作			
		能否使用同时加工2个材料的夹具、 机械			

表2-40 动作浪费点检表-3

基本原则3：缩短移动距离			姓名： 所属部门：		
因素	方法	内 容	检查		改善想法
			能	不能	
动作方法	1) 以最适宜的身体部位动作	能否减少身体或肩的动作			
		能否用指头或手指动作			
	2) 以最短距离	能否排除动作途中的障碍物			
		能否在正常操作范围内操作			
操作场所	以操作不受妨碍为前提缩小操作空间	能否将材料或工装放在操作员的前面			
		能否圆弧形摆放物品			
		能否将工具悬挂在操作人员的前面			
		能否在传送带上设置桥形操作台			
		能否在正常操作范围内放置材料或工装夹具			
工装夹具或机械	1) 利用重力或机械力取料送料	能否利用滑道			
		能否利用料斗			
		能否利用传送带			
		能否利用倾斜台和挡板、货架			
		能否利用滚轮传送带			
		能否用小传送带制作辅助线体			
	2) 用身体最合适的部位操作机械	能否使操作位置接近操作人员			
		能否使操作位置在操作者前面			
		能否排除操作位置前的障碍			
		能否使操作点集中在一处			
		能否使2个操作点接近			
		能否用手指操作			
		能否使操作位置和确认位置接近			

表 2-41 动作浪费点检表 -4

基本原则4：愉快地作业			姓名： 所属部门：		
因素	方法	内容	检查		改善 想法
^^^	^^^	^^^	能	不能	^^^
动作 方法	1）努力使 动作不受限制	能否不用注意力而无意识地动作			
^^^	^^^	能否使动作有节奏			
^^^	^^^	能否用磁铁吸住物品			
^^^	^^^	能否排除妨碍动作的物品			
^^^	2）利用重 力或其他力量 进行行动	能否利用重力（掉落、倾斜、滑道）			
^^^	^^^	能否利用压力（空压、水压、液压）			
^^^	^^^	能否利用磁力（磁铁、电磁）			
^^^	^^^	能否利用弹力（弹簧、橡胶）			
^^^	^^^	能否利用摩擦力（橡胶）			
^^^	^^^	能否利用离心力（旋转）			
^^^	^^^	能否利用真空（吸引、吸盘）			
^^^	^^^	能否利用浮力（浮起）			
^^^	^^^	能否利用电力			
^^^	^^^	能否利用杠杆、凸轮			
^^^	3）利用惯 力或反弹力进 行动作	能否利用反弹力（锤子）			
^^^	^^^	能否利用飞轮（摆轮）			
^^^	^^^	能否使之更润滑（油、石蜡、轴承）			
^^^	^^^	能否使需要惯力的工具拥有一定的重力			
^^^	4）使动作 方向及其变换 顺畅	能否将直线动作改为顺畅的曲线运动			
^^^	^^^	能否去掉曲折的动作			
操作 场所	使操作高 度为最合适的 高度	能否将两个臂肘放在操作台上			
^^^	^^^	能否去掉上下移动			
^^^	^^^	能否使眼睛与操作位置在明视距离 （25~30cm）内			
^^^	^^^	能否使材料产品放置台与操作台为同一高度			
^^^	^^^	能否不将材料直接放在地上			
^^^	^^^	能否使操作椅的高度可以调节			

（续）

因素	方法	内　容	检查 能	检查 不能	改善想法
工装夹具或机械	1）为限制一定的运动路线而使用夹具或导向	能否利用导向定位			
		能否使用锁挡以阻止材料工具滑动			
		能否在镶嵌部加楔梢成圆角			
	2）使手握部分形状易握	能否用手掌均衡地握住			
		能否使之与手的接触面积最大			
		能否使之为易握的形状			
		能否使之凹凸不平或刻槽、条纹以防手滑			
	3）在一目了然的位置安装夹具	能否不转动身体也能看见操作位置			
		能否排除眼与操作位置的障碍			
		能否利用镜子			
		能否利用放大镜			
		能否利用透明容器或器具			
		能否使光线最合适			
	4）使机械的移动方向与操作方向一致	能否使机械的移动方向与控制杆的移动方向一致			
		能否使计量器指针的方向与旋钮的旋转方向一致			
	5）使工具轻便易使	能否改变工具的形状使之变轻			
		能否改变工具的材料使之变轻			
		能否通过悬挂工具而使之易使			

第十五节
精益班组建设第一阶段总结与测评

一、推进的核心是 PK

因为每个企业的生产特征不一样,有些企业以设备作业为主,如注塑、冲压、SMT 等,有些企业以手工作业为主,如装配、插件、包装等,不同特征的企业所需要对应一线主管的管理技能也有所不同,本书提炼了较为通用的 7 个技能进行了重点说明。在本章中,除了相关的技能如何训练以外,还增加了如何落地推进的步骤。细心的读者会发现,在给出的推进步骤中都会形成一个评分标准、活动方案或点检表,如早会评分标准、工作指导评分表、5S 红牌作战活动、现场巡检表、动作改善点检表等,这些表单的作用就是形成班组 PK 的关键,通过 PK 活动来筛选与识别班组管理人才,对落后的进行帮辅,对先进进行激励与晋升,最终形成"比、学、赶、帮、超"的管理技能训练氛围。

二、第一阶段管理技能提升案例

这是一家做办公家具的企业,该企业在制造环节的各种硬件投入都走到了行业领先的位置,如全自动焊接线、连续模冲压线、智能包装线、立体仓库、智能成品分拣运输线等。在与企业的总负责人交流发现,企业总负责人是一位偏技术类型的管理者,企业在 1.5 亿元的规模时,就有预见性地为企业导入行业的各种前沿自动化装备,通过 2 年的时间,企业用同样的一线员工实现了 2.5 亿元的产值。在后面几年里,企业的规模从 2.5 亿元提升到 3 亿元用了接近 3 年的时间,同时发现每年的企业利润率都在下降。在交流过程中,企业当前面临的痛点有三个:

1）设备的利用率低。尽管新设备、新技术的导入减少了大量的人力，但与此同时，大量的新设备与新技术导入的成功率不高，最终导致一大堆的新设备放在一边未能得到利用。更多时候，一线的员工更愿意使用老式的手工设备，也不愿意用新的设备。

2）没有有效的管理流程。在完成整个销售订单的过程中，部门与部门之间的矛盾频繁，如销售订单交期的变更、物料未能及时到货、来料异常问题频发、产销问题难以协同、新品试产问题等层出不穷。这些问题的背后正是因为企业整个运作流程与标准出现了很多的漏洞，而这些漏洞却未能被很好地识别与改善，最终导致企业内耗严重。

3）企业失去了团队活力。企业总负责人在面对这些一个接一个的问题时，除了无力以外还有就是经常性地对部门负责人发怒，企业曾经一度在半年的时间换了4个制造负责人，最终企业形成了一种包庇问题的文化，很多问题没有管理者敢主动提报。

在企业的3年中，企业负责人用尽了各种方法，如更换企业高管、亲自进行各项管控、提升设备自动化程度等，但都未能挽救企业利润率下降的结果。经过深入的现场诊断调研，发现在制造端有三个比较突出的问题：

1）在班组长这些岗位中，任职时间最长的只有半年，80%的班组长任职经验未超过三个月。

2）当生产出现了交货、品质客诉类的异常时，班组长与主管会直接受到经济处罚，曾经一度在不到三个月的时间，对班组长与主管的罚款总金额高达10000元。

3）缺乏生产班组管理的标准流程，如早会管理、新员工管理、作业指导、进度管理等管理流程，一线的班组长与主管更多是出了问题后就针对异常进行事后整改，工作的大量时间都在救火，并没有足够的时间进行相关的管理工作。

通过为期半年的精益班组第一阶段建设项目，企业在管理基础与班组管理能力提升方面得到了显著的提升。开展实施的结果评价见表2-42。

表 2-42　班组建设第一阶段实施结果评价

模块	实施内容	开展评价
高效开线	高效早会导入 阅兵活动大赛 交接班管理培训 交接班管理制度制定 首小时产能提升改善	新的早会模式已固化，每天持续进行 1）早会开会时间从 6~15min 控制到 5min 以内 2）开线影响从 13min 降低到 1min 开线 3）交接班管理每天持续运作 4）员工准时到岗率从 73% 提高到 98% 5）首小时产能提升 15%
教练技能	工作指导 员工技能指导训练与认证 各车间关键工序的作业分解表制定 新员工培训专员与指导实施	教三练四的指导技能已形成并有意识 1）提炼了 30 多份的关键工序作业分解表 2）培训并认证了 9 个工作指导教练 3）关键岗位员工能够接受到新的指导方法 4）形成工作指导的整套流程表单与标准指导视频
巡线技能	巡线技能培训与训练 问题的解决方法培训 现场工作改善培训 现场改善点寻宝及实施 现场问题解决发表	现场问题预防与问题解决 PDCA 意识已基本形成 1）形成班长每天带着巡检表检查的习惯 2）班长每周完成 1 份提案改善 3）主管 A3 改善实施 4）形成了提案改善相关流程与表单
现场管理	现场 5S 及可视化培训与训练 现场 5S 样板区建立 现场 5S 推广辅导 可视化手册制作	现场的 5S 水准由 56 分提升到 82 分 1）对 9 个车间建立 5S 样板线与样板机台并验收通过 2）已完成 7 个车间的 5S 复制与推广并验收 3）建立 5S 与可视化手册 4）建立 5S 评分标准
班组一天	班组管理的一天标准制定 班组管理的一天持续运作检讨 标准管理看板导入	班组管理一天的流程标准化 1）制定班组管理一天的流程并进行训练 2）建立班组管理一天的评价标准并实施 3）制定班组管理手册

其中，在推进时，每个月都对训练的主题形成评价标准进行叠加 PK，并在每月月初对 PK 的结果进行兑现，同时公布下个月的 PK 方案，如图 2-18、图 2-19 所示。比如在 11~12 月中共学习并推进了高效早会、交接班、生产进度管理，那么在 1 月份的 PK 评分标准就是三种技能的加权平均得分，利用最终得分来进行排名，选出优秀班组与落后班组，并在月总结会中进行结果兑现。对优秀班组进行现场"优秀班组"流动红旗表彰与激励，对于落后班组则需要接受"加油班组"流动红旗，并现场承诺下月的整改措施。

提案改善 PK 大赛通知

一、活动目的

为提升迪赛纳基层班组长的改善氛围，同时培养一线班组长的演讲表达能力，公司于 2021 年 1 月 30 日在办公室二楼会议室举行改善 PK 大赛，希望各车间班组长能发挥智慧，共同参与，为打造精益标杆车间而努力!

二、大赛安排

序号	时段	关键流程	具体内容	相关负责人员	相关准备
1	15:00-15:10	全体就位	按规定位置就座	车间主管经理	评分标准 ×6
2	15:10-15:20	宣布比赛开始	1. 宣布活动开始 2. 评委介绍 3. 参赛单位介绍	主持：谢小琴	1. 全体朗读改善10则 2. 全程录像：刘×××
3	15:20-16:10	各车间PK	1. 抽签决定出场 2. PK 开始 3. 评委评分	各车间参赛人	1. 人均件数统计：张×× 2. 评委在每单位结束后打分
4	16:10-16:20	总结讲话	1. 整体评价 2. 个别点评 3. 后期期望	童总 付主管	计分员：张××
5	16:20-16:35	表彰颁奖	1. 评分结果分布 2. 现场颁奖表彰	主持：谢××、张×× 礼仪：张×××	三等奖：3 名 二等奖：2 名 一等奖：1 名

三、评委

童总、付主管、江××、邓××、梁××、万老师

四、大赛礼品

一等奖：1 名　荣誉证书 +500 元奖金
二等奖：2 名　荣誉证书 +300 元奖金
三等奖：3 名　荣誉证书 +200 元奖金

1 月优秀班组主题评比通知

为了更好地维持班前会，提升交接班的质量，针对各车间班组进行相关 PK 及评价，对优秀的班组进行及时激励，特制定活动方案。

活动对象：自动化备料车间、网片加工车间、烤漆车间、木器车间、铁管加工车间、文具包装车间、桌类包装车间、桌类加工车间。

一、活动方案

从 1 月 5 日到 1 月 31 日对每个班组进行评分，评分的相关标准如下：

评分内容	早会	交接班	生产看板
评分频度	1 次/周	3 次/周	3 次/周
评分人员	稽核办	稽核办	稽核办
评分方式	从车间每周的三个视频中随机抽查一个进行评分	到车间各班组现场对交接班记录表进行评分	到车间各班组现场对看板的填写进行评分
评分依据	"早会评分标准"	"交接班评分标准"	"看板评分标准"
得分计算	取 4 周的平均分	取 4 周的平均分	取 4 周的平均分
权重	0.4	0.4	0.2
总得分	早会平均分 ×0.4+ 交接班平均分 ×0.4+ 生产看板平均分 ×0.2		

二、相关责任分工

a）车间班组：每周提供不低于 3 次的班前会视频，按要求及时更新每周生产看板相关数据。
b）稽核办按要求每周一前将上周的评分结果与排名发出到项目群。
c）稽核办按要求在 2 月 2 日前将月评分结果与排名发出到项目群。

三、总得分应用

在 1 月份的月总结会中进行评分结果的兑现，按总得分从高到低依次排名：
▲ 第一名：优秀班组流动红旗 +500 元现金激励 + 名额一个
▲ 第二名：优秀班组流动红旗 +300 元现金激励 + 名额两个
▲ 第三名：优秀班组流动红旗 +200 元现金激励 + 名额三个
▲ 后三名：加油班组流动红旗 +5min 承诺发言（班长+主管）

图 2-18　月 PK 方案案例

3月份一二线主管主题评比通知

为了更好地维持一线主管班前会、交接班、生产看板的质量，同时将稽核的工作转移至二线主管自行完成，现针对各车间班组以及主管进行相关 PK 及评价，特制定本活动方案。

活动对象：自动化备料车间、网片加工车间、烤漆车间、木器车间、铁管加工车间、文具包装车间、桌类包装车间、桌类加工车间。

一、活动方案

从 3 月 8 日到 3 月 28 日对每个班组进行评分，评分的相关标准如下：

A. 一线主管（方案同上月）。

B. 二线主管。

序号	项目	分值	时间	频率	规则
1	按摩操	20	上班后一小时内发精益项目群	1次／（天·车间）	完成天数在15次以上得满分
2	提案改善	30	每周六上午12:00前共享盘	1份／（周·班）	实际提交数／应提交数
3	A3	50	2021—3—28 前完成	1份／月	月度总结发表评定
4	5S（附加）	10	任意时间	1次／周	1个问题 −1分；5分／周
5	JI 工作指导（附加）	10	随机抽查	1次／周	进厂一周的员工进行访谈：5分／次

二、相关责任分工

A. 车间班组：每周提供不低于 3 次的班前会视频；按标准填写新格式的"交接班记录表"；按要求及时更新生产看板相关数据；每天提供按摩操的视频；每周六上午提供改善提案；区域主管在 3 月 28 日前提供 A3 报告。

B. 稽核办按要求每周一前将上周的评分结果与排名发出到项目群。

C. 稽核办按要求在 3 月 29 日前将月评分结果与排名发出到项目群。

三、总得分应用

A. 一线主管得分计算不变。

B. 二线主管得分 = 一线主管平均分 ×40%+ 区域主管得分 ×60%

在 3 月的月总结会中进行评分结果的兑现，按总得分从高到低进行排名：

1. 班组级（一线主管）

> 第一名：优秀班组流动红旗 +300 元现金激励 + 名额一个
> 第二名：优秀班组流动红旗 +200 元现金激励 + 名额两个

图 2-19 月 PK 方案兑现案例

案例点评

在企业发展过程中，技术路线与管理路线是企业发展过程中不可缺失的两条腿，当技术路线提升到一定程度时，如果内部的管理能力未能得到提升时，企业很难再通过技术路线取得更高的效益。在项目导入前，企业总负责人对技术改善出现了明显的"路径依赖"问题，需要去改的不是技术问题，而是需要提升企业的管理能力。

刚开始导入班组建设项目时，一线主管因为导入班组建设项目而增加了不少工作量，带来了较多的抵触情绪，而企业负责人总能够在第一时间出现在现场做出示范与纠正，树立了按要求落实的第一原则，从此项目的开展变得越来越顺畅。如开展早会时，企业的负责人比班组长还更早地来到现场进行相关的现场巡视与交接班确认，并对早会进行现场评分等。企业负责人通过以班组建设每月的 PK 成绩作为抓手，使得企业的团队氛围一下子点燃起来，最终不到半年的时间使得生产现场从无序进入到有序的管理状态。

三、精益班组建设第一阶段测评

为了确认大家在推进本阶段班组管理技能提升的成果，并判断是否进入到班组建设的第二阶段。我以 7 个技能为例整理成了一张管理技能诊断表（见表 2-43），如果所需要的技能相似，不妨进行一下测评。

如果所需要的技能有所差异，大家可以先略作修改。修改时先按企业的实际情况修改成需要的管理技能并填写在左边第一列，然后对每项技能的 0~4 分进行赋值并描述其达成的状态。0 分代表缺乏相关的知识与流程；1 分代表相关的主题知识已进行培训并掌握该知识；2 分表示能够填写对应技能主题的要求的表单；3 分表示能够按照技能主题进行训练并通过技能认证；4 分表示能够熟练利用该技能达到过程绩效评分标准。以高效早会这项主题技能来进行具体说明，0 分代表未掌握高效早会的流程或企业没有早会的标准流程；1 分代表已掌握早会的流程；2 分表示能够按早会流程的要求填写"早会记录表"；3 分表示每天能够按照早会的标准流程执行；4 分表示在班组早会的评分达到 85 分以上的优秀成绩。

表2-43 班组管理技能评估——班组动态建设第一阶段测评

一线主管管理技能评估　　○0　①1　②2　③3　●4

评价对象：主管　　评价依据：面谈及现场

文件编号：×××

序号	评价维度	分值	评价标准	分值	评价标准	分值	评价标准	分值	评价标准	分值	评价标准	评价人
1	高效早会	0	未掌握早会流程	1	掌握早会流程	2	有早会记录并按要求填写	3	按早会流程执行	4	早会评比分85分以上	
2	工作教导	0	未掌握教导技能	1	掌握教导技能	2	有班组训练计划表	3	员工培训按训练计划执行	4	班组多能工达到公司要求	
3	现场巡视	0	不了解如何巡检	1	已参与现场巡视培训	2	有现场巡视记录按要求填写	3	现场巡视记录准确无误	4	异常问题关闭率达到85%以上	
4	现场5S管理	0	未掌握基础知识	1	掌握5S基础知识	2	有班组长5S巡检记录	3	现场执行5S规范	4	公司5S评分85分以上	
5	异常处理	0	不了解异常处理流程	1	已参与异常处理流程培训	2	有异常处理记录并按要求填写	3	异常记录准确无误	4	异常问题关闭率达到85%以上	
6	领导的技能	0	没有组织员工交流	1	有组织员工交流	2	有员工交流记录	3	员工提出问题已反馈或处理	4	班组员工流失率达标	
7	现场改善	0	未掌握基础知识	1	掌握改善技能	2	定期按改善点检表进行点检	3	点检结果准确无误	4	积极推进相关动作浪费的改善	
8	……	0		1		2		3		4		

姓名	1 高效早会	2 工作教导	3 现场巡视	4 现场5S管理	5 异常处理	6 领导的技能	7 现场处理	合计		名次
								上月	本月	
组长（GL）刘××	①	●	●	◐	●	●	●	22	25	
1										
2										
3										

表格的使用说明：

1）填表对象：适合车间的班组长、车间主任、车间主管、车间经理来填写。

2）评估维度：在班组建设中常见的技能有交接班、高效早会、现场5S管理、安全管理、工作教导、员工管理、看板填写、生产进度检讨、过程品质巡检、课题改善、设备保全、班后总结等，表中我以本书的7个代表技能为例，对于不同的企业可以选择或新增适合自己企业的技能。

3）评分结果：结果分成0~4分。

4）表格填写：可以是评估人自评，也可以是评估对象的上级或HR来评估。推荐在正式场合按以下流程来进行评估：

- 第一：评价对象先进行自评。自评的好处在于能够让评价对象熟悉评估的维度与评分标准，从而在自评时有相关的事件支撑。
- 第二：评价对象的上司进行评价。上司会依据评价对象的日常表现从上级的角度来评估评价对象，这样更能对评价对象有个较为客观且立体的评估。
- 第三：人力资源核实。因为该表格中的每个水准都可以有证据来证实。就拿早会来说，如果要得到满分的标准4分，那么就需要提供近期早会评分的结果、每天的"早会记录表"、高效早会的培训签到记录等，如果这些都不能提供出来，只能够说明是在主观地凭经验评估。如果人力资源核实的结果与前两人的评价结果有差异的话，有必要对评估标准进行共识达成的沟通。
- 第四：部门经理交谈。该表格用来客观地评估班组建设第一阶段达到的水准，同时也是一份"管理任胜力"评价表，可以利用该评价结果直接对班组长的管理水平进行筛选，也可以利用该表的结果进行管理能力提升的跟踪。在部门经理交谈时，更多侧重于管理能力培养的目标上与评价对象达成共识。比如当前的缺点在哪里，下次评分得分的目标是多少，管理能力提升的行动计划又是什么等达成共识。

5）评价标准：只有每个技能达到3分以上，才算是达到了班组建设第一阶段的水准。

在本章中，主要围绕着如何提升与推进班组管理技能进行展开说明（见图2-20），在管理技能的过程中，其本质是让企业思考需要什么样的一线管理人才，为企业搭建源源不断的人才体系，为企业在推进下阶段绩效管理与提升做好铺垫。随着我所辅导班组建设的企业越多，发现其实很多需要利用表单进行"推进"的动作都可以利用数字化在线上完成。比如线上录入时的防错、地址的定位、照片的上传、异常响应时间的记录、异常的通知与确认等，这些都比传统的表单的使用有着天然的优势，这就可以进行多个班组的同时推进，减少大量的人工记录，提升推进的效果。

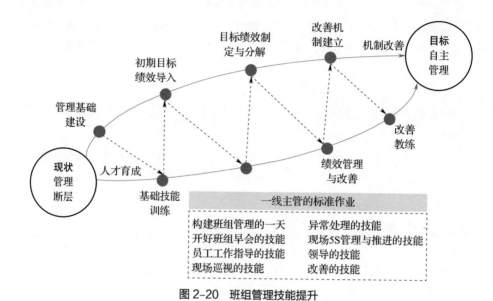

图 2-20　班组管理技能提升

第三章

第二阶段：精益班组绩效管理与提升

精益班组三阶段动态建设是一个持续地创造条件以达到理想状态的过程，班组管理能力的提升作为精益班组建设的首推动作，目的是能够让现场管理水平、现场管理绩效产生较为明显的变化，这是精益班组建设路径上的其中一个关键条件。

第一阶段主要聚焦在人才育成的路径上，第二阶段主要聚焦在机制改善的路径上。

本章讲述精益班组三阶段动态建设的第二阶段，主要是为企业解决绩效改进的持续性问题，系统地为企业搭建坚实的管理基础。

接下来我们开始完善管理机制建设的内容，从基础的职责、流程、分工、目标、激励等进行一系列的管理基础重建，最终完成班组的绩效管理与提升。

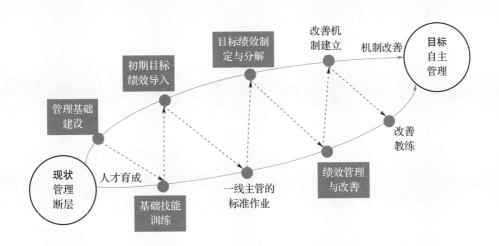

01

第一节
班组管理基础建设

一、一线主管的角色定位

班组长作为一线主管,在企业内部更多起着承接桥梁的作用(见图3-1)。一线主管在企业内部既需要承上启下,还要兼顾左右。

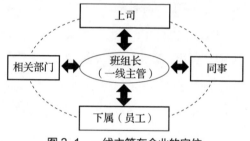

图3-1 一线主管在企业的定位

对于一线主管的角色定位,可依据与相关人员的关系层面来进行说明:

1)与员工的关系:决定了一线主管需要对下属进行相关的工作指导与指令传达,监督日常的工作行为。

2)与上司的关系:决定了一线主管需要及时向上司反馈与沟通,辅佐上司完成部门目标。

3)与同事的关系:既是相互帮助的伙伴,又是晋升过程中的竞争对象。

4)与相关部门的关系:既是需要相互合作的对象,又是需要相互监督协同的对象。

在丰田生产体系的内部,一线主管的角色定位更多体现在督导者的身份上(见图3-2)。

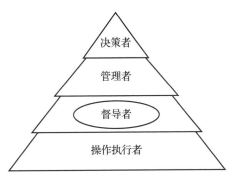

图 3-2　丰田一线主管的角色定位

在丰田内部，将一线主管称为督导者。督是指检查与要求，按公司的指令与日常管理要求对员工的日常行为进行检查，并要求员工遵守要求。导包括宣导、教导、辅导：宣导是指利用公司场合准确地传达公司与班组内部的信息；教导是指工作上对员工的操作进行指导训练；辅导是指让员工形成良好的行为习惯，使之达到正常的作业条件。在丰田，对于督导者来说，需要完成以下三方面内容：

1) 确定作业标准：需要制定员工的作业标准，如操作顺序、在制品数量、生产节拍等。
2) 指导下属遵守：持续地指导下属，让下属具备标准作业的能力。
3) 改善标准作业：为了更好的绩效，需打破原有标准，建立新的作业标准，体现持续改善的理念。

二、一线主管的工作职责

一线主管作为生产第一线的监督者，担负班组内全部业务的责任。这些业务可以分成 4 种类型，分别是：

1) 关注日常的维持管理：按部门要求完成对应的生产任务。
2) 关注日常的异常管理：对异常的提前预防以及异常生产时的相关记录、分析、上报与改善关闭。

3）关注未来的人才培养：培养班组内的多能工与管理岗位的接班人。

4）关注未来的现场改善：设定更高的目标，更高效地完成生产任务。

三、制造部门的使命与管理目标

对于大部分的制造部门，其部门使命可以用一句话来概括，那就是"保质保量低成本地按时完成生产任务"。

这句话基本概括了制造部门的六大指标，通常也叫 PQCDSM。

1）Productivity（生产效率）：给定资源下产出最大，也可理解为相对作业目的所采用的工具和方法是否最适合并被充分利用。生产效率提高了，单位时间人均产量就会提高，成本则会降低，反之则高。常见的管理目标项目为 OPE、UPPH、OEE 等。

2）Quality（质量）：提供满足客户需求产品的过程管控。常见的管理目标项目为客诉、品质成本、误检。

3）Cost（成本）：制造过程中各种费用的开支，保证利润空间。常见的管理目标项目为异常费用、人工成本、物料成本、制造费用等。

4）Delivery（交货期）：准时是指以用户需要的时间、数量，提供所需的产品和服务，不能按期交货会直接影响客户的整体运营活动。常见的管理目标项目为准时交货率、日计划达成、来料及时率。

5）Safety（安全）：是指人员安全，财产安全，信息安全等。常见的管理目标项目为安全事故、工伤、5S。

6）Morale（士气）：高士气能发挥员工的积极性，发掘潜能，创造效益。常见的管理目标项目为员工流失率、员工出勤率、工作满意度等。

有了六大指标的理念之后，就可以马上对自己部门的管理目标进行完整性的诊断与改善了，以下是两个生产车间的管理目标的诊断案例。

第三章　第二阶段：精益班组绩效管理与提升

案例 1 装配车间某班长的绩效定义表，见表 3-1

表 3-1　装配车间某班长的绩效定义表

KPI类型及占比	权重(Weight)	绩效工资	KPI指标名称	计算公式	目标比率	衡量单位(Measurement)	目标等级	2022年年度目标（Target Level）（二季度）	
							T1:门槛值(Target1)(0.5)	T2:目标值(Target2)(0.8)	T3:卓越值(Target3)(1)
品质	10%	0	批量不良	一笔否决，绩效为0	一笔否决	件	0	0	0
	10%	0	IPQC缺失率	IPQC批退笔数/月底在职人数×100%	门槛：10%，目标：20%，卓越：30%	%	1.31	1.16	1.02
	5%	0	FQC批退率	批退件数/检验批次×100%	门槛：10%，目标：20%，卓越：30%	%	1.67	1.48	1.30
	5%	0	客诉件数	一笔否决，绩效为0	一笔否决	%	0	0	0
	5%	0	混料笔数	一笔否决，绩效为0	一笔否决	件	0	0	0
效率	30%	0	生产效率提升	标准工时/出勤工时×100%	门槛：5%，目标：10%，卓越：15%	%	95.35	99.89	104.43
安全	10%	0	安全生产事故件数	一件否决	一笔否决	件	0	0	0
人员流失	4%	0	综合离职率	离职人数/（离职人数+在职人数）×100%	门槛：10%，目标：20%，卓越：30%	%	25.9	23.0	20.2
	6%	0	正式工离职率	正式工离职人数/（正式工离职人数+在职正式工人数）×100%	门槛：10%，目标：20%，卓越：30%	%	15.03	13.36	11.69
班组建设	15%	0	组织编制完善率	实际人数/编制人数×100%	门槛：10%，目标：15%，卓越：20%	%	110	115	120
	100%	0							

1）整体点评与分析：在品质与人员流失的目标设定上拆分得较细，管控起来也更加有针对性。从完整性的诊断看，在交期与成本的指标上有漏失，尤其是交期的目标管理不应该有缺失。

2）改善建议：可以增加交期相关的管理目标，如日计划达成率。

案例2 某PCBA车间插件线一线主管绩效定义表，见表3-2

表3-2 某PCBA车间插件线一线主管绩效定义表

车间	主管	主要指标				2021年一级指标		
		计算公式	项目	1月	2月	基准	目标	幅度
PCBA车间	××	标准工时/实际出勤工时×100%	生产效率达成	102.47%	97.85%	95.65%	110.00%	15.00%
		异常工时/实际出勤总工时×100%	异常工时占比	2.34%	5.73%	2.40%	1.68%	30.00%
		实际产出/计划产能×100%	计划达成率	98.49%	99.30%	92.40%	98.00%	6.06%
		离职人数/总出勤人数×100%	人员流失率	30.15%	27.73%	26.53%	18.57%	30.00%
		批退笔数/检验笔数×100%	FQC批退率	0.92%	0.86%	1.44%	1.01%	30.00%
		安全事故件数	工伤件数（件）	0	0	0	0	

整体点评与分析：

从指标的完整性上来看，PQCDSM均有体现，在成本管控项目上目前已有异常工时的管控目标，建议还可以增加一个异常补料或损耗的目标，这样成本管控项就更加完美了。

四、丰田制造部门的使命与管理目标案例

为了让大家更好地理解丰田的制造部门的运营目标，在此为大家展现丰田制造部门的相关使命与目标分解逻辑。

- 丰田制造部门的使命：准时地、便宜地制造良品。
- 丰田按制造部门的使命拆分成七个任务，分别是人事、环境、保全、成本、生产、品质、安全。

丰田制造部门的七大任务管理模型如图 3-3 所示。

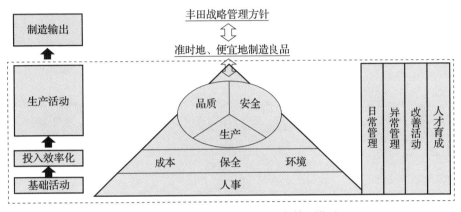

图 3-3　丰田制造部门的七大任务管理模型

其中需要重点说明的是，丰田制造部门的七大任务中的每项任务，都会从日常管理、异常管理、改善活动、人才育成四个维度向下分解，作为完成每项任务的支撑工作（见表 3-3~表 3-5）。

表 3-3　七大任务——人事管理的活动分解表案例（部分）

目的	结果目标		活动内容	活动目标	活动手段
培育人、活用人、创造性强的职场	人员管理 监督管理时间 员工技能掌握	日常管理	作业状态的管理	无违规作业	标准作业三票
			健康状态的管理	减少员工工伤	班前会
			出缺勤的管理	—	班前会
			计划年休的管理	—	年休计划表
			团队协作的管理	现场 4S 水平	现场 4S 活动
			工作指导的管理	提案件数（参与率）	创意工夫

（续）

目的	结果目标	活动内容		活动目标	活动手段
培育人、活用人、创造性强的职场	人员管理监督管理时间 员工技能掌握	异常管理	突发年休对应	—	工作人员管理板
			加班超时调整	—	加班管理单
			个别对应	—	对应手册
		改善活动	提高投入计划精度	减少人员转移	生产计划表
			创造可操作性强的工程	QCC活动参与率	QCC活动
			减少组长上线时间	监督工数	管理行动计划表
		人才育成	制订和实施作业训练	熟练员工比例	员工操作技能矩阵
			制订和实施多能工培养计划	多能工比例	培训计划表
			制订和实施作业资格取得教育计划	多能工比例	培训计划表

表3-4 七大任务——品质管理的活动分解表案例（部分）

目的	结果目标	活动内容		活动目标	活动手段
不接收、不制造、不流出不良品	不流出不合格品	日常管理	彻底贯彻标准作业	违规作业数	标准作业三票
			对作业的观察	违规作业数	生产管理看板
			过程质量管控	一次直通率	班前、班后会
			把握品质状况	提前识别不良	条件管理确认表、品质不良联络书、首件确认
		异常管理	变化点管理	异常工时递减	4M1E变化点看板
			QRQC	不良影响最低	三现五原则
		改善活动	容易发生不良工程	改善标准作业	品质会议
			品质改善提案	改善提案数	创意工夫
			QA评价诊断	防止流出	评价诊断表
		人才育成	QCC活动	—	QCC发表
			品质学习月活动	—	品质会议

表3-5 七大任务——生产管理的活动分解表案例（部分）

目的	结果目标	活动内容		活动目标	活动手段
在必要的时间生产必要数量的产品	设备可动率、生产效率	日常管理	掌握生产进度	提高生产效率	安灯、标准作业三票
			部品在库的管理	安全在库范围内	生产管理看板
			各种报告及联络	每天及时反馈情况	班前、班后会
			制成人员出勤计划及把握生产能力	无浪费工时	人员配置表
		异常管理	对生产变化点进行管理	异常工时递减	4M1E变化点看板
			现场安灯及时确认	异常工时递减	安灯
		改善活动	作业改善	生产效率改善	标准作业改善
			移动率提高	设备效率改善	彻底清扫
			在库递减	在库品库存递减	物流配送及节拍生产
		人才育成	训练	熟练的多技能工、精通TPS的管理人才	作业训练计划
			教育		作业资格认证
			育成		多能工管理

课后训练任务：

1）按PQCDSM来检查自己制造部门的管理目标是否全面。

2）按PQCDSM利用"目标管理活动分解表"按日常管理、异常管理、改善活动、人才育成四个维度列出完成目标的支撑活动。

第二节 基础技能训练

一、让民营企业的班组管理走向良性循环

很多民营企业在确定谁比较适合担任班长时,相对来说是比较草率的。通常情况下就是从一线员工中任命某个态度比较积极,做事比较勤快,操作技能还可以的人为班长。在民营企业中,这种临时指定或选聘班长的行为还可以理解,毕竟他们对班长的要求也不高。但这里有一个更为严重的问题,就是新班长在晋升后,几乎很少进行相对系统的管理训练。这是很多民营企业一线主管的选聘现状,这也就可以理解为什么我们看到某些从员工晋升起来的班长还停留在做员工的活。

我们不妨再深入地进行思考,为什么这些新晋升的班长在晋升后几乎很少进行相对系统的管理训练?答案只有一个,那就是这些新晋升班长的上司们,也是从实践中摸索出来的经验,他们在晋升时也没有受过系统的管理训练。所以,一些民营企业就形成一个频繁地更换一线主管的恶性循环,班组管理水平一直未能有效提升,如图3-4所示。

要突破图3-4的现状,可以在两个突破口进行发力。

1. 延长刚晋升班长的考核周期

如果需要依赖长时间实践摸索经验,那么就需要足够的时间让刚晋升的班长胜任班长的工作,而不是出现问题就换人。当然,企业需要承受的风险就是从不胜任到胜任该时间段所导致的一系列品质、交期、效率、安全等风险或隐患。

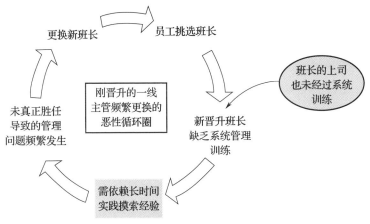

图 3-4 一线主管频繁更换的恶性循环圈

2. 对班长的上司进行系统的基础管理技能训练

因为班长的上司也未经过系统训练，所以无法对新晋升班长进行系统的管理训练。那么，对班长的上司进行系统的训练应该是一个较好的突破口。当班长的上司经过系统训练后，刚晋升的班长就会有得到系统训练的机会，从而缩短晋升到合格班长所需要的时间。这样，很有可能出现一个良性的循环，用完善好的班长晋升机制从员工中筛选并提前储备班长，使得班长从员工中晋升时就能够获得较高的管理水平，最终使得整个班组的管理水平得以提升，形成良性循环圈，如图 3-5 所示。

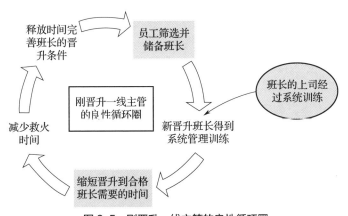

图 3-5 刚晋升一线主管的良性循环圈

通过第一阶段的班组管理一天的各项技能修炼，班组管理的技能就能够得到系统的训练与提升。借此，也希望更多认同该理念的读者能够带动更多的我国民营企业走出班组建设的恶性循环圈，走向良性循环圈。

二、一线主管的五个条件

对于一线主管来说，他们需要完成 PQCDSM 的管理目标，一般情况下都有哪些问题困扰着一线主管完成管理目标呢？

无论在哪个制造现场，都存在着很多给品质（包括工作的质量）、生产（生产量、业务量等）、生产费用（经费、成本等）、安全（事故、灾害等）带来不利影响的问题。不过，你有没有听说过"在我的职场上没有什么问题，一切都进展得非常顺利"等这类的话呢？事实上必须要意识到：说"没有问题"这种话本身就是大问题。"熟视无睹"是指，如果没有问题意识，那么即使是眼前的问题也会把它放过去，而不会采取任何措施，最后就会给业务的完成带来重大不利影响的结果。

把问题作为问题来认真对待的姿态就是问题意识。在正确地掌握目标及现状的基础上，通过否定现状的思维方式来培养这种问题意识就会对问题变得敏感起来。

我整理了一份常见的制造现场的问题清单，在这些问题中，如果有除此之外已觉察到的问题，也请写出来。

- 员工不遵守正确的作业方法。
- 员工工作质量达不到标准。
- 有员工上班迟到。
- 班组不良品或返修品多。
- 员工弄坏工具或设备。
- 员工要花很长时间才能学会工作（业务）。
- 员工因操作问题导致工作时受伤。

- 员工重复出错多。
- 没有正确使用安全装置。
- 通道或现场的整理整顿较差。
- 员工对工作不感兴趣。
- 员工带情绪作业。
- 员工做事没有干劲。
- 员工不注意设备的使用方法。
- 没有正确地使用辅助工具或计量器。
- 无故缺勤者较多。
- 消耗品、资材的过度使用。
- 日常工作数据记录出现错误。
- 对工作没有计划性。
- 操作的合规意识低。
- 对团队的管理目标不清晰。
- 在对外来人员的接待上较差。
- 缺乏安全卫生管理的知识。

如果一线主管对这些问题放任不管，最终肯定无法有效地达成PQCDSM的管理目标。在TWI中，为了解决以上这些人与物的问题，就需要一线主管具备五个条件。

1. 工作的知识

这是关于每一个人的职务所特有的知识，是为了能正确地完成任务所必要的知识。例如，在生产方面及服务方面，为了能准确地使用及执行作业标准、设备、资材、销售方法、客户接待方法等，所必要的知识。因为我们处在瞬息万变的技术革新时代，即便是做固定的工作，也要每天学习新知识并不断地累积，这是很重要的。另外，在开始新工作，制造、销售新产品时，理所当然地必须掌握新的工作知识。

2. 职责的知识

这是作为主管所必要的有关责任与权限的知识，是为了按公司的方针、就业规则、作业基准、安全规则、职务分工制度、业务计划、劳动合同等进行工作的知识。这种职责的知识，因公司、职场而各不相同，所以与此相关的知识会有所不同。只要在职场工作，就必须按照职场的规定来尽职尽责，因此就有必要充分理解自己承担的职责及相应的权限。

3. 改善的技能

这是通过对细分作业内容进行研究，或使作业变得简单，或是决定合适的作业顺序，或是把作业进行组合等的技能。一旦具备了这种技能，就能更有效地利用资材、机器、设备及劳动力。

4. 待人的技能

这是一种有助于协调人与人之间的关系，使部属乐意同心协力配合主管工作的技能。如果主管每天都使用这种技能，就能协调与部属的关系，预防职场上人际关系的纠纷发生，而且即使发生了也能很好地处理。这是一种能够了解个人，充分考虑场景，与部属一起心情愉快地工作的技能。

5. 教导的技能

这是通过充分地训练员工，使其能出色工作的技能。一旦掌握了这种技能，就会减少浪费、不良品及返修品，也可以减少灾害，并能使工具设备的损坏及来自客户的投诉减少。

总结起来就是两个知识、三项技能。知识可以通过经常看书阅读、前人的经验与媒介获得，而技能更多需要依靠训练才能获得。

三、一线主管五个条件的三个应用

1）利用工作的知识与职责的知识形成班组知识学习手册，对新晋班长进行培训与考核。以下是一家生产PCB线路板DIP插件车间一线主管必备基础知识案例，见表3-6。

表 3-6 DIP 插件车间一线主管必备基础知识案例

序号	项目	日常知识
1	操作知识	1）电子元器件基础知识 2）静电防护基础知识 3）电烙铁使用基础知识 4）电批（电动螺丝刀）使用基础知识 5）化学品使用基础知识
2	生产管理	1）现场 5S 管理知识 2）生产日报表填写 3）生产看板填写 4）生产异常处理流程 5）新员工入职管理流程
3	工艺流程	1）各产品标准作业流程 2）各产品作业标准工时 3）各产品排拉与对应设备清单 4）各产品特殊工艺要求与质量管控要点 5）各产品的作业分解表
4	计划流程	1）生产日计划协调会流程 2）产前准备排查 3）生产计划变更流程 4）生产插单流程 5）生产切换流程
5	物料流程	1）物料领料流程 2）半成品、尾数、成品标识管理 3）尾数料处理流程 4）不良品返工处理流程 5）异常补料处理流程
6	设备流程	1）DIP 设备点检与维护保养 2）点胶机点检与维护保养 3）插件线点检与维护保养 4）测试设备点检与维护保养
7	品质流程	1）元器件来料检验标准 2）产品成品检验标准 3）产品首件作业流程 4）关键岗位管控流程
8	安全流程	1）员工安全操作基础知识 2）员工安全用电基础知识 3）文件信息安全基础知识
9	人事制度	1）员工考勤管理知识 2）员工绩效考核制度 3）员工晋升与辞退流程 4）员工档案维护

2）利用知识与技能形成管理岗位任职标准。以下是一家电器产品组装车间一线主管的岗位任职标准表，见表3-7。

表3-7 一线主管岗位任职标准表

模块	应知应会	储备组长	初级组长	中级组长	储备班长	评估方式
基础知识	生产异常反馈及处理流程	✓	✓	✓	✓	笔试
	报废品管理规范	✓	✓	✓	✓	笔试
	维修品管理规范	✓	✓	✓	✓	笔试
	重大质量事故处理规范	✓	✓	✓	✓	笔试
	产品技术变更执行确认流程	✓	✓	✓	✓	笔试
	制程不合格品管理规范	✓	✓	✓	✓	笔试
	设备安全操作规程	✓	✓	✓	✓	笔试
	产品知识（客户要求、质控点）	✓	✓	✓	✓	实操
	工艺流程	✓	✓	✓	✓	实操
	工作报告制作		✓	✓	✓	实操
操作技能	掌握班组50%以上的作业技能	✓	✓	✓	✓	实操
	班组中的全能工		✓	✓	✓	实操
	关键工序或设备异常处理技能		✓	✓	✓	实操
日常管理技能	一线管理者角色定位	✓	✓	✓	✓	笔试
	班组管理的目标与任务		✓	✓	✓	笔试
	现场巡视		✓	✓	✓	实操
	高效早会		✓	✓	✓	实操
	TWI-JI、JR、JM		✓	✓	✓	实操
	员工管理		✓	✓	✓	实操
	日报表与看板填写		✓	✓	✓	实操
	工作总结与呈现			✓	✓	实操
	PDCA与QCC开展			✓	✓	实操
	QRQC会议			✓	✓	实操

（续）

模块	应知应会	储备组长	初级组长	中级组长	储备班长	评估方式
现场改善技能	5S与目视化管理		✓	✓	✓	实操
	七大浪费识别			✓	✓	实操
	现场动作改善			✓	✓	实操
	产线平衡改善				✓	实操
	快速切换改善				✓	实操
	标准作业制定与管理				✓	实操
	绩效管理与改善				✓	实操
	OJD人才育成				✓	实操

3）利用知识与技能形成管理岗位培训计划，内容需要依据各个班组所形成的岗位任职标准。关于培训计划的具体样式可参考"员工训练计划表"，在此不重复展示。

第三节
绩效薪酬与设计

一、一线主管的工资比员工低的案例

案例 一线主管的工资比员工低

在一家生产开关插座的企业,生产的工艺流程有冲压、注塑与组装。企业的规模有500人左右,年营业额大概在1.5亿元。该企业面临的问题是一线主管的收入还不如员工高。

发生该问题的班组是模具维修班组,该班组的员工为时薪制,如有晚上加班或节假日加班,时薪是平时的1.5倍以上。当生产较为繁忙时,该班组的技术员就需要经常性地加班来配合生产完成任务。一年下来,至少有6~9个月会出现技术员的工资比一线主管还要高的状况。

该班组的一线主管名叫老伍,采取固定月薪制,主要做管理工作。老伍原来也是一名积极勤快且技术良好的维修师傅,因多年从事管理工作,虽然技术不如现在的技术员,但很多时候也是跟着技术员一起加班到很晚才下班。

老伍针对该问题也向高层提了好几次,要求增加加班工资。但事情过去了几年,公司并没有答应给老伍增加加班工资。

笔者针对此事进行了相关的调查与访谈。在跟老伍交流的过程中,他曾多次表达:"无论我做好了,还是没有做好,收入都一样,为什么我还要多做一些呢?"

当前老伍的心态变得有些消极,能不加班就不加班,用他的原话就是"不求有功,但求无过"。

（1）案例分析

笔者就该问题以第三方的身份与高层进行了沟通，了解到几个事实：

1）高层感受到现在老伍的心态没有以前那样积极了。

2）高层不决定给老伍加班工资的理由是其他管理岗位都没有加班工资。

3）班组都不用加班时，老伍的收入比技术员高20%。

如果你是该公司的高层，会怎样做？

（2）案例点评

笔者相信，老伍的问题只是冰山一角，其背后还有更深层次的原因。经过分析，认为公司需要解决以下三个问题，才能扭转该局面，否则会出现更多的"老伍"。

1）公司需要快速地扭转老伍消极的态度。

2）公司需要建立一套有效的激励机制而不是固定的月薪制。

3）公司需要建立一套有效的管理评价数据指标体系，依据数据来决策。

在精益班组建设中有两条主线，一条强调人的能力提升，另一条强调管理机制的提升，这两条线同等重要，而且就像DNA一样，需要双螺旋同步上升。

二、什么是管理机制

管理机制是指管理系统的结构及其运行机理。这套管理机制从人性的角度出发，回答了行动原始动力的问题，即"做好了有什么好处，没做好有什么后果"。一套好的机制能够让"坏人"变成"好人"，反过来，一套不好的机制能够将"好人"变成"坏人"。

某小区物业为了保证每位业主按时交纳物业费，推出了"一次性提前交满12月的物业费，可以免去一个月的物业费"的政策，一下子就让大部分的业主提交交纳了一年的物业费。这就是机制的力量。通常来说，管理机制可分成以下三种类型：

1）竞争淘汰机制：破除身份所有制，实行零成本身份转换，通过竞争淘汰优化企业生态，逐步实现从官本位向人才价值本位的过渡。

2）激励机制：尊重员工合理的利益追求，倡导为强者喝彩，建立以业绩、能力为主导，以物质激励为主、精神激励为辅的多元价值分配体系，打破"大锅饭"制度，让真正做出贡献的人过上幸福生活。在价值分配中始终坚持：看过程更看结果，看表现更看业绩，看个体更看团队。

3）评价约束机制：建立以目标责任为核心的评价约束机制，通过目标分解，传递市场压力，通过目标监控，确保生产运行，将任务指标的完成情况与奖惩机制挂钩，激发员工动力，促进目标完成。

三、利用绩效薪酬激励达成班组目标

对于企业来说，需要懂得利用各种有效的管理机制来达成经营目标。同样，对于班组来说，也需要有相关的管理机制来保障班组目标的达成。从当前来看，最常用的管理机制就是绩效薪酬激励机制。对于管理者来说，需要掌握以下两项技能：

1）掌握基本的薪酬结构比例。

2）提出合理的薪酬规划建议。

通常情况下，一家企业管理者的薪酬构成如图3-6所示。

总薪酬由基本工资、浮动薪酬、福利与长期激励四个部分组成。

1）基本工资。基本工资就是每个月基本不变的收入，其主要的作用是保障每位员工的收入基础。决定基本工资的关键因素为职位的高低或岗位的不同。就以岗位来说，一般情况下研发岗位的基本工资会比生产岗位的工资要高一些。

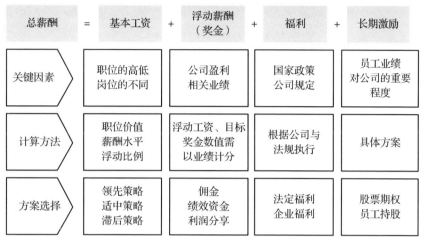

图 3-6 企业管理者薪酬构成示例

2）浮动薪酬。与基本薪酬相比，更容易通过调整浮动薪酬来反映组织目标的变化。在动态环境下，面向较大部分员工群体实行的可调整薪酬，能够针对员工和组织所面临的变革和较为复杂的挑战做出灵活的反应，从而不仅能够以一种积极的方式将员工和企业联系在一起，还为在双方之间建立起伙伴关系提供了便利，同时也能起到鼓励团队合作的效果。此外，浮动薪酬一方面能够对员工所达成的有利于企业成功的绩效提供灵活的奖励；另一方面，在企业经营不利时还有利于控制成本开支。一般情况下，职位越高，浮动薪酬占总薪酬的比例就越大。

- 从兑现周期的角度，浮动薪酬以一年为周期就是年终奖，以一个月或一个季度为周期通常就是绩效考核奖金。影响浮动薪酬的关键因素更多是公司的盈利和个人的相关业绩。
- 从兑现条件的角度，浮动薪酬必须超过设定的基线工作目标，才能拿奖金。每年的基线工作目标都必须上浮。举个简单的例子，如果一位销售员去年销售收入达到100万元有机会获得奖金的话，那么今年的销售收入必须达到110万元才有机会获得奖金。

3）福利。福利是指企业为了保留和激励员工，采用的非现金形式的报酬，一般情况下是由法定福利与企业福利组成的。法定福利是指按照国家法律法规和政策规定必须发生的福利项目，通常包括社会保险、法定节假日等。企业福利包括如企业配套的公共场所、住房、交通、旅游、公司活动等。

4）长期激励。长期激励是指组织为提高长期绩效而采取的一种报酬方式。通常用于高层管理人员和组织的核心员工。目的在于为组织的长期发展和繁荣，通过以报酬为目标对象提供积累财富的机会，鼓励其在决策时更注重组织的长期发展目标，与组织共同奋斗。长期激励的形式主要包括股票期权、员工持股等。

总体来说，在我国，关于薪酬以及绩效方面做得比较好的公司非华为莫属，推荐大家可以看看《以奋斗者为本》这本书。

这部分的内容是让每个管理者熟悉薪酬的具体组成，做得好的企业不增加任务的成本也可以达成绩效管理的目标：让多劳者多得。准确来说，是指价值越大，收入越多。

接下来，将这个结构套入企业的各级管理干部，你就会更加清楚薪酬体系的基本应用了。为了方便说明演示，按层别将职员划分成三个级别，分别是包括总监、副总、总经理的层别的高层管理者，包括主管、经理的层别的中层管理者，包括一线主管、主任的层别的基层管理者。一般情况下，各层别的总薪酬级别设计与浮动薪酬体系的设计如图3-7所示。

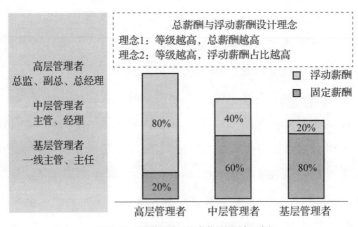

图3-7 总薪酬与浮动薪酬设计示例

从图 3-7 可以看出，一般情况下层级越高，总薪酬越高。与之相对应的是，固定薪酬占比就越低，浮动薪酬的占比越高。这与"风险越大，收益越高"的道理是相通的。

课后推进任务：了解下自己公司的薪酬结构如何，看下是否还有改善的空间，提出自己的建议。

第四节
班组初期绩效设计

一、初期绩效的来源

绩效体系的设计是一套较为系统且严谨的科学的管理机制设计。很多缺乏绩效体系的企业不是不想做绩效,更多的原因是无法有效地建立目标数据体系。在绩效数据建立的过程中,需要体现及时、客观与持续改进的原则。

1)及时的意思是统计的周期越短越好,能够每周统计一次,绝对不每月统计。

2)客观的意思是由考核部门向被考核部门提供数据,起到相互制约与监督的作用。

3)持续改进的意思是绩效目标的设计需要按企业的目标逐年提升与改善。

从企业目标数据体系的建立到绩效管理导入,周期一般比较长。在没有有效的数据体系下如何做好绩效与薪酬设计呢?这个答案就是导入初期绩效。

初期绩效是指在数据体系不完善时,管理层每月或每季度依据公司的目标分解成可以考核的小目标或关键行动,利用小目标或关键行动作为主要考核项目的管理机制。

导入初期绩效的目的:

1)建立有效的目标数据体系。

2)对公司重点目标所分解的关键行动进行落地。

3）增加对管理能力与态度的评价。

初期绩效的组成：

1）业绩：满分 70 分，主要体现上司布置工作任务的完成结果评价。

2）能力：满分 20 分，主要体现自主学习成长与技能训练的结果评价。

3）态度：满分 10 分，主要体现与上司、周边同事工作配合的过程评价。

二、初期绩效建立的五个步骤

为了让大家更好地理解与应用初期绩效，以下以案例的形式来展示初期绩效评价的应用与推进步骤，初期绩效任务书见表 3-8。

表 3-8 初期绩效任务书

评价对象：五金冲压 A 组组长		评价周期：1 个月（3 月份）			评价人：周主任
维度	评价项目	配分	自评	上司评分	上司评价
业绩，满分 70 分	1）3 月 10 日前完成车间在制品数量与占用面积的统计	5	5	5	及时完成
	2）3 月 25 日前完成 D807 产品的连线布局搬迁与试运行	20	20	20	提前完成
	3）3 月 30 日前所有产品的首小时产能达到标准产能的 80% 以上	15	15	15	抽查结果为达到 82%
	4）每天日计划完成率达到 90% 以上	10	10	10	抽查结果为达到 92%
	5）每周汇总并提交不良报废清单与原因分析	10	5	5	及时完成
	6）3 月 20 日前进行一次安全巡视，在 30 日前提交巡视整改清单	10	10	7	配电箱底下有杂物未清除
能力，满分 20 分	1）每天按时按标准流程召开班组早会，班组早会评价得分在 80 分以上	10	10	8	抽查结果为达到 76 分，人员迟到不管控
	2）对车间的 5 个关键工序提炼"作业分解表"	5	3	3	只提交了 3 份
	3）参与标准工时测量培训并按时完成课后任务	5	5	5	

（续）

维度	评价项目	配分	自评	上司评分	上司评价
态度，满分10分	1）无相关部门工作投诉	违反一次扣2分	10	10	本月表现良好
	2）遵守工作纪律，上班无迟到早退现象				
	3）遵守车间穿着与行为规范标准				
	4）有异常及时上报，无掩盖异常问题				
	5）沟通主动积极，与上司和其他同事均友好协作				
自评分					93
上司评分					88

1. 步骤一：填写"初期绩效任务书"

在月底30日前，依据下个月的重点任务与能力提升计划填写"初期绩效任务书"，在填写时有以下五个需要注意的地方：

1）前期的三个月由一线主管的上司来填写，此时刚开始导入该模式，具体的班组目标与任务尚未清晰，由一线主管的上司按公司的目标重点来分解能够保证任务能够有良好的上传下达，保证任务与目标的有效关联。后期可以逐步交由一线主管填写，由上司确认。

2）本步骤填写的内容分别为评价项目列与配分列。

3）在填写评价项目中的业绩维度时，要提炼出对目标有影响的关键任务，任务的数量不超过10项。无论是每天的日常例行工作，还是一次性的活动，均需要有明确的交付物作为验收评价。比如，一线主管需要每天进行一次现场管理巡视，那到月底时就需要提供当月每天的巡视记录。

4）在填写评价项目中的能力维度时，需要结合一线主管的管理能力培训计划进行分解，而不是临时性地进行管理技能的训练。

5）在填写配分列时，可依据任务的重要性来填写配分，要注意配分的总分需要与对应维度的总分要一致。

2. 步骤二：一线主管收集相关数据并进行自评

推进一线主管自评的目的是提升一线主管对任务完成的关注。每项任务的完成，需要提供相关的实施结果证明，这会训练一线主管的结果汇报意识。评分的结果填入自评列，以下两项需要留意：

1）在对每期任务进行评价时，不能仅仅是口头的汇报，需要有具体的内容支持，如改善前后的照片、改善的数据记录结果、关键绩效指标的变化、总结报告等。
2）任务评价的时机不一定是月底，只要某项任务完成了，就需要立刻整理相关的交付物或让其上司进行现场确认。

3. 步骤三：上司对一线主管的绩效进行评价

上司需要依据一线主管提供各项任务完成的交付物进行验收与确认，将最终的评分结果写入上司评分列。上司的评分结果作为评价一线主管的决定性分数，特别需要留意与一线主管自评分有差距的地方，这正是培育下属目标连锁意识（岗位目标与上司目标产生关联）的好机会。

4. 步骤四：上司对评分对象进行绩效面谈

绩效评价的目的不是考核，而是通过达成目标共识取得更高的绩效水平，同时提升管理能力。每个月的绩效面谈同样也是围绕着如何提升绩效水平而设的一个重要环节，一线主管与上司需要在轻松的氛围下完成绩效面谈。绩效面谈的具体内容如下：

1）本月做得好的成绩。
2）本月需要加油的事项。
3）绩效改进行动计划。

4）下月的重点方向与目标。

5. 步骤五：确认及公布下月绩效任务书

本步骤相当于完成一个绩效管理的闭环，此时需要运用精益可视化的方式对每月的绩效评分结果与下月的绩效任务书进行公示，放在显眼的地方以便形成关注重点目标任务的氛围与习惯。

第五节
制造部门绩效设计四步法

在本节内容中,将完整地呈现在制造部门设计绩效管理的全过程,设计分成四个步骤,分别是完成制造部门使命,部门目标设计,建立绩效数据体系,维持活动、改善活动与人才培养,如图3-8所示。

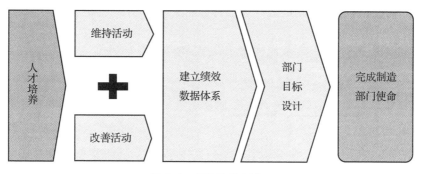

图3-8 部门绩效全过程

四步法设计的逻辑:

1)第一步:完成制造部门使命。制造部门承担的生产任务是企业运营的其中一个环节,因此制造部门最终是为公司总目标负责的。在绩效设计上,第一步是承接公司级的目标形成制造部门的使命。

2)第二步:部门目标设计。制造使命是为了统一制造部门所有人员的思想,形成合力,而部门目标设计更多的是为了将使命形成可衡量的目标。

3)第三步:建立绩效数据体系。有了可衡量的目标,就需要在日常工作中进行绩效目标数据的收集，从而形成绩效数据体系。绩效数据体系的建立相当于将目标分解成每天的日常管理工作输出，从而快速地反馈日常工作与管理目标的关联，形成良好的目标管理意识。

4）第四步：维持活动、改善活动与人才培养。所有的管理活动都是为了实现目标，在对每个管理目标进行分解时，就需要形成对应的维持活动、改善活动与人才培养。所有的管理活动都离不开人，每一个目标改善的背后都是管理能力的提升结果。因此，人才培养是完成制造部门使命的原动力，也是目标逐步改善的保障。

很多企业一听到绩效这个词，就等同于绩效考核，这完全是对绩效管理的误解。在此，将四步法设计的逻辑告诉大家，更多的是为了消除对绩效管理的误解，并建立正确的绩效管理的理念：

1）绩效的初衷是为了提升大家达成公司目标的共识与动力，而不是考核、罚款。
2）目标制定后不能对下属不管理，而是应辅导他们掌握达成目标的路径与方法。
3）目标的达成是人员管理技能提升的结果，同样，人员管理技能的提升需要反映在结果上。

一、第一步：完成制造部门使命

对于丰田，制造部门的使命是：准时地、便宜地完成良品。对于大部分的制造部门，它们的使命都差不多，毕竟都是围绕着效率、品质、交期、成本、安全、士气来形成使命。推荐大家使用以下这句话作为制造部门的使命：保质保量低成本地按时完成生产任务。这句话不但好记，同时也是对制造部门使命的高度概括。

二、第二步：部门目标设计

1. 部门指标设计原则一：指标的设计需要符合 SMART 原则

1）目标必须具有明确性（Specific）。
2）目标必须具有衡量性（Measurable）。
3）目标必须具有可实现性（Attainable）。
4）目标必须和其他目标具有相关性（Relevant）。
5）目标必须具有时限性（Time-based）。

（1）SMART 原则一 S（Specific）——明确性

所谓明确就是要用具体的语言清楚地说明要达成的行为标准。明确的目标几乎是所有成功团队的一致特点。很多团队不成功的重要原因之一就是目标定得模棱两可，或没有将目标有效地传达给相关成员。

示例：目标——"增强客户意识"。这种对目标的描述就很不明确，因为增强客户意识有许多具体做法，如：减少客户投诉，提升服务的速度，使用规范礼貌的用语，采用规范的服务流程等都可以增强客户意识。

那么，有这么多增强客户意识的做法，所说的"增强客户意识"到底采用哪种做法？不明确就没有办法评判、衡量。所以建议这样修改："我们要将每月的客户投诉控制在 1 批以内"。

实施明确性的要求：目标设置要有项目、衡量标准、达成措施、完成期限以及资源要求，使考核人能够很清晰地看到要做哪些事情，计划完成到什么样的程度。

（2）SMART 原则二 M（Measurable）——衡量性

衡量性就是指目标应该是可衡量的，而不是模糊的，应该有一组明确的数据，作为衡量是否达成目标的依据。

如果制定的目标没有办法衡量，就无法判断这个目标是否已实现。比如领导有一天问："这个目标离实现大概有多远？"团队成员回答："我们早实现了。"这就是领导和下属对团队目标所产生的一种分歧，原因就在于没有定量的可以衡量的分析数据。但并不是所有的目标都可以衡量，有时也会有例外，例如大方向性质的目标就难以衡量。

比方说，"为所有的老员工安排进一步的管理培训"。进一步是一个既不明确也不容易衡量的概念，到底指什么？是不是只要安排了这个培训，不管谁讲也不管效果好坏，都叫"进一步"？

应进行改进，准确地说明在什么时间完成对所有老员工关于某个主题的培训，并且在这个课程结束后，学员的评分在85分以上，低于85分就认为效果不理想，高于85分就是所期待的结果。这样目标就变得可以衡量。

实施衡量性的要求：目标的衡量标准遵循"能量化的量化，不能量化的细化"，使制定人与考核人有一个统一的、标准的、清晰的可度量的标尺，杜绝在目标设置中使用形容词等概念模糊、无法衡量的描述。对于目标的衡量性应该首先从数量、质量、成本、时间、上级或客户的满意程度五个方面来进行，如果仍不能进行衡量，则可以考虑将目标细化，细化成分目标后再从以上五个方面衡量，如果仍不能衡量，还可以将完成目标的工作流程化，通过流程化使目标可衡量。

（3）SMART原则三 A（Attainable）——可实现性

目标是要可以让执行人实现、达到的，如果上司利用一些行政手段，利用权力的影响力一厢情愿地把自己所制定的目标强压给下属，下属典型的反应是一种心理和行为上的抗拒：我可以接受，但是否完成这个目标，有没有最终的把握，这个可不好说。一旦有一天这个目标真完成不了的时候，下属有一百个理由可以推卸责任：你看我早就说了，这个目标肯定完成不了，但你坚持要压给我。

"控制式"的领导喜欢自己定目标，然后交给下属去完成，他们不在乎下属的意见和反应，这种做法越来越不受欢迎。今天员工的知识层次、学历、素质，以及他们主张的个性张扬的程度都远远超出从前。领导者应该吸纳下属来参与目标制定的过程，即便是团队整体的目标。

实施可实现性的要求：目标设置要坚持员工参与、上下左右沟通，使拟定的工作目标在组织及个人之间达成一致。既要使工作内容饱满，也要具有可达性。可以制定出跳起来"摘桃"的目标，不能制定出跳起来"摘星星"的目标。

（4）SMART 原则四 R（Relevant）——相关性

目标的相关性是指实现此目标与其他目标的关联情况。如果实现了这个目标，但与其他的目标完全不相关，或者相关度很低，那这个目标即使被达到了，意义也不是很大。

毕竟工作目标的设定，是要和岗位职责相关联的，不能跑题。比如一个前台，你让她学英文以便接电话的时候用得上，这时候提升英文水平和前台接电话的服务质量有关联，即学英文这一目标与提高前台工作水平这一目标直接相关。

（5）SMART 原则五 T（Time-based）——时限性

目标的时限性是指目标是有时间限制的。例如，我将在 2023 年 4 月 30 日之前完成某事。4 月 30 日就是一个确定的时间限制。没有时间限制的目标没有办法考核，或会带来考核的不公。上下级之间对目标轻重缓急的认识程度不同，上司着急，但下面不知道。到头来上司可能暴跳如雷，而下属觉得委屈。没有明确时间限定的方式也会带来考核的不公正，伤害工作关系，伤害下属的工作热情。

实施时限性要求：目标设置要具有时间限制，根据工作任务的权重、事情的轻重缓急，拟定出完成目标项目的时间要求，定期检查项目的完成进度，及时掌握项目进展的变化情况，以方便对下属进行及时的工作指导，以及根据工作计划的异常和变化情况及时地调整工作计划。

总之，无论是制定团队的工作目标，还是制定员工的绩效目标，都必须符合上述原则，五个原则缺一不可。

2. 部门指标设计原则二：部门的 KPI 指标不要超过 6 个

KPI 是关键绩效指标的意思，所谓关键就是找出值得投入时间与精力去管控的关键点。管理活动一定是符合二八定律的,抓住关键的 20% 的活动,就可以完成 80% 的绩效贡献。同样,管理的目标有很多,需要依据当前的管理瓶颈来设计出关键的目标。一般情况下,建议 KPI 的设立不要超过 6 个,这样能够使得管理更加聚焦。同时,KPI 并不是设定出来后一年都不能更改,应随着公司管理重点与管理水平的变化,需要在每季度或半年的周期内重新评估,优化对应的指标或指标的目标值。

案例 生产部门目标设计

本案例的背景是一家做化妆品包材容器的企业,分别有注塑车间与组装车间。在绩效目标管理导入前,面临着以下几个问题:

1)企业高管缺乏目标管理意识,基本靠事后的异常管理,内部的中基层人员每天都面临着巨大的压力。同时,中基层管理人员流失率高,团队不稳定。

2)每次管理例会几乎都是各部门之间的争吵,会议时间长且没有成效。

3)因现场异常多且长期未能有效解决,企业长期面临多次的客诉赔偿,导致品管部负责人频繁更换,2 年内品管部门负责人更换多达 8 个人,最长任职期不超过半年。

在改善的前半年,利用初期绩效导入的方法,使得各个部门明确了相关的责任,在异常发生时能够快速判定异常责任部门,有效推动问题的解决。同时,一线主管的管理能力得到了系统的训练,使得各种管理的措施有效地落实到每一个班组。为了更好地巩固该阶段的成果,后半年的主题为导入绩效目标管理。该阶段的目标是提升目标达成的意识,具体内容如下:

1)形成目标定义表对各指标进行管理。

2)只做目标管理,不做目标考核,暂未设定绩效奖金。

3)在目标未达标时,需要有明确的原因分析与可落实的改善措施。

4)连续三个月达标职位晋升,连续三个月不达标职位降级。

生产部门目标定义表见表 3-9。

表 3-9 生产部目标定义表

部门	车间	指标	单位	统计部门	统计人员	统计频率	计算方法	统计方法
生产部	注塑车间	注塑设备 OEE	%	PMC	生产文员	每日汇总	成型周期 × 良品数 / 计划开机时间	由生产统计生产日报表，由 PMC 汇总发出
		检验合格率	%	品质部	生产文员	每日汇总	抽检合格批数 / 抽检总批数	由品质 IPQC 汇总统计及发出
		损耗金额	元	PMC、仓库	生产文员	每周汇总	内部异常责任工时 ×25+ 补料金额 + 报废金额	由 PMC、仓库汇总及发出
		生产计划达成率	%	PMC	生产文员	每日汇总	实际生产数 / 计划生产数	由生产统计生产日报表，由 PMC 汇总发出
	组装车间	生产效率	%	PMC	生产文员	每日汇总	需求工时 / （实际工时 – 外部异常工时）	由生产统计生产日报表，由 PMC 汇总发出
		检验合格率	%	品质部	生产文员	每日汇总	抽检合格批数 / 抽检总批数	由品质 IPQC 汇总统计及发出
		损耗金额	元	PMC、仓库	生产文员	每周汇总	内部异常责任工时 ×25+ 补料金额 + 报废金额	由 PMC、仓库汇总及发出
		生产计划达成率	%	PMC	生产文员	每日汇总	实际生产数 / 计划生产数	由生产统计生产日报表，由 PMC 汇总发出
红线指标		客户投诉次数	次				客户投诉超过 2 次，当月绩效考核得分为 0	
		安全事故次数	次				当月发生重大安全事故，事故损失金额大于 10000 元时，当月绩效考核得分为 0	

案例说明：

1）车间的关键绩效指标选择了效率、品质、成本与交期这 4 个指标作为管理目标。

2）绩效数据的统计均由非生产部门汇总发出，使得数据更加客观真实。

3）统计频率按日、周的频次统计，使得指标的达成状态能够更及时地管控。

4）以设备生产为主的注塑车间使用设备综合效率 OEE 作为目标，以人员作业为主的组装车间使用基于标准工时的 OPE 作为目标，使得指标更加符合现场的管理方向。

5）设定以客户投诉次数、安全事故次数作为红线指标，作为综合管控目标。

三、第三步：建立绩效数据体系

绩效数据体系离不开每天的及时记录，对于生产班组来说，常用的数据收集报表见表3-10，分成每日数据报表与每月数据报表两种。

表3-10 每日数据报表与每月数据报表示例

每日数据报表	每月数据报表
生产日报表	设备故障记录
员工出勤记录	5S巡视记录表
早会记录表	质量异常跟踪表
设备点检表	异常补料汇总表
（超损）领料单	员工训练计划表
工序流转卡	员工考勤月报表
交接记录表	每月报废汇总表
日计划信息确认表	异常工时汇总表

数据报表可用于衡量绩效目标的完成情况。如果从数据报表中可直接反映出绩效目标的达成情况，那就能够很好地培养一线主管良好的目标管理意识。以下通过生产日报表改善的案例进行说明。

案例 生产日报表改善

这是一家生产电器产品电机的企业，生产日报表的数据是生产班组绩效数据的主要来源，生产日报表工作是班组建设中的重要环节。咨询顾问与生产数据记录人员、生产数据录入人员、生产数据的使用人员进行沟通与访谈，改善前的现状如下：

1）生产日报表数据填写不规范：生产班别、生产异常、工装编号、应到人数、客户名称都是空白的，未填写。

2）缺乏生产日计划：生产日计划排产仅仅到车间，未细分到班组，班组每日产量自己安排，每天生产量就等于日计划数。

3）生产日报表提交不及时：按要求为第二天上午10点提交，经常性地拖到下午才提交。

4）生产日报表未能体现绩效目标：缺失日计划完成率、良品率、生产效率等数据。

5）一线主管不清楚效率的计算方法：不清楚生产效率的计算方式，因为每款产品的投入工时未做记录，当前报表的数据也无法体现生产效率。

改善前生产日报表见表3-11。

表3-11 改善前生产日报表

生产日报表（流水线）

生产日期	2020-03-05		工序名称	成品定子	生产班组	13#	生产班别		
序号	日工单号	客户名称	产品名称	计划数	良品数	工装编号	生产异常		
							换线时间	设备停机	欠料时间
	387		11-551	448	448				
	261		12-619	480	480				
	362		12-620	450	450				
班组人员变动	应到人数			实到人数	22人		异动人数		
	姓名			变动说明					

（1）改善目标

生产基础数据不全面、准确，科学化的生产管理就无从说起，针对生产日报表改善的规划如下：

1）目标：
- 输出科学的生产效率。
- 简化及规范一线主管的报表填写。
- 提升一线主管的生产效率意识。

2）过程：
- 生产日报表重新制定。
- 利用日计划协调会提前一天确认第二天的生产日计划。
- 一线主管填写训练及跟进。
- 统计并修正标准工时及标准产能。
- 电子日报表填写规范（文员）。

3）输出：
- 新生产日报表。
- 班组生产日计划。

改善后的生产日报表见表3-12。

(2) 优化后的报表说明

1）导入生产计划，每天在生产前明确当天的生产日计划数。

2）增加生产效率、计划达成率管理目标展示。

3）训练并跟进一线主管填写生产日报表的各项内容。

4）取消工装编号内容。

5）增加生产日报表填写管理规定"标准、制约、责任"。

(3) 改善效果

通过一段时间的训练，一线主管逐渐地形成效率管控的意识。在接收到订单后，一线主管就开始认真地按标准工时来计算完成该订单所需要的人数与投入工时，作业的瓶颈在哪个岗位，在人员、设备、材料方面提前做好问题的排产等。通过每周的效率检讨与PK，很多一线主管主动地提出并落实人员减少方案。

表 3-12 改善后生产日报表

日期：2020-04-10　　　电机　车间 生产日报表
班组长：鲁×× 　　产线：13#

应到人数	15	总出勤工时/h	165	总生产效率		91%		车间主管签字确认	
实到人数	15	总产出工时/h	150	计划达成率		100%			
客户	工程	产品型号	订单编号	计划生产数量（个）	良品入库数（个）	投入人数	开始时间	结束时间	标准UPPH	投入时间/h	不良品数量（个）	计划达成率	生产效率
1	定子	1106	69708-112	500	500	15	8：00	10：00	16.6	30	10	100%	100%
2	定子	1106	69708-113	500	500	15	10：00	12：00	16.6	30	5	100%	100%
3	定子	1108	69708-114	1800	1800	15	13：00	21：00	20	105	15	100%	86%
4													
5													
6													

生产异常明细记录

序号	损失类型	影响工序	开始时间	结束时间	影响人数	总影响时间/h	责任部门	具体问题描述
1	设备故障	绕线	15：00	16：00	10	10	设备	绕线偏位，持续调机1h
2								
3								

标准	1. 此表由车间班组长填写，车间主管负责审核 2. 此表在每天9:00前必须上交至计划物控部文员处	责任	1. 各车间按规定要求填写，扣绩效1分/次 2. 各车间未按规定时间上交，扣绩效1分/次
制约	1. 计划物控部对各车间是否按规定填写进行检查 2. 计划物控部对各车间是否在规定时间内上交日报表进行检查		

四、第四步：维持活动、改善活动与人才培养

就如何达成目标的行动分解，通常可借助"目标行动关联表"来完成，具体实施开展可参考表3-13。

表3-13 目标行动关联表

目的	管理目标	活动内容		活动目标	活动手段
P（生产效率）：以最小的投入完成生产任务，提升员工收入 Q（生产质量）：不制造、不流出不良品，制造优质的产品 C（生产成本）：减少生产过程中的物料与能源浪费 D（生产交期）：按时完成生产任务 S（生产安全）：生产过程中无工伤 M（员工士气）：创造职工满意的现场与团队	生产效率＞95% 每天工单关闭率≥95% 各点直通率≥95% 返工单数≤4批/月 监控5S、员工多能化	日常管理	班后会、产前确认、遗漏问题	首小时产能提高	产前排查表
			班前会、员工士气与宣导		早会记录表
			首小时跟踪、保证关键产出		首小时产能表
			现场巡线变化点管理	制造品质管控	现场巡视表
			关键管控点、确认品质		
			产线切换准备与安排	切换时间缩短	切换流程标准书
			现场物料管控	及时关单	订单物料平衡表
			生产日计划协调	日计划达成率提升	生产进度表
			设备点检与维保	减少设备停机故障	设备维保基准书
			报表填写与每日总结	问题跟踪与关闭	生产日报表
		异常管理	现场确认问题记录处理	异常快速处理、防止再发措施	QRQC
			通知相关人员处理、上报		
		改善活动	改善提案（现场浪费识别）	瓶颈工序改善、生产效率提升	创意工夫活动、QCC改善活动
			改善课题（问题解决与改善）	减少返工	
		人才育成	产线多能工实施	员工多能化	工作指导（JT）训练预定计划表
			新工作指导		
			储备人员培养		

为方便大家更好地组织内部填写，以下重点说明表格填写的注意事项：

1）目的列填写时需要注意转化成员工的角度来填写，并转化成员工方便理解的语言。

2）管理目标列填写时注意按班组建设的实际水平来填写。如果刚刚导入，则可以像上面的案例一样将指标集中在一个表中完成。如果班组建设水平较高，可以学习像丰田一样，一种指标填写一个表，这样各项指标所对应的行动就会非常明确。

3）活动内容列填写时注意按日常管理、异常管理、改善活动、人才育成四个方面进行拆解填写，填写时需要紧密地结合班组管理一天的各项内容来进行。

4）活动目标列填写时注意与前面目标的关联。

5）活动手段列填写时注意每项活动均要有具体的输出与证明，建议填写对应活动的表单，这样能够使各项管理活动变得可追溯与落地。

当清楚了部门目标与关键行动分解之后，为了更好地推进目标的达成，通常在落地推进时会重点推进以下两个动作：绩效目标考核表，部门每月复盘总结报告。以下针对两个推进动作进行展开说明。

五、应用一：绩效目标考核表

绩效考核是企业管理中非常重要的一环，它可以帮助企业评估员工的工作表现，提高员工的工作效率和工作质量，从而提高企业的整体绩效。为了实现有效的绩效考核，企业需要制定明确的实施方案。通常来说，绩效考核是由以下六个部分组成的。

1. 确定考核指标

企业需要根据自身的业务特点和目标，确定适合自己的考核指标。考核指标应该具有可衡量性、可比性和可操作性，同时要与企业的战略目标相一致。常见的考核指标包括工作量、工作质量、工作效率、团队合作等。

2. 制定考核标准

考核标准是衡量员工绩效的依据，它应该具有客观性、公正性和可操作性。企业可以根据考核指标制定相应的考核标准，例如，工作量可以根据完成任务的数量来衡量，工作质量可以根据完成任务的质量来衡量。

3. 确定考核周期

考核周期是指企业对员工进行绩效考核的时间间隔，一般为半年或一年。企业需要根据自身的业务特点和目标，确定适合自己的考核周期。考核周期过短容易造成员工压力过大，考核周期过长则难以及时发现问题。

4. 建立考核档案

企业需要建立员工的绩效考核档案，记录员工的工作表现、考核结果和奖惩情况等信息。考核档案应该具有保密性和可追溯性，以便企业在后续的管理中参考。

5. 制定奖惩措施

企业需要根据员工的绩效考核结果，制定相应的奖惩措施。奖励可以是薪资调整、晋升、表彰等，惩罚可以是警告、降薪、降职等。奖惩措施应该公正、合理、透明，以激励员工积极工作。

6. 定期评估和调整

企业需要定期对绩效考核方案进行评估和调整，以确保其有效性和适应性。评估和调整应该根据企业的业务特点和目标，以及员工的反馈意见进行。同时，企业需要及时对考核方案进行宣传和培训，以提高员工的认识和理解。

绩效考核表作为核心内容，需要根据考核指标和考核标准，制定相应的考核表格，包括考核指标、得分标准、权重、评分等。以下以"个人绩效考核表"的具体实施案例来说明，见表3-14。

六、应用二：部门每月复盘总结报告

每月工作复盘总结是一种重要的工作习惯，可以帮助你更好地了解自己的工作表现，发现问题并及时改进。以下步骤可以作为每月工作复盘总结参考：

表3-14 个人绩效考核表示例

个人绩效考核表

姓名：赵×		部门：装配部		岗位：副组长		职等：七等01		月份	5月

一、个人绩效考核指标

序号	项目名称	项目界定	计算公式	数据来源	考核周期	评核部门	绩效目标	配分	评分规则	实绩	得分
1	准时交货率	根据计划订单交货票数与实际完成订单的交货票数确定达成的交货率	交货票数/本月应交货票数×100%	15-2017-01月-月度产值达成统计表	月	业务部	92%	30	±1%为2分，最高40分	90.0%	26.0
2	批次合格率	在品检部门检出的因生产原因因产生的不良批次	合格批次/当月订单总批次×100%	16-2017-01月-品质月汇总表	月	品管部	96%	20	±1%为1分，最高25分	98.0%	22.0
3	OPE标准产能达成率	标准需求工时与在扣除其他部门导致的异工时后的比值	Σ产量×ST/(投入人工时－其他部门导致的异常工时)	25-2017-01月-产能统计汇总表	月	生管部	95%	20	±1%为1分，最高25分	90.0%	15.0
4	转正作业工流失率	转正作业工后，离职、辞退等造成的流失人数，与单月作业工总人数的比值	当月的正式员工流失员工数/当月人数总数×100%	02-2017-01月-人资月报分析表	月	人力行政部	10%	15	±1%为1.5分，最高21分	8.0%	18.0
5	异常责任次数	由生产部部责任原因引起的异常次数	异常次数	14-2017-01月异常处理统计表	月	品管部	0	15	每增加1单扣3分	1	12.0
汇总合计											93.00
个人绩效考核得分								93.00分×权重80%=74.4			

225

(续)

二、定性绩效考核指标

定性指标		满分	评分标准				自评	上司评分
定性KPI评价100分	团队合作	15分	积极合作：12~15分	参与合作：7~11分	抵触合作：1~6分	不合作：0分	15	15
	沟通能力	12分	沟通高效：10~12分	沟通顺畅：6~9分	沟通困难：1~5分	不沟通：0分	10	9
	计划能力	5分	计划合理：5分	计划有效：3~4分	计划错误：1~2分	无计划：0分	5	4
	专业技能	10分	精通熟练：8~10分	基本操作：5~7分	部分熟悉：1~4分	无经验：0分	10	9
	上进心	10分	优秀：8~10分	良好：5~7分	一般：1~4分	无：0分	8	7
	责任心	18分	强：14~18分	一般：8~13分	弱：1~7分	无：0分	18	14
	解决问题	10分	解决到位：8~10分	解决较好：5~7分	解决不好：1~4分	没有解决：0分	8	7
	执行力	20分	优秀：18~20分	良好：10~17分	一般：1~9分	无：0分	18	18
合计：							92	83
定性绩效考核得分								92
总考评绩效考核得分		83分 × 权重20%=17.5						

"个人绩效考评表"说明：

1) 绩效考评分的构成：总考评得分＝个人绩效考核得分 × 80%＋定性绩效考核得分 × 20%。
2) 绩效评分的应用：岗位评动绩效奖金 × 总考评得分。

1）回顾本月的工作计划和目标，检查是否完成了所有的任务和目标。

2）分析本月的工作成果和表现，包括完成的任务数量、质量、效率等方面。

3）总结本月的工作亮点和成功经验，包括自己的优点和优势，以及取得的成就和进步。

4）分析本月的工作不足和问题，包括自己的缺点和不足，以及需要改进的方面和问题。

5）制订下月的工作计划和目标，包括具体的任务和目标，以及实现这些目标的具体措施和方法。

6）总结本月的工作经验和教训，包括自己的收获和感悟，以及需要改进的方面和方法。

7）反思自己的工作态度和方法，包括自己的工作习惯、沟通能力、团队合作等方面，以及需要改进的方面和方法。

8）汇报工作总结和计划，包括向上级领导、同事和团队成员汇报自己的工作总结和计划，以便得到反馈和支持。

9）提出相关资源配合，因部分工作目标或重点工作课题需要借助公司或其他部门的资源才能完成，所以有必要在总结报告中明确提出需要哪些资源来完成哪些具体的任务，什么时候需要该资源，由谁来提供等。

以下以一家化妆品生产公司的生产部门为案例，讲解部门每月复盘总结报告的要点，具体内容与要点说明见表 3-15。

表 3-15　部门每月复盘总结报告示例

序号	图示	案例要点说明
1	2022年11月份总结报告 制造中心　××× 2022-12	1）格式内容与公司样式一致 2）需要填写部门与月份

（续）

序号	图示	案例要点说明
2		1）用一句话来总结部门的使命或定位 2）利用目标地图来展示部门目标与公司目标的关联，左图填写的内容就是制造中心需要负责的目标
3	**总结目录** 一、本月管理目标达成结果 二、11月重点事项完成进展 三、开展亮点及不足检讨 四、下月重点工作计划 五、需要其他部门协同事项	1）前两项主要针对目标与计划的达成情况进行复盘 2）第三项是站在高层的角度来分享成功经验与失败教训 3）第四项是为了更好地达成目标需要做的月度工作重点 4）第五项是为了完成重点课题而提出相关的资源需求
4	一、本月管理目标达成结果 	序号	指标	目标	本月实绩	状态
---	---	---	---	---
1	订单交货准时率	≥90%/月	98.04%	达成
2	客户投诉	≤2次/月	0次	达成
3	成品入库批次合格率	≥99%/月	99.6%	达成
4	制程巡检抽检合格率	≥98%/月	99.7%	达成
5	生产异常金额	≤1万元/月	11231元	未达成
6	账物卡一致率	≥98%/月	97.8%	未达成
7	员工流失率	≤15%/月	3.2%	达成
8	标准产能达成率	≥98%/月	102%	达成
9	制造类改善提案件数	8件/月	7件	未达成
10	部门改善课题	2件/季度	2件	达成		1）用一页纸概括本月各项管理目标的达成情况 2）目标达成时用绿色，不需要分析与检讨 3）目标未达成时用红色，需要进行客观的未达成目标分析，并提出达成目标的解决方案

(续)

序号	图示	案例要点说明
5	**每月订单准时交货率推移图** | 月份	1月	2月	3月	4月	5月	6月	7月	8月	9月	10月	11月	12月
---	---	---	---	---	---	---	---	---	---	---	---	---
订单准时交货率	95%	95.8%	91%	97%	100%	97%	92%	90.6%	99.4%	98.7%	98%	
目标	≥90%	≥90%	≥90%	≥90%	≥90%	≥90%	≥90%	≥90%	≥90%	≥90%	≥90%	≥90% | 准时交货率折线图(1月-12月)	1)展示每月目标达成的结果 2)图示中需要有明确的目标数据 3)指标达成则不需要进行分析与检讨
6	**生产异常金额** | 月份	1月	2月	3月	4月	5月	6月	7月	8月	9月	10月	11月	12月
---	---	---	---	---	---	---	---	---	---	---	---	---
生产异常金额(元)	4328	2560	6785	4984	6743	7800	9876	7765	8876	9879	11231	
目标	10000	10000	10000	10000	10000	10000	10000	10000	10000	10000	10000	10000 | 每月异常金额推移图(柱状图)	1)指标未达成需要有指标未达成分析与改进方案 2)如果管理目标连续3个月未达成,则需要形成管理改善课题进行专案改善
7	**生产异常金额检讨(制造责任导致)** 	序号	异常属性	异常描述	异常金额	原因分析	改进措施
---	---	---	---	---	---
1	异常补料	A11产品不良返工,需补料盘1000个	900元	产品作业过程中有色差未能及时检出	导入调色柜与标准色样,在换批次时进行色差对比,一致后再生产
2	异常补料	C64在运输过程中落地产品变形,需要补包材300个	660元	车间地面不平整,运输通道变窄,运输时碰撞到地卡板导致掉落	及时修补地面并对物料员进行搬运宣导
3	异常补工时	A车间4名员工跨车间调岗,技能不熟练,对员工进行补工时,共100h	700元	因订单不均衡,A车间员工有闲余,B车间员工不足	跨车间调岗会长期存在,按新员工标准进行补工时
4					
5							对发生问题的异常进行现场原因分析,对影响的结果进行量化,提出有效的改进措施

229

（续）

序号	图示						案例要点说明
8	二、11月重点事项完成进展						对本月计划需要完成的事项进行汇报，需要有明确的交付物以证明任务的完成情况
	序号	具体内容	责任人	完成日期	交付物	状态	
	1	统筹安排及完成11月份订单		2022-11-30	EG 6个柜，金品汇89万，其他客户订单若干	完成	
	2	制造中心周例会		每周一15：30	4次周总结记录	完成	
	3	产销会		每天15：30	3次订单汇总周记录	完成	
	4	计划与推进完成12月份生产任务的相关措施		2022-11-30	生产计划	完成	
	5	协助完善膏霜批记录的追溯要求		本月	课题总结	完成	
	6	新厂房车间布局规划		持续	图纸	实施	
9	三、开展亮点及不足检讨						1）分享值得推广的工作亮点 2）分享让大家关注的失败教训
	序号	类别	事项	内容		备注	
	1	亮点	改善活动导入	对膏霜车间的现场浪费组织生产、PMC、工程、品管进行一次现场寻宝活动，输出10个改善提案			
	2	不足	无				
10	四、下月重点工作计划						1）提出下月的工作重点 2）每项工作都需要有明确的完成时间与交付物 3）日常管理工作无须展示 4）目标不达成的改善措施需要体现在下月的工作重点中
	序号	具体内容	责任人	完成日期	交付物	相关说明（完成任务所需资源）		
	1	统筹安排及完成本月生产订单需求以及1月份的订单安排	×××	12月	订单准时交货率	本月各单元订单需求： 1. EG 9个柜 2. DSS 1个柜 3. 金品汇108万 4. 其他订单若干 5. 生产要素：压粉模具；粉盒，压粉布，人员的调配	
	2	呆滞料管控改善课题推进	课题小组成员	12月	呆滞料管控办法	对课题的亮点进行总结并提炼成呆滞料管控办法，使得措施标准化	
	3	×××	×××	×××	×××	××××	
11	五、需要其他部门协同事项						明确说明相关资源协助
	序号	具体内容	需求说明	协同部门		需求完成日期	
	1	无					
	2						
	3						
	4						

第六节
精益班组建设第二阶段总结

在班组建设的第一阶段，主要是对班组管理技能进行训练与提升；在班组建设的第二阶段，主要是围绕着将班组管理技能兑现成绩效提升的管理意识。从管理技能提升到管理绩效提升，过程中需要完成一系列的班组基础建设，如部门的使命、目标、职责、分工、流程等，然后再通过班组的日常管理、异常管理、改善活动、人才育成四个维度来支撑班组目标的达成。在推进第二阶段时，有以下四个推进经验给大家分享：

1）班组管理目标设定后，每天各项绩效目标的达成结果以看板的形式展示到现场，营造一种目标达成的紧张感。
2）部门的中高层与班组推进负责人需要定期地在现场与一线主管共同检讨指标未达成的原因，引导一线主管做出正确的改善行动。
3）在刚开始导入目标管理时，更多的是以目标达成激励为主，减少因目标未达成对一线主管的处罚或考核。
4）充分鼓励一线主管针对班组管理的目标或各种异常问题进行类似QCC的团队改善活动，并定期进行总结与发表。

在本阶段中，结合第一阶段的管理技能提升，可参考表3-16开展相关的QCC改善主题。

表 3-16 班组常见 QCC 改善主题

序号	相关技能	相关 QCC 改善主题
1	产前准备、班组早会	提升首小时产能 提升日计划达成率
2	现场动作改善	产线平衡率改善 提升作业效率
3	员工工作指导	缩短新员工熟练周期 降低产品操作不良
4	员工领导的技能	降低员工流失率 提升员工改善提案参与率
5	现场巡视、QRQC	提升异常问题的关闭率 提升现场安全隐患的整改率 减少异常物料损耗
6	生产进度管理、产线切换	缩短产线切换时间
7	现场 5S、设备管理	降低设备产出不良 降低设备停机时间

第四章
第三阶段：构建持续改善的精益班组文化

在精益班组三阶段动态建设中，第一阶段是让班组具备了完成日常管理所需要的技能训练与提升，第二阶段是让班组将管理技能兑现成绩效提升的管理意识，第三阶段则是让班组植入持续改善的精益班组文化，让班组越管越轻松，同时让班组涌现更多适合企业的管理人才，形成自主管理的学习型班组。

植入持续改善的精益班组文化的重要性，华为任正非先生做出了最高的评价："资源是会枯竭的，唯有文化才会生生不息。华为没有可以依存的自然资源，唯有在人的头脑中挖掘出大油田、大森林、大煤矿……。"通过为班组植入持续改善的班组文化，就相当于开拓了一个无限大的资源，能为企业创造无限的可能。

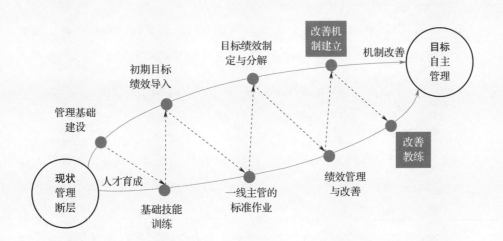

第一节
如何建立全员改善机制

一、全员改善机制的重要性

全员改善机制是指企业或组织中所有成员都参与到改善工作中，共同推动企业或组织的发展和进步的一种管理机制。它强调每个人都是改善的主体，每个人都有改善的责任和义务，通过全员参与，不断发掘问题和改进机会，实现企业或组织的可持续发展。全员改善机制的重要性在于：

1）提高员工参与度：全员参与改善工作，可以激发员工的积极性和创造力，提高员工的参与度和归属感。

2）发掘问题和机会：通过全员参与，可以发掘更多的问题和机会，及时解决问题，提高效率和质量，同时也可以发现新的机会，推动企业或组织的创新和发展。

3）增强团队合作：全员参与改善工作，可以增强团队合作和沟通，促进团队的协作和共同进步。

4）为企业识别优秀的一线、二线主管：优秀的管理者总能够整合资源，让现有的资源价值最大化，能够利用好改善机制推动全员改善的管理者都是优秀的管理人员。

5）提高企业或组织的竞争力：通过全员改善机制，可以不断提高企业或组织的效率和质量，提高竞争力，实现可持续发展。

因此，全员改善机制是企业或组织管理中的重要一环，可以促进企业或组织的发展和进步，提高员工的参与度和归属感，增强团队合作，提高企业或组织的竞争力。

二、建立全员改善机制的步骤

通常，要建立全员改善机制需要有以下几个步骤：

1) 明确目标：在建立全员改善机制之前，需要明确改善机制的目标和意义，以及改善的范围和重点。这有助于员工了解改善机制的意义和目的，从而更加积极地参与改善活动。

2) 制定规章制度：建立全员改善机制需要制定相应的规章制度，明确改善提案的流程、评审标准、奖励机制等。规章制度的制定需要考虑企业的实际情况和员工的需求，以便更好地推动改善活动的开展。

3) 培训员工：在建立全员改善机制之前，需要对员工进行培训，让他们了解改善机制的目的和意义，掌握改善提案的方法和技能。这有助于员工更好地理解改善机制，提高改善提案的质量和效果。

4) 设立改善小组：建立全员改善机制需要设立改善小组，负责收集、评审和实施改善提案。改善小组的设立有助于员工更好地参与改善活动，提高改善提案的质量和效果。

5) 开展改善活动：建立全员改善机制后，需要开展改善活动，鼓励员工提出改善提案；组织改善小组对提案进行评审和实施。改善活动的开展有助于激发员工的积极性和创造力，推动企业不断发展和进步。

6) 评估改善效果：在改善活动的实施过程中，需要对改善提案的实施效果进行评估，及时反馈给员工，鼓励他们继续参与改善活动。评估改善效果有助于提高改善提案的质量和效果，推动企业不断发展和进步。

7) 奖励优秀员工：对于提出优秀改善提案的员工，给予适当的奖励和表彰，激发员工的积极性和创造力。奖励优秀员工有助于激励员工更加积极地参与改善活动，推动企业不断发展和进步。

8）持续改进：建立全员改善机制后，需要不断评估和改进改善机制，使其能够适应企业的发展和变化，实现持续改进的目标。持续改进有助于推动企业不断发展和进步，提高企业的竞争力和创新能力。

9）建立改善提案库：将所有的改善提案记录在改善提案库中，方便员工查阅和借鉴，避免重复提出相似的提案。建立改善提案库有助于提高改善提案的质量和效果，推动企业不断发展和进步。

10）定期汇报改善成果：定期向企业领导和员工汇报改善成果，让员工了解改善的效果和意义，激发员工的参与热情。定期汇报改善成果有助于提高员工的参与度和积极性，推动企业不断发展和进步。

11）建立改善文化：通过全员改善机制的建立和实施，逐渐形成改善文化，让员工养成持续改进的习惯和思维方式，推动企业不断发展和进步。建立改善文化有助于提高企业的竞争力和创新能力，推动企业不断发展和进步。

12）加强沟通和协作：在全员改善机制的实施过程中，加强员工之间的沟通和协作，促进团队合作和共同进步，实现企业和员工的共赢。加强沟通和协作有助于提高员工的参与度和积极性，推动企业不断发展和进步。

在理解了全员改善机制的重点性与建立步骤后，就需要推进全员改善机制的落地。唯有全员改善机制变成全员达成共识并实施时，才能形成全员持续改善的班组文化，最终打造自主管理的学习型班组。

三、要点一：对改善的定义达成共识

在学习之前，大家对改善的认知也许各不相同，此时就需要对什么是改善达成共识。这是推进改善非常重要的一个环节，否则在后期一定会有各种各样的声音在"评价"改善活动，从而又会花很多的时间讨论怎样才算"改善"。

以下是一个互动，请大家一起来思考，到底哪个动作才算是改善？

情景：作为一个企业的后勤行政人员，在日常巡视中，看到了一个浪费，就是洗手间出来的水龙头坏了，正在不断地往地上滴水。大家看看，以下哪个动作属于改善？

1）拿个水桶将漏出来的水接起来。

2）拿个扳手去修理水龙头。

3）拿个新的水龙头进行更换。

4）分析水龙头为什么会坏，从而找到让水龙头不坏的解决方案。

有些人可能会认为四个选项都属于改善的范围，有些人则认为只有第四个选项才算改善。所以，有必要定义下什么才算是改善。

在我认为，1）、2）、3）属于纠正的范围，因为它只做到了恢复到应有的标准，而4）才算是改善，因为这是一种经过思考使现状变得更好的行动。具体来说，我认为纠正与改善的定义如下：

纠正：将不合理的流程与作业方法改正到标准的流程与作业方法。

改善：通过科学的方法改善到标准之上的活动，通常的改善内容有：

1）操作方法的改善，包含所有单工序作业（成型、上料、测试、包装等）、人机联合作业改善。

2）设备工装的导入与改造，如工装治具的导入、设备的维修保养方法改善、设备产能提升、结构改造等。

3）产品工艺改善，如针对瓶颈工序的改善，产线工艺流程的改善，产线平衡与布局优化。

4）成本的降低，原材料的利用提升或节省。

5）来料、制程、客诉等质量问题的改善，如直通率提升、制程不良降低、报废减少、检验人员减少等。

6）工作和事务的简化、防错化、可视化。

7）物料、仓储管理及运输搬运方法的改善。

8）闲置废料利用，原材料的节省及其他降低材料成本的改善。

9）工作安全与防止灾害危险的方法改善。

10）工作环境与卫生的改善。

通常改善会分成两种派别，分别为欧美式的突破创新改善，日本式的渐进改善。

我曾在美资、日资负责推进改善，我认为日本式的渐进改善更能够促进全员的参与改善。

四、要点二：要区分不同层级人员的改善重点

所谓的全员改善，就是企业中每个层级，每个职能部门都需要参与到改善的工作中。那么，针对企业的不同层级的管理人员，其改善的侧重点应该要有所不同，如图4-1所示。

图4-1　不同层级人员改善的侧重点

1）企业的高层：如总监、副总、总经理等，改善的方向更多需要侧重于企业长远的未来战略重点来形成变革项目，如组织结构变革、企业文化变革等。

2）企业的中层：如部门经理、主管等，改善的方向更多需要侧重于企业年度目标的达成来形成跨部门的改善课题。

3）企业的中基层：如车间主任、一线主管等，改善的方向更多需要侧重于日常管理中经常发生的问题来形成部门内部的QCC改善活动。

4）企业的职员：如文员、操作工、技术工、工程师等，改善的方向更多侧重于让自己的工作变得更加高效、更安全、更科学来形成自己可完成的提案改善活动。

特别说明：在无指定改善教练时，每个层别的上司就是该层别人员的改善教练。

五、要点三：明确推进组织与职责

以下是依据制造企业的常见组织架构而设立的改善推进组织案例，如图4-2所示。

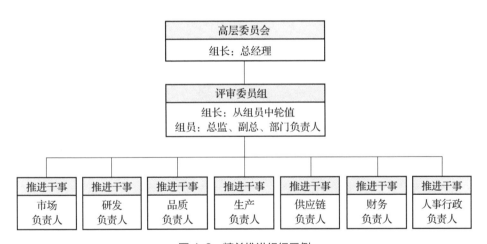

图4-2 精益推进组织示例

推进组织各成员的分工职责如下：

（1）高层委员会组长

1）参与优秀改善提案、课题的评审与奖金评定。

2）明确各部门每季度的改善目标与方向。

3）批准改善奖金的申请。

（2）评审委员组组员

1）对改善提案、课题进行评比打分与奖金评定。

2）参与相关的改善培训并完成培训后的任务。

3）对公司的改善氛围与制度提出优化建议。

4）按季度轮流担任精益推进委员会组长。

（3）评审委员组轮值组长

1）发起并主持每月的精益推进总结会，整理会议资料。

2）提前3天收集完各部门需要汇报的提案与课题资料，并在精益月总结会中以主持人的身份进行各部门的改善进展汇总。

3）对课题改善数据的真实性与有效性进行确认。

4）对改善课题的立项注册进行评审。

5）提前一周准备好需要现场颁发的奖金与奖品。

6）按改善课题评价标准对当月申请结案的改善课题进行验收评价，并组织评委进行现场评分，依据评分结果向组长提出奖金申请，由组长在次月向课题小组现场表彰。

7）组织评审对改善提案进行现场评定，进行现场评分与奖励。

8）对改善课题的全过程进行跟进，收集立项报告、每月计划、结案总结等资料。

9）组织推进委员会成员对课题进行验收与评分，并提交给高层委员组长审批。

10）精益组长轮值周期为一个季度。

11）对被评为优秀的改善课题与提案的持续性在每季度进行一次抽查。

12）监督并推进优秀改善的横向推广。

13）一线主管改善技能的培训与改善教练认证。

（4）推进干事

1）辅导部门完成部门改善目标。

2）辅导内部完成改善提案表的填写。

3）辅导内部完成改善课题注册表的填写。

4）定期跟踪内部的改善课题进展，保证按时保质完成课题目标。

5）对不合格的改善需要辅导至合格。

六、要点四：明确提案改善与课题改善的实施流程

改善活动主要由提案改善与课题改善组成，提案改善更多是部门内可独立完成的单点改善，通常以利己为出发点；课题改善更多是需要跨部门完成的系统改善，通常以部门目标达成为出发点。常见的提案改善与课题改善流程示例见表4-1、表4-2。

表4-1 提案改善流程示例

序号	步骤	负责人	管理要求与具体内容	相关表单
1	提案选定	改善负责人	在自己的工作范围内选取自己有能力改善的对象，让工作更高效、安全、舒适、合理等方面的改善，在有能力之余推进更高效率、更安全、更节约的现场改善	无
2	提案改善	改善负责人	提出自己的改善想法，利用相关区域的推进干事的资源共同完成改善的实施（一线主管需要改善教练的身份引导员工做改善）	无
3	资料整理	改善负责人	收集改善前后的对比图片以及相关的改善成果数据并填写改善提案资料，最终由推进干事发送给评审委员组组长并汇总	改善提案PPT
4	提案发表	改善负责人	提案发表人在精益月度例会平台上发表改善案例，在发表时充分突出问题的解决程度、改善内容的可复制性、改善投入金额的大小、改善的创新等几个维度，真实客观地展现改善成果	改善提案PPT
5	提案评分	改善委员会	评审委员组的评委需要在提案改善负责人发表的过程中按评分标准进行评分。评分结果在剔除异常值后取平均分，前6名将会作为改善提案的激励对象	改善提案评分表
6	提案奖励	推进组长	评审委员组组长需要在会前向高层委员会组长与财务准备好前6名人员的相关奖金与奖品，并指定推进干事对提案负责人进行现场表彰	改善提案评分表

（续）

序号	步骤	负责人	管理要求与具体内容	相关表单
7	改善跟踪	推进组长	评审委员组组长需要在任职期间的一个季度里，对曾经获得第一与第二名的提案是否在持续落实进行确认并向高层委员会组长汇报，同时在精益例会中展示跟踪结果	优秀改善提案持续跟进表

表4-2 课题改善流程示例

序号	步骤	负责人	管理要求与具体内容	相关表单
1	课题选定	课题负责人	课题开展时优先选择在3个月内能够解决的问题，主要的课题来源参考以下5种： 1）部门内一直未完成的指标 2）高层委员会组长指定的问题 3）其他部门多次提出但未解决的问题 4）需要进行跨部门解决的问题 5）经营月会中的重大问题	无
2	课题立项	课题负责人	课题负责人确认立项后填写课题立项表，并向推进组长申请与确认，最后由高层委员会组长批准。批准后需要进行课题小组首次碰头会，并进行合影	改善课题注册表
3	首月发表	课题负责人	课题负责人需要在当月的精益月度例会中进行"首月立项报告"汇报，汇报内容主要是课题的主题、成员、目标与关键措施、预计效果等	首月立项报告PPT
4	课题开展	课题负责人	课题负责人在课题开展期间在精益月度例会平台中需要向推进委员会成员对课题进展进行汇报，汇报内容主要是当月课题计划完成情况、亮点输出、资源需求与下月改进计划，发表时间控制在8min以内	月度开展总结
5	课题验收与发表	课题负责人	课题负责人在课题措施完成且达成课题目标后，需要向评审委员组组长提出课题结案验收，并提交"改善课题评分表"与"课题结案总结"报告，最后在月度精益例会中向大家分享改善成果	课题结案总结改善课题评分表
6	课题评价	评审委员组组长	评审委员组组长需要组织评委对结案的改善课题进行验收并按课题评分标准进行评价，必要时在发表前进行沟通确认，最后提交"改善课题评分表"给高层委员会组长，申请相关奖金激励	改善课题评分表
7	课题奖励与跟踪	评审委员组组长	评审委员组组长在下月的精益月度会议上对课题负责人进行激励兑现，同时将优秀课题列入后续课题持续实施的监控对象	优秀改善课题持续跟进表

七、要点五：持续不断地满足员工的精神需求

激励不是简单的口头鼓励，也不是无依据地发钱。激励是一种基于人性需求的满足机制。作业管理者，有必要对人的需求进行分析与研究，只有基于需求的满足，才能产生有效的激励。在这里，需要引用著名的马斯洛需求理论来进一步说明，如图 4-3 所示。

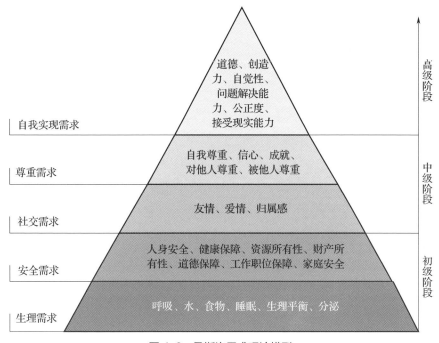

图 4-3　马斯洛需求理论模型

马斯洛需求理论认为，人类的需求可以分为五个层次，每个层次的需求都是按照优先级逐渐升高的。这五个层次分别是：

1）生理需求：包括食物、水、睡眠等基本的生存需求。

2）安全需求：包括安全的住所、稳定的工作、健康的身体等。

3）社交需求：包括与他人建立联系、获得认可和归属感等。

4）尊重需求：包括获得他人的尊重、自尊心的满足、成就感等。

5）自我实现需求：包括追求个人的潜能、实现自我价值、追求自我完善等。

马斯洛需求理论被广泛应用于管理学、市场营销、人力资源管理等领域。例如，在管理学中，企业可以通过满足员工的需求来提高员工的工作积极性和生产效率；在市场营销中，企业可以通过了解消费者的需求来设计更符合消费者需求的产品和服务；在人力资源管理中，企业可以通过提供培训和晋升机会来满足员工的尊重需求和自我实现需求，从而提高员工的忠诚度和工作表现。

简单来说，人的需求分成物质需求，这里对应的就是生理需求与安全需求，另外就是精神需求，这里对应的就是社交需求、尊重需求与自我实现需求。经过一段时间的实践研究发现，精神需求与物质需求有着此消彼长的关系（见图4-4）：

1）在精神需求不能满足的前提下，会放大对物质需求的行为。
2）在精神需求能够满足的前提下，会减少对物质需求的行为。

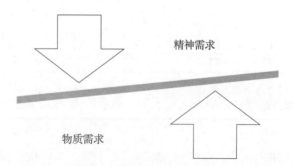

图4-4 精神需求与物质需求此消彼长的关系示意图

可以利用该关系来解释企业员工的两个行为：

1）斤斤计较的行为：让员工做一些额外的工作，员工会显得斤斤计较，这是因为这些员工觉得不再有上升的机会，所以就在物质需求层面中放大，表现出来的就是事事都需要用物质来驱动。

2）工资低却稳定的行为：有些公司的员工工资比周边的工厂并没有明显的优势，但这些员工却是很好管，也很稳定，这是因为这家工厂做了很多满足员工精神需求的政策。

利用这个原理，可以做到花最少的钱，却又让员工满意。这个动作就是需要管理者充分挖掘员工的精神需求，不断地放大与满足员工的精神需求。

以下这些活动都是满足员工在精神层面需求的活动，可以在班组中定期举办：

1）问候活动。

2）提案发表活动。

3）清扫工具开发PK展示。

4）员工技能比武活动。

5）轮值小组长。

6）轮值早会主持人。

7）员工按摩操。

8）才技大比拼活动。

9）爱心休息室装修。

10）员工生日活动。

因此，在做改善的激励时，建议按以下的激励原则来进行会更容易推进成功：

1）全员改善的首要目的是让全员参与，先建立改善氛围，其次才是企业效益。

2）物质奖励一定要有，前期以改善的数量为主，后期才以改善质量为评价标准。

3）精神奖励的效果远比物质奖励的效果要大且长远持久，要让员工享受改善的成果而不仅仅是为取得物质上的激励。

八、要点六：不设置改善专员要设置改善推进专员

改善专员的设定意味着将改善的结果指标全压在该专员身上，此时就很难激发员工识别改善机会、解决实际问题的意愿。所以，要设置改善推进专员来激发员工的改善智慧，我也将他称为改善教练，具体来说，改善推进专员的职责说明如下：

1）通过各类培训或沟通引导全员提出改善想法。
2）收集改善想法并跟进推动改善的实施，针对课题改善需要专门记录与跟进。
3）收集暂时未能实施或改善过程中暂停的项目。
4）对改善的效果进行现场评审确认并提出意见。
5）对改善课题进行中途确认与指导。
6）收集所有改善资料，并在每月、每季度策划改善分享活动，提升改善氛围。
7）推进需要横向展开的改善成果。
8）汇总每月的改善奖金并汇总提交给评审委员组组长审批并提交财务申请，最终跟踪改善奖金的发放并决定奖金发放时机。

改善推进专员可以是现场的班组长来担当，也可以是 IE 工作人员来担当。

九、IE 负责人的改善案例

案例 IE 负责人的改善

这是一家电子企业的改善流程案例，在流程改善前，IE 部门的负责人就跟我诉苦说，IE 部门每年的工作就像是在给自己挖坑，越挖越深，最终将自己深埋在坑里出不来了。当询问到具体遇到什么问题时，IE 部门负责人跟我

说这个越来越深的"坑"就是"年度改善效益"这个考核指标。每年的年度规划时，IE部门总会承担"改善效益"的年度目标。该目标的实现需要多部门共同配合才能完成，但很多时候各部门都会认为是IE部门的责任，导致IE部门没法取得相关部门的有效配合，最终只能靠导入自动化设备来完成改善的目标。由于自动化设备很多时候都属于非标设备，导入周期长且不稳定，再加上每年产品迭代速度越来越快，自动化改善所产生的效益越来越低。不到两年，因IE部门的绩效越来越糟糕，原来有10个人的IE部门目前只剩下3个人了，即使招聘到新人也干不了两周，当前也不知道如何是好。

在我给他们培训了2天的全员改善机制后，这位IE部门负责人才恍然大悟，原来他应该做的是改善推进而不是改善负责。在培训后马上向企业总经理提出建议，将IE人员植入到各部门中由各部门负责人管理。将原来由IE负责的改善效益的目标转移到各部门自己承担，而这位IE负责人主要负责改善总教练的角色，引导相关部门做改善。

在培训后，我持续地辅导了他们的IE推进组织架构，最终决定：IE部门人员分到各部门承担改善教练的角色，各部门负责人轮值担任改善推进组长。经过半年的改善与推进，企业的改善氛围发生了良好的变化：

1）现场改善活动由无到有，每月都有相关的主题改善寻宝活动，如5S改善月、动作浪费改善月等。

2）改善人均提案数量由0.1件/月，提升到0.8件/月。

3）改善参与率从20%提升到90%。

4）半年改善效益提升200%以上。

5）改善课题数量从0到1件/（月·部门）。

企业在享受改善成果的同时，将新的改善流程进行固化，变成日常管理工作的一部分，每月都会有改善案例分享会，新的改善流程整合提案改善流程与课题改善流程，颜色填充的部分为课题改善流程额外增加的环节，如图4-5所示。

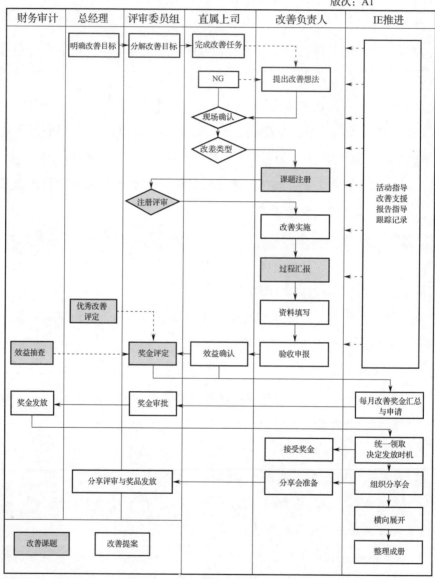

图 4-5 精益全员改善管理流程

第二节
如何推进提案改善

一、合理化建议与改善提案的区别

在听到改善提案时,很多人会有不同的定义,有些人的重点在于"提案",把建议提出来就好,有些人的重点在于"改善",需要有明确的改善成果。为了更好地让大家理解什么是改善提案,我将重点在于"提案"的部分称为合理化建议,将重点在于"改善"的部分才叫改善提案。在日系企业,改善提案也叫创意工夫。以下是具体关于合理化建议与改善提案(创意工夫)的区别。

1)合理化建议:

① 合理化建议是先"提"经采纳后再"改",而且往往给其他岗位提得较多。

② 合理化建议重在培养员工发现问题的能力,对能力培养关注较少。

③ 合理化建议是"改"前奖励。

2)改善提案:

① 改善提案是立足本职工作,自主改善,先"改"且成功后再"提"。

② 改善提案重在人才育成,培养员工关注自身本职工作、发现问题与改善的能力。

3)各层级干部的领导力,改善提案是"改"后奖励。

二、改善提案的特征

改善提案的核心在于改善,改善就是通过思考,想出办法并实施使问题得到解决,从而让结果变得更好。当然,在企业的改善过程中,分别有中高层的改善，也有基层的改善。一般情况下中高层的改善会聚焦在部门目标的达成，属于"面"的改善，改善的周期会长一些；基层的改善会聚焦在自己的日常工作如何更加轻松、安全、高效，属于"点"的改善，改善的周期会短一些。

具体改善提案的特征如下：

1）改善提案活动是一项以基层群众为基础的活动：改善不仅仅是个别精英的事，基层群众的参与也必不可少，只有这样才能做到真正的全员改善。

2）实施主体为生产一线的普通员工：自己提建议，自己实施改善是提案改善的原则，所以改善提案的实施主体也应该是一线的普通员工，这就要求所提出的改善更加关注于自身的操作内容上。

3）基本上都是小的改善活动：既然是员工本职范围内的改善，其可调用的资源有限，所以提案改善更多是小而精的改善。

4）改善活动都已经实现：提案改善是实施完改善后再"提"，所以改善活动均是已经实现的改善想法。

5）改善不会带来别的问题：改善提案更多是针对点的问题，一般不会带来别的问题。

6）改善成果可以被固化下来：改善提案是自己提议，自己改善，其改善成果可以被固化下来，因为其本质是一种利己的活动。

三、让一线主管成为一线改善教练

改善提案更多是一线员工参与，而引导一线员工进行改善就是一线主管的职责了。在经历班组建设的第一、第二阶段后，此时的一线主管已经能够释放出较多的时间来进行现场的改善推进工作。此时，一线主管要清楚地理解一线改善教练的职责与一线改善教练必备的技能。通常来说，一线改善教练的职责如下：

1）给员工植入改善的相关知识与技能。

2）向员工传达公司的改善流程与相关制度。

3）组织员工改善活动，让员工通过活动来识别浪费与改善问题，从而形成改善提案。

4）引导没有改善提案的员工进行首次改善提案。

5）营造班组内部全员改善的氛围。

在清楚地理解一线改善教练的职责后，作为班组的推进人员就需要让一线主管具备一线改善教练的核心技能了，表4-3是我在推进过程中训练一线主管的主题与认证方法。

表4-3 一线改善教练的训练主题与认证方法

序号	主题	认证方法
1	公司全员改善制度	测试评分大于90分
2	提案改善表的填写	完成3个合格的改善提案表
3	TWI-JM	现场指导3个员工发现改善机会
4	改善寻宝活动	成功组织3次员工改善寻宝活动
5	IE改善手法	利用IE改善手法完成3个改善提案
6	QC改善手法	利用QC改善手法完成3个改善提案
7	自工序完结	利用自工序完结改善完成3个改善提案
8	防错法	利用防错法完成3个改善提案

特别说明，部分的改善技能如七大浪费识别与改善、动作浪费改善、现场5S改善等已在精益班组第二阶段进行训练与认证，这些也是基础的必备技能。

提案改善可以改什么？这其实就涉及班组如何以一线改善教练的角色来引导基层员工做改善了，引导得好员工就能够更好地参与改善，从而享受改善的乐趣；引导不好，可能就很难达到全员参与的效果。要让员工更好地参与进来一起做改善，那改善的门槛就需要与员工的水平一致。通常来说，针对不同阶段的提案改善水准，一般可以设置成三个阶段的改善。

四、第一阶段：引导推进常识改善

在推进改善时，需要有一个由易到难的过程，这个过程也是让改善的成果从量变到质变的过程。在刚开始导入改善时，可以优先强调改善的量，同时优先从那些不需要培训就可以做的"常识改善"开始，如图4-6所示。在推进该阶段的改善时，一线改善教练可以站在员工"利己"的角度来引导以下常识性的改善：

1）不合理的问题改善。
2）不省力的问题改善。
3）不合适的问题改善。
4）不环保的问题改善。
5）不安全的问题改善。
6）不稳定的问题改善。
7）不好看的问题改善。
8）不方便的问题改善。

图 4-6 常识改善案例

所谓的常识改善，就是不需要专业的培训就可以发现问题与改善问题的改善，此时一线改善教练的职责在于引导员工发现问题，并调用一切能够调用的资源帮助员工实现合理的想法,从而让员工感受到关注与重视。

五、第二阶段:引导推进简单改善

通过常识改善的阶段,员工此时会更加乐于接受一些学习完后马上能够应用的简单知识,进一步来获取更多且更高质量的改善。此时一线改善教练的职责在于刻意引导员工的改善成果与所学知识的关联,从而让员工感受到成长。

通常情况下,简单的改善可以从以下三方面进行引导:

1. 硬件改善

所谓的硬件改善就是对设备、作业台、作业工具等进行优化,从而使得员工作业更加安全与高效。日常操作与使用硬件的对象是员工,只有员工才能真正地清楚硬件在使用时的好坏或是否有更好的优化方法。通常着眼点在于作业工具改善、作业台改善、设备改善等。为了让大家更好地理解硬件改善都有哪些,以改善提案案例的形式来展示,如图4-7所示。

部门:装配车间 姓名:××× 员工编号:×××
改善前 马达板和中导板回牙M48的螺丝用扳手非常费力,且数量较多,每台机器都需要回牙
着眼点 作业工具改善
改善后 现改善自制套筒工具,采用气动工具进行回牙。有效节省装配时间,并且省力
改善效果 减少1人作业,作业更加安全,年改善效益约25000元

图 4-7 硬件改善提案案例

2. 动作改善

依据IE工业工程的动作经济原则,对一线员工操作过程中的动作浪费进行改善，最终以减少动作次数、双手作业、减少移动距离等为着眼点进行改善。为了让大家更好地理解动作改善都有哪些，以改善提案案例的形式来展示，如图4-8所示。

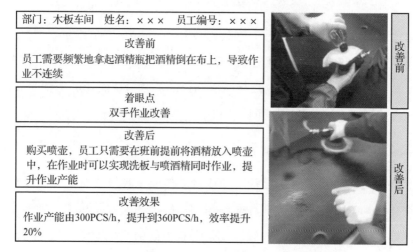

图4-8 动作改善提案案例

3. 现场3S改善

现场3S分别为整理、整顿、清扫。整理重点是对空间的管理，整顿重点是对时间的管理，清扫重点是对问题的发现。为了让大家更好地理解现场3S改善都有哪些，以改善提案案例的形式来展示，如图4-9所示。

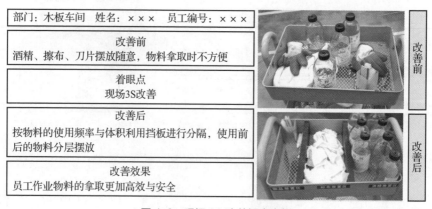

图4-9 现场3S改善提案案例

六、第三阶段：引导推进专业改善

通过提案改善的第二阶段，员工会逐渐意识到改善工具对改善成果质量的重要性，进一步期望通过系统的改善知识学习掌握更多的改善技能。此时一线改善教练的职责在于刻意引导员工带动更多其他员工的改善，同时让步入第三阶段的员工进入专业改善领域。

通常情况下，专业的改善可以从以下三方面进行引导：

1. 工装设计改善

工装设计改善是指通过专业的工装设备达到更安全高效的改善。通常改善的着眼点在于工装治具改善、物料容器改善、周转工具车的改善等。为了让大家更好地理解工装设计改善都有哪些，以改善提案案例的形式来展示，如图4-10所示。

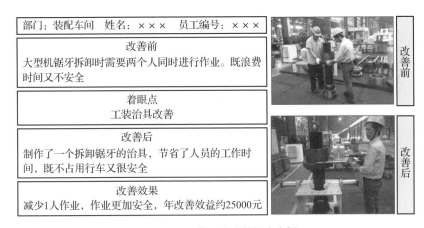

图4-10　工装设计改善提案案例

2. 产品设计改善

产品设计改善是指在前期设计时，对相关的作业方法、作业物料、产品外观等方面的改善。通常改善的着眼点在于来料设计改善、产品外形设计改善、产品作业方法改善等。为了让大家更好地理解产品设计改善都有哪些，以改善提案案例的形式来展示，如图4-11所示。

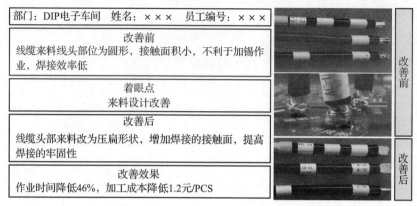

图4-11 产品设计改善提案案例

3. 不增值作业改善

只有客户愿意付款的作业才算得上增值作业，现场需要从是否增值的角度来思考某些作业工序是否可以取消。为了让大家更好地理解不增值作业改善都有哪些，以改善提案案例的形式来展示，如图4-12所示。

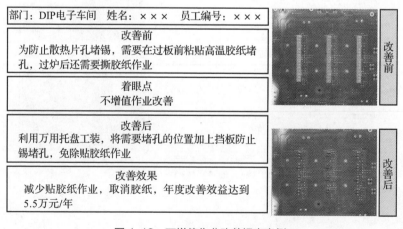

图4-12 不增值作业改善提案案例

达到专业改善的第三阶段，参与改善的员工都具备了较高的动手能力。此时，原来由专业技术人员来帮其实现改善想法可以转变成员工自己利用相关的硬件资源来实现自己的想法。在这个阶段中，企业可以构建自己的"月光工作室"。

"月光工程"这个名词最初是用在为了逃避检查，常常在夜晚的月光下利用自制的简陋设备私酿酒的传奇故事。类似的，在精益改善的工厂里，月光工作室是指一个不被打扰的，甚至其他人不知道的地方，在这里工程师们使用工具、设备、物料或其他身边可用的资源去制作或修改工作台、物流小车、防错夹具、低成本自动化工装、专用设备等。他们通过头脑风暴和尝试风暴来不断优化创意，满意后才去发布公开。

月光工作室是专业改善中的重要部分，它对所有层级的员工开放，员工可以充分发挥他们的创造力。月光工作室内一般都有线棒、接头、木板、镀锌板、中空板等。这些材料可以被剪裁成任何需要的尺寸，并搭建任何所需要的形状与大小。搭建好的设施设备，一般仅用接头固定，也可以被重新拆解并搭建其他装置。很多工厂里面，各类的工作台、物流车、工装夹具，甚至专用设备等都是自己开发制作的。并且可以自制自动卸载装置、节拍器、防错装置等，搭建多功能的工作站。

通过推进月光工程改善，能够提升员工的能力和自信心、自豪感。所以说企业在推进精益的历程中，至关重要的不是推行精益本身，而是打造企业的改善能力，月光工作室的能力提升正是让企业具备这种能力，得以更快、更好、更低成本地开展改善。在现场做出"秘密"的改善，而这种秘密是一种超越竞争对手制造竞争优势的武器。

七、利用积极分子引导全员改善

提案改善的参与对象是全体员工，如何引导全员都参与到改善中是每位一线改善教练与班组推进人员必须思考并解决的问题。虽然说改善需要全员参与，但必须要按照相关的原理进行逐步推进，这才是正确的姿态。首先，需要了解一个原理，叫10/80/10法则。这个法则指的是在变革刚导入时，会面临着三部分不同态度的人群，分别是：

1）占比 10% 的积极分子。

2）占比 80% 的观望分子。

3）占比 10% 的抵抗分子。

依据该法则，不要期待一开始就会有很多的人能够积极响应，而是充分地利用这些积极分子来拉拢中间 80% 的观望分子，达到造势的目的，最终减少因 10% 的抵抗分子而导致导入失败的概率。

利用积极分子拉拢观望分子的两个重要方法：

1）积极人员发表改善提案，让全员参与，对积极分子进行表彰：这样做的目的是通过高层领导告诉所有员工，我们非常重视提案改善的成果，同时改善分享会也是大家的改善成果发表的舞台，期待更多的人参与。

2）现场改善发表改善提案，高层现场进行表彰：这样做的目的是将改善发表的战场直接放在生产一线现场，让发表的员工与其周边的员工感受到领导的关注与重视。

这两个方法本质都是让积极分子受到当众的激励，从而引发更多的人参与，只不过改善提案发表的场合不一样。

八、在不同阶段设定不同的改善提案评价标准

对于改善提案的好坏，也是班组推进人员必须思考清楚的问题。思考这个问题的背后的本质是在思考改善提案的目的。

改善提案的初期目的并不是通过改善提案来降低公司的运营成本，提升作业效率，而更多的是引导全员参与改善，形成改善的氛围，培养改善人才。围绕着该目的，可以很好地判别提案改善好坏的标准。

一般情况下，提案改善好坏的标准取决于公司内部改善的水平，从而设置不同阶段的动态标准。前面也提及了改善提案的三个阶段，分别是常识改

善、简单改善、专业改善三个阶段。那么，改善的好坏的标准也应该跟随着改善提案的三个阶段来动态设定。

1）如果公司的改善水平在第一阶段，那么利用常识来改善的提案就是好提案。因为在这个阶段中，更多是为了引导每个人都参与到改善中，而不是追求改善提案的质量。

2）如果公司的改善水平进入第二阶段，那么利用简单改善工具进行改善的提案就是好提案。因为在这个阶段中，更多是为了引导每个人利用改善工具来改善，培养改善人才。

3）如果公司的改善水平进入第三阶段，那么利用专业改善工具进行改善的提案就是好提案。因为在这个阶段中，更多是为了引导每个人思考前期的设计与作业是否增值，构建有质量的改善提案。

九、不同阶段设定不同的改善提案推进目标

衡量改善推进好坏也需要有具体的目标，这样可以让一线改善教练时刻清楚改善的方向、现状与目标之间的差距，从而更好地完成全员改善的总目标。

通常，改善提案的目标分别有人均提案率、提案参与率与人均提案效益，其计算方法如下：

1）人均提案数：改善提案总数 ÷（部门）总人数。
2）提案参与率：（部门）参与人数 ÷ 改善提案总数。
3）人均提案效益：改善提案效益 ÷（部门）总人数。

改善提案有二个层次，分别是利己、利他、利公司。

1）利己：是指让自己的工作变得更加高效、安全。
2）利他：当自己的工作变得更加高效、安全之后，就能够释放出更多的时间与精力来关注本部门管理瓶颈的改善，此时就会出现利他的改

善。部门管理瓶颈的改善,能够带动部门新一轮的更高标准的改善,利他的本质就是团队意识构建。

3）利公司:当自己部门的工作变更得更加高效、安全之后,就能够释放出更多的时间与精力来关注公司管理瓶颈的改善,此时就会出现利公司的改善。公司管理瓶颈的改善,能够带动公司新一轮的更高标准的改善,利公司的本质就是企业文化的构建。

改善的推进也需要依据企业所处不同层次来建立不同水准的目标,具体的目标设定参见表4-4。

表4-4 不同改善层次的目标设定参考表

目标	改善提案的层次		
	利己	利他	利公司
人均提案数	0.8	大于1	大于1
提案参与率	50%	80%	90%
人均提案效益	无	仅统计	目标考核

十、丰田公司的创意工夫理念

在丰田将改善提案称为创意工夫,创意工夫对于丰田的理念:

1）创意工夫是一种享受成就感的过程。
2）创意工夫是一种体验认同感的过程。
3）创意工夫是一种见证成长感的过程。
4）创意工夫是一种增强责任感的过程。

要形成这"四感",与一线改善教练有着密不可分的关系,以下是形成四感过程中需要一线改善教练创造的条件:

1. 让员工享受成就感的方法（打造心流）

1）使员工理解创意工夫的目的。

2）让员工挑战能力极限的改善。

3）让员工从简单的地方开始积累经验，提升自信。

4）做好预案，避免失败、挫折。

5）鼓励员工坚持到底，不半途而废。

6）在过程中，对不足的地方提出建议。

7）由本人自己展示、评价成果。

8）直接去现场确认成果（表扬、喜悦、激励）。

我自己的理解是丰田更多是在打造员工持续改善的心流，最终让改善成瘾。所谓的改善心流就是让改善的难度始终处于员工力所能及的范围，不因改善难度过低而感到无聊，也不因改善难度过高而感到焦虑。

2. 让员工体验认同感的方法

1）关心员工的兴趣、特长等能力。

2）跟员工打招呼，不忽视。

3）让员工思考，听取员工的意见。

4）让员工制订计划，亲自完成改善。

5）客观评价成果。

6）展示员工的创意工夫。

7）在众人面前表扬其好的创意工夫。

3. 让员工见证成长感的方法

1）让员工指导新人、晚辈的工作。

2）让员工挑战能力极限的改善。

3）让其参与更大范围的改善课题。

4）允许员工轮岗。

5）让员工积极地参加学习。

6）支持员工参加公司内外的资格认定。

7）多给予员工对外交流、体验的机会。

8）让员工保留改善记录（展板），从而能感受到成长的过程。

4. 让员工体验责任感的方法

1）强调改善的重要性，赋予改善的价值。

2）强调只有自己才能做好改善。

3）让员工自己定目标。

4）信赖员工、委任改善项目。

5）让员工定期汇报改善进度。

6）让员工负责到底，做到最后。

7）让本人自己评价结果。

8）让员工报告、发表结果。

十一、提案改善推进案例

案例　提案改善推进

开展实施背景：这是一家生产冲压机床的台资制造企业，生产制程有前端的五金部件加工与后端的机床装配。生产一线员工约有300人，产值8亿元左右。前期花了1年的时间完成了车间一个流布局与5S的改善，本期的重点是建立全员改善的提案机制，打造全员改善的氛围。该企业的生产加工工艺流程如图4-13所示。

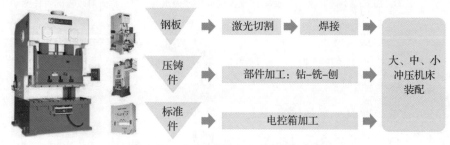

图4-13　典型产品加工工艺流程示意图

经过调研，改善前的改善机制问题如下：

1）员工参与不积极，提案改善宣传也不足。
2）提案改善制度不完善，具体表现在以下三点：
- 改善提案与合理化建议没有明确区分。
- 改善提案审批手续麻烦，需要经过四个层级的审批。
- 改善提案的奖励评定标准不清晰。

3）改善提案奖励激励不足。
4）改善提案难以实施，具体表现在以下四点：
- 提案需要资源协助时难以协调。
- 提案改善重视不足。
- 从来不公开发表。

为了提升该企业的改善氛围，让更多的员工参与到改善中，提出了以下七个重点改善措施来改善企业当前改善氛围不足的问题。

1. 改善措施1：导入新的改善管理流程

导入新的改善管理流程包含改善提案与改善课题，取消合理化建议。新的改善管理流程如图4-14所示。

具体改善前后的对比说明见表4-5。

表4-5 改善前后对比

序号	改善前	改善后	效果
1	提案只需要提不需要改	提案在改善完成后才提出	提升对改善的责任感
2	提案的奖励评估全凭效益	提案的奖励评估效益占40%	提升改善成员的参与感
3	改善不需要发表	优秀改善需要在月会形成改善成果资料进行发表	提升改善成员的荣誉感
4	提案的评估需要四级	一定额度的奖金的评估由一线主管可直接评价	激活一线主管的责任感
5	改善的范围只有员工级提案	增加管理层的A3改善与课题改善	提升全员改善的氛围

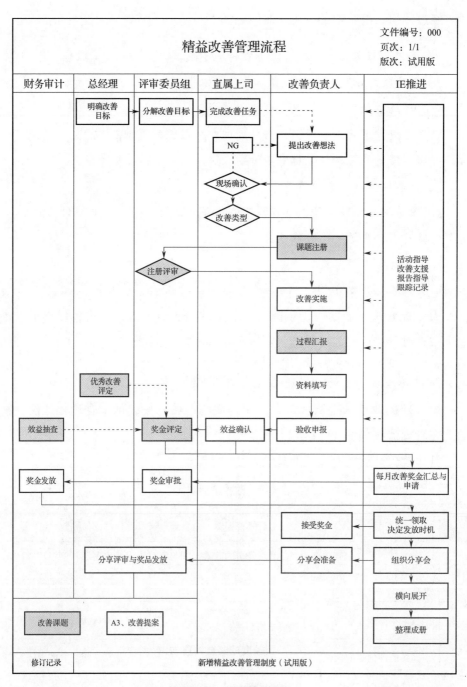

图 4-14 改善管理流程

2.改善措施2：明确推进组织与各个成员的职责

新的改善推进组织如图4-15所示。

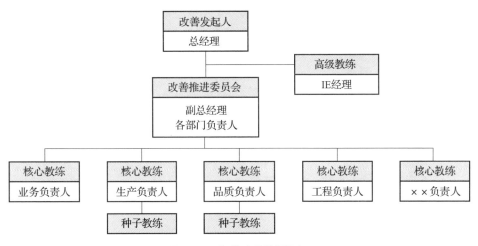

图4-15　新的改善推进组织

各个成员的职责分工见表4-6。

表4-6　各个成员的职责分工

序号	职务	负责内容
1	改善发起人	每季度制定各部门的改善效益目标，并指定提案改善、A3改善、课题改善的最少数量
2	高级教练	1）辅助每个核心教练分解每月的改善目标 2）定期召开改善分享大会 3）策划改善寻宝活动 4）对种子教练进行一对一训练
3	改善推进委员会	1）对改善提案、改善课题进行评比打分与奖金评定 2）参与相关的改善培训并完成培训后的任务 3）对公司的改善氛围与制度提出优化建议 4）按季度轮流担任精益推进委员会组长
4	核心教练	1）充分挖掘部门的改善课题 2）主导改善课题 3）审核部门内部改善的有效性 4）认证种子教练
5	种子教练（一线教练）	1）利用改善教练套路进行员工寻宝活动 2）主导与发表A3改善 3）定期举办改善之旅

特别说明，作为高级教练需要具备的核心技能有：
- TWI-JM 工作改善技能。
- 引导技能。
- 教练技术。
- TBP（丰田工作方法）。

3. 改善措施3：建立改善的活动场——改善角

为了更好地响应改善的需求，提升改善的质量，建立专门的改善活动场所，名为"改善角"，如图4-16所示。建立改善角的要点说明：

- 选定原则：以开放、便于组织活动的场所，如车间出入口、员工休息区、车间闲置处等。
- 改善角面积：能够容纳15~30人的面积。
- 改善角数量：每个楼层或每个部门一个。
- 看板资料（改善提案达成葡萄园、各QCC活动实施计划、改善案例、改善银行、改善明星、教练团队组织及职责、改善加油站、最新通知）。
- 应有物品：用于讨论、交流的白板。

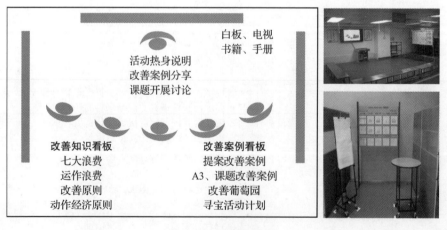

图4-16　改善角案例

4. 改善措施 4：推进策划改善活动——寻宝活动

在精益著名小说《金矿》中有一句话，"如果企业的浪费都能被挖掘与改善，那么企业本身就藏着一个巨大的金矿"。这就是寻宝活动的灵感，"宝"指的是企业中的各种浪费。寻宝活动是指管理人员或种子教练带领一群成员到现场去发掘改善机会（问题）的一种活动形式。改善寻宝活动的流程如图 4-17 所示，一般来说改善寻宝活动的对象是一条线或一个区域，参与人数在 5~10 人之间的小范围活动，通常要求在 1h 内完成。

图 4-17 改善寻宝活动的流程

在改善寻宝活动中，可以按照不同的改善主题来设定寻宝的使用表单，以下是以七大浪费为改善对象的寻宝使用表单，以便大家在寻宝时能够马上记录改善想法。现场浪费识别与改善表见表 4-7。

表 4-7 现场浪费识别与改善表示例

现场浪费识别与改善表

序号	现场浪费描述	地点	浪费类别（七大浪费）							改善周期			改善对策	责任人	完成日期
			过多过早	库存	搬运	等待	加工过剩	动作	不良	马上	一周	一个月内			
1															
2															
3															
4															
5															
6															
7															
8															

5. 改善措施 5：不同阶段不同主题的改善案例分享会

在这家企业中，每两个月进行一次主题的轮换，共有 6 个改善的主题活动：

1）常识改善。

2）3S 改善。

3）动作浪费改善。

4）初期清扫改善。

5）防呆防错改善。

6）自工序完结改善。

台上分享的有一线生产员工，也有非生产部门的职员，改善推进委员会的每位成员都会依据改善评分标准对每个发表的改善成果案例进行现场评分，最后总经理对优秀的改善人员进行表彰，并对每次改善分享活动进行评价，鼓励更多的人参与到改善平台中。改善案例分享会案例如图 4-18 所示。

图 4-18　改善案例分享会

6. 改善措施 6：将优秀改善案例在多个场合展示

将优秀改善案例在多个场合展示，提升改善氛围。具体展示内容与要点见表 4-8。

表 4-8 改善案例展示内容与要点

序号	展示内容与要点	案例图片
1	优秀改善提案创意达人榜，为每个获得优秀改善的人员上榜公示，定期每月补充	
2	优秀 A3 改善案例，在改善角中展示，定期每季度更新	
3	打造改善案例长廊，在员工休息区与参观通道上展示，定期每月更新	

7. 改善措施 7：升级改善活动为改善周活动，每季度进行一次

通常每个季度都需要有更高质量的改善来再次点燃或升级改善的氛围，而改善周活动是一个非常好的解决方案。改善周是始于丰田的自主研活动，同时改善周是一个教导思考和解决问题的方式。改善周是资源密集型活动，需要来自不同区域的员工组成一个改善团队。参与改善周活动被当作公司头等大事来支持，参与者才不至于失去改善的动力。常见的改善周主题见表 4-9。

表 4-9 常见改善周活动

序号	改善周名称	序号	改善周名称
1	VSM 价值流图改善周	11	VM 目视管理改善周
2	JIT 准时生产现场改善周	12	流程标准化改善周
3	Jidoka 自动化改善周	13	Pull（拉动）、Kanban 改善周
4	TPM 全员设备维护改善周	14	Inventory 库存改善周
5	OEE 设备综合效力改善周	15	均衡生产、PMC 改善周
6	SMED 快速换模改善周	16	精益西格玛设计改善周
7	Poke-Yoke 防错技术改善周	17	精益价值链改善
8	品质现场改善周	18	业务流程改善周
9	物流配送改善周	19	日常改善管理改善周
10	5S 现场改善周	20	改善推进办训练周

通过五天的时间，由跨职能的团队对目标区域或目标流程进行集中改善，在流程、绩效、现场及人员技能等方面获得突破性的成长。在此期间，团队将遵循 PDCA 循环，开展观察过程、识别浪费、不断尝试、验证方案、标准化维持等活动。改善周活动推进的流程如图 4-19 所示。

项目推进成效：这家公司在导入改善机制后，改善氛围发生了很大的变化，以下是从改善课题数、改善提案数、人均提案率、提案参与率、改善效益几个维度进行改善前后的数据对比，见表 4-10。

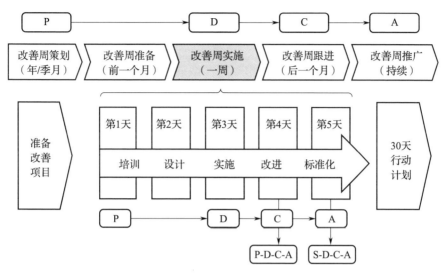

图 4-19 改善周活动推进的流程

表 4-10 改善前后对比

项目	改善前	改善后
改善课题数（个/季度）	0	5
改善提案数（个/月）	20	132
人均提案率	7%	44%
提案参与率	没统计	40%
改善效益（万元/季度）	18	180

【案例总结】

在改善推进方面，尤其是需要利用好激励的方法。关于项目激励方法的改进：前期只有一些物质的激励，而且只有少部分人知道，这样的做法其实很难起到有效的激励作用。经过对激励机制的改良，我们更加关注员工在精神方面的激励，减少员工对物质方面的关注。如改善案例长廊展示、充满设计感的小礼物、全员改善发表与表彰会、宝物展示等，这些都是提升精神激励方面的改进措施。

十二、本节内容总结

改善提案就是以基层为主体的改善。改善，就是通过思考，想出办法并实施使问题得到解决，从而让结果变得更好。通常改善提案的推进依次按照常识改善、简单改善、专业改善的顺序依次推进。作为班组推进人员，除了训练一线主管变成一线改善教练以外，通过策划每月定期的提案改善分享会来营造改善的氛围也是必要的。其中，提案改善的过程如图 4-20 所示。

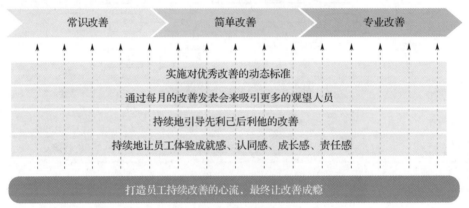

图 4-20　提案改善的过程

结合提案改善的推进案例，我自己总结了一套相对成熟的改善路径。这个改善路径分成技术改善路径与人才成长路径。技术改善路径是指改善过程中利用精益的工具与理念构建一个个的改善活动来形成改善氛围。但只有技术改善路径是不够的，因为技术改善路径需要有人来实施推动。因此，改善的第二个路径就是人才成长路径，人才成长路径是指改善过程通过活动来训练与认证改善教练，提升班组管理领导力。这两条路径就像双螺旋结构一样，相互推进，而非单独前进，最终的目标都是形成持续改善的氛围，如图 4-21 所示。改善路径上的这些内容在本章节中大部分都有提及，希望能够给正在推进全员改善的企业带来有用的参考。当然，如果在实战中有更好的推进心得或新的问题，也可以及时向我沟通交流，一起交流成长。

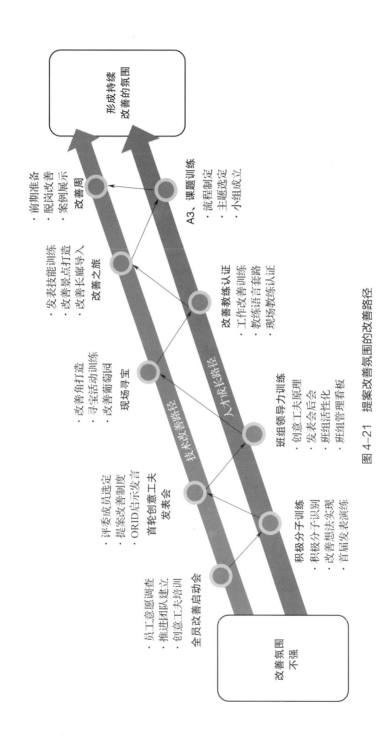

图4-21 提案改善氛围的改善路径

第三节
如何推进自工序完结

一、自工序完结是 TQM 的新突破

自 20 世纪 20 年代提出质量管理的概念以来,汽车行业的质量管理大致可以划分为三个阶段:质量检验阶段、统计过程控制阶段以及全面质量管理 TQM(Total Quality Management)阶段。全面质量管理,是对一个组织以产品质量为核心,以全员参与为基础,目的在于通过让顾客满意和本组织所有者及社会等相关方受益而建立起一套科学、严密、高效的质量体系,从而提供满足用户需要的产品的全部活动,达到长期成功的管理途径,是改善企业运营效率的一种重要方法。

全面质量管理是一种综合的、全面的经营管理方式和理念。以产品质量为核心,以全员参与为基础,其根本目的是通过顾客满意来实现组织的长期成功,增进组织全体成员及全社会的利益,其代表了质量管理发展的最新阶段。

丰田的质量管理体系是建立在全面质量管理理念基础之上的,在全过程、全员的共同努力下,整车品质持续向好,不良率不断下降。但降到一定程度时遇到瓶颈,停滞不前,无法进一步下降。为了跨越这个瓶颈,不能再按原有的管理方法按部就班推进品质管理工作,管理方法必须要有变革性的突破,因此就产生了新型质量管理思想——自工序完结。

自工序完结质量管理是缘起于 TPS(精益生产方式)的一种全新品质管理模式。结合 TPS 持续改善的特征,探索出一种崭新的品质管理理念:自工

序完结。

自工序完结在全员参与的基础上、覆盖全过程的基础上,更加注重品质保证体系中最小的因素"自"的作用,更加调动、发挥"自"的主观能动性,比 TQM 更加完善。

二、自工序完结的基本理念

自工序完结 = "自" + "工序完结",就是自己做到工序完结,自己能判断工作的好坏,不将问题流入到后工程。如果自己能够判断工作的好坏,不用等到后工序指出就能发现问题,消灭重做和返工;后工序也不会有抱怨,职场氛围更加和谐和充满活力。员工自己变得更加自信,干劲也会变得更加充足,最终形成"愉快的职场",这就是自工序完结的理念。

与传统的通过检查来保证业务质量的管理相比,自工序完结更加先进和有效率。在工厂的完结和车间的完结通过检查来确保的品质始终是会有不良产生,也会有不良流出工序,品质不仅得不到提升和确保,而且需要大量人力物力来实施后续的检查。

所谓车间的完结,就是以各个车间为单位,做好品质检查,确保不良不流到下一车间。

所谓工厂的完结,就是各车间生产的车辆通过检查部门专门实施的最终检查后才出厂,是以工厂为单位,确保通过最后一道检查工序给顾客提供优良品质的车辆。

但以上两个完结都不能称为自工序完结,都是通过检查来保证品质,最终还是有不良品流到下一工序。

真正的自工序完结是品质保证的最高水平。它的最小单位是一个员工,一个岗位。在最小的单位做到自我保证,保证不接收、不制造、不流出的质量管控理念。自工序完结、车间完结、工厂完结的关系如图 4-22 所示。

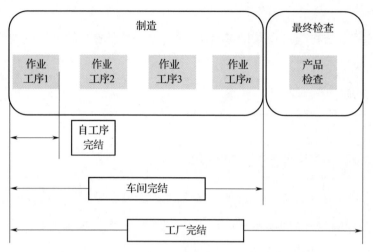

图 4-22 自工序完结、车间完结、工厂完结的关系

三、自工序完结的主体内容

实施自工序完结活动包括两大部分内容，一是完善良品条件；二是遵守标准作业，如图 4-23 所示。所谓的良品条件包含：设计要件、生技要件、制造要件。

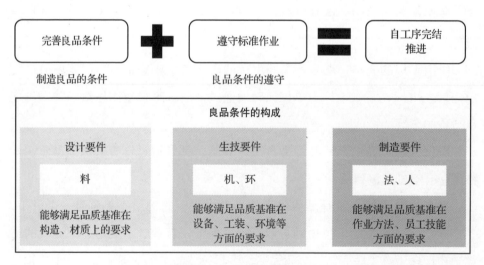

图 4-23 自工序完结推进内容

1）设计要件是指能够满足品质基准在构造、材质上的要求。

2）生技要件是指能够满足品质基准在设备、工装、环境等方面的要求。

3）制造要件是指能够满足品质基准在作业方法、员工技能等方面的要求。

所谓的遵守标准作业是指对已经验证的良品条件的遵守。指导员工作业使其具备进行标准作业的技能，并监督员工进行遵守标准作业是一线主管的本职。一线主管需要通常不断地实践来持续地优化标准作业，从而持续地完善良品条件。

为了能够明确自工序完结的进展状况，能够针对各个工序的自工序完结活动进展效果进行判断，同时导入"自工序完结度"的定义。即：自工序完结度＝良品条件整备率 × 标准作业遵守率。

当然，对品质保证活动整体而言，自工序完结属过程活动，自工序完结度只能用来评价既定活动的推进状况。自工序完结活动对整体品质保证是否真正有帮助，还需要通过品质指标达成情况来检证。理想状态是自工序完结度越高，不良率应该越低；与之相反，自工序完结度越低，不良率可能越高。当不良出现时，在问题解析对应的过程中应该反省原有的良品条件是否充分，如有遗漏，应补充作为良品条件进行管理，自工序完结度也得以提高。如此循环，自工序完结度不断提高，不良率不断降低，最终达到不制造不良的终极目标。

自工序完结活动的实施不是一蹴而就的，一般要经历理念导入、模范工序试行、全工序展开三个阶段。自工序完结活动的实施是一个系统工程，需要结合企业的实际情况，集全员的智慧，在实施过程中不断改善，最终达成真正的自工序完结，所有的检查工序均可废除。不仅可以向客户提供优质产品，也可以降低产品成本，最终增强企业竞争力。

四、自工序完结的五个推进要点

1. 要点1：构建全员参与的品质保证体系

全员品质保证体系如图4-24所示，所谓的全员更多是指全公司各个部门各个层面的人都需要参考到该品质保证体系中，因为将涉及从前期的设计开发、试产打样、量产、出货的全过程。

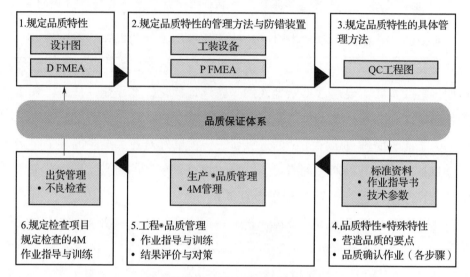

图4-24　全员品质保证体系

结合图4-24，可以得出关于全员质量管理的三个重点理念。

（1）品质是设计出来的

首先，从前期的产品导入的设计时就需要植入产品质量管控的理念。从产品的图纸设计、外观结构的设计、产品功能的设计、产品材料的选定等来设计产品的品质特性。此时，可以利用DFMEA的方法进行深入的分析。DFMEA是设计潜在失效模式及影响分析（Design Failure Mode and Effects Analysis）的英文简称。通常情况下，该阶段的品质保障主导部门为研发部门，负责产品的前期设计开发。其次，在产品导入的实现方法时也需要植入产品质量管控的理念。从设备的作业参数、工装治具的设计、防呆防错的设计、生产工艺流程等来规定产品品质特性的管理方法与防呆防错装置。此时，可以利用PFMEA的方法进行深入的分析。PFMEA是过程潜在失效模式及影响分析（Process Failure Mode and Effects Analysis）的英文简称。通常情况下，该阶段的品质保障主导部门为工程部门，负责产品的实现与量产。最后，利用与产品相关的标准资料来植入产品质量管控的理念。从 QC 工程图、标准作业指导书（SOP）、设备维保基准、产品标准检验作业指导书（SIP）等来规定产品品质特征的具体管理方法。

（2）品质是制造出来的

对于制造部门来说，指导并监督员工按标准作业，并持续完善标准，就是制造部门的核心工作职责所在。从自工序完结的角度来说，制造部门本来应该做的事有：

1）按照设计图做的话，就能生产出好东西——产品设计。

2）如果遵守已被决定的条件，就能做出好东西——设备、工程设计。

3）按照 4M 维持管理——日常管理。

（3）品质是检验出来的

推进自工序完结，并不是不需要检验，而是使检验植入到每个工序，做到自检与互检，并持续地进行作业防错改进。在自工序完结中，应该不断地提升检验的管控水准。

2. 要点 2：通过客诉、不良台账来持续完善良品条件与标准作业遵守

自工序完结的推动离不开良品条件的改善与标准作业的遵守，而客诉、不良台账可以作为自工序完结改善对象的重点来源。

客诉台账与不良台账样式类似，以下以不良台账为例（见表 4-11），说明不良台账应该需要具备的重点信息。在产品不良台账中，除了检验出的各种不良问题以外，需要进一步地完成以下两个信息：

1）不良问题的 4M 属性判断。物料的问题一般是设计要件方面的完善对象；人与方法的问题一般是制造要件的完善对象；设备的问题一般是生技要件方面的完善对象。

2）从不良发生与不良流出两个角度来分析不良的原因以及改善的对策，从而持续完善良品条件与标准作业遵守。

表4-11 不良台账示例

发生日			对象产品			不良内容	4M				发生		流出	
年	月	日	车种	品名	配色品番		人	方法	物	设备	原因	对策	原因	对策
2006	04-04		330W	FRLH	ML4	安全气囊标签误组装	○				职制，代替者的判断、确认错误	彻底指导再投人时的处理	疏忽了确认行为	彻底指导处理规定，提升意识
2006	04-06		330W	FRRH	KP4	P席警告灯常亮		○			由于是用单手压紧，有一部分没有粘牢	粘贴后用双手按压整体	没有对粘贴状态进行确认	确认粘贴着座传感器
2006	04-18		358W	R/C	LA4	中央后方的变形	○				STOPPER CYLINDER 与 R/C 干涉	修正后座椅位置条件	没有移载后座椅前的确认项目	拾起后座椅，在中间停止状态时用目视、手感确认
2006	04-19		330W	安装R/B	KL4	误品 正：KL4 误：MC4	○			○	未完成作业手顺，优先他作业进行	贯彻台车交换规定，追加确认作业	未实施检查行为	实施品质不良发生时的规定再教育
2006	04-27		357W	2nd LH	WS2	背面划伤		○			STOPPER CYLINDER 与 R/C 干涉	修正后座椅位置条件	没有移载后座椅前的确认项目	拾起后座椅，在中间停止状态时用目视、手感确认
2006	04-27		318W	R/B LH	PC1	STRIKER变形				○	未完成作业手顺，优先他作业进行	贯彻台车交换规定，追加确认作业	未实施检查行为	实施品质不良发生时的规定再教育
2006	05-09		294W	R/B RH	S1AB	中部安全带回位不良		○			安全带组装位置偏移导致卡扣弯曲	拧紧后，确认卡扣是否弯曲	安全带确认方法与基准不明确	规定扣环的配合位置，追加确认

(续)

发生日			对象产品			不良内容	4M				发生		流出	
年	月	日	车种	品名	配色品番		人	方法	物	设备	原因	对策	原因	对策
2006	05-09		294W	FR RH	S1AA	W/I作动不良	○	○			卡扣卡得较浅,未确认	确认后加入标记	因为半嵌合,作动确认OK	做2次W/I确认
2006	05-16		294W	FR RH	S1AA	W/I作动不良	○	○			卡扣卡得较浅,未确认	确认后加入标记	因为半嵌合,作动确认OK	做3次W/I确认
2006	05-17		357W	3rd RH	WS2	调节器作动不良	○	○			指导员的作业,确认的教育不够	指导拉绳的处理方法(包括指导员)	检查员未理解机能	追加拉绳的检查确认,判断基准
2006	05-17		294W	R/C	SA2	海绵露出	○	○			确认作业导致部件易脱落	确认方法的变更	因为半嵌合,作动确认OK	追加确认工程,2次确认W/I检查
2006	05-18		357W	2nd RH	VE2	天板侧边褶皱	○	○			确认作业导致部件易脱落	确认方法的变更	因为半嵌合,作动确认OK	追加确认工程,2次确认W/I检查

在实际推进时，客诉以及重点工序的不良一定是自工序完结的首要推进对象。对于良品条件的完善，一般情况下，其改善的方向基本一致，我总结了一些良品条件的改善事例，见表4-12。

表4-12 良品条件的改善事例

良品条件	事例、概要、思路
设计要件	• 明确的质量要求：尺寸、形状和公差、材质、处理等 • 不会产生不良的结构，例如，不会造成错件、倒装的结构，不会产生砂眼的结构 • 容易操作、容易判断好坏的结构（不需要独特的技巧、高超的技能） • 减轻后工序的管理负担（减少种类、通用化、标准化等）
生技要件	• 能充分发挥工序能力的设备和生产条件 • 不会发生错件、缺件、跳序等的工位顺序和布局 • 能保证持续性的质量的设备及工装工具 • 维持管理条件（正常的运转条件、保养内容） • 帮助操作简单化、好坏判断简单化的工装类的整备 • 一旦出现不良就能自动停线或停机的工艺设计
制造要件	• 能判断自己的作业和产品质量的好坏的技能 • 确保任何人都能重复操作，且只能生产良品的标准作业 • 能保证设备和工装工具得到及时保全的机制和人才（保全机制）

3.要点3：通过自工序完结度点检表来持续完善良品条件与标准作业遵守

从问题预防的角度，我更加推荐利用自工序完结度点检表的形式来推进自工序完结改善。从员工的自主质量管控来说，自工序完结要求每个人都能判断自己工作的好坏。此时需要建立两个基本条件：一是建立各项工作好坏的判断标准，这就构成了良品条件的整备率；二是使每位员工掌握、应用这些好坏的判断标准，这就构成了标准作业遵守率。这两个基本条件相乘就是自工序完结度，见表4-13。

4.要点4：持续完善检验工序的自完结改善

如果让每位员工都能够及时地知道自己工作的好坏，那么就要提升每个工序检验管控水准。一般来说，检验管控水准由检出的可靠度与判断的可靠度组成，两者之和的得分就是检验管控的等级，见表4-14。

表 4-13 自工序完结度点检表示例

序号	作业工序	作业内容描述 1）人工作业描述 2）设备作业描述	良品条件整备率				×	标准作业遵守率	=	自工序完结度	问题记录与改善想法备注
			设计要件 物料配置参数	生技要件 设备、工装、工具、容器等	制造要件 方法	判定 ✓正常 ✗异常					
1	工序1	作业要素1	✓	✓	✓	✓		✓			
2		作业要素2	✓	✓	✓	✓		✓			
3		作业要素3	✓	✓	✓	✓		✓		83%	
4		作业要素4	✓	✗	✓	✗		✓			
5		作业要素5	✓	✓	✓	✓		✓			
6		作业要素6	✓	✓	✓	✓		✓	=		
7		合计				83%	×	100%			
8	工序2	作业要素1	✓	✓	✗	✗		✓			
9		作业要素2	✓	✓	✓	✓		✗			
10		作业要素3	✓	✗	✓	✓		✓		42%	
11		作业要素4	✓	✓	✓	✓		✓			
12		作业要素5	✓	✓	✓	✓		✓			
13		作业要素6	✗	✓	✓	✗		✓			
14		合计				50%		83%			

表 4-14 检验管控等级

合格基准三级以上			A 检出的可靠度			
			3	2	1	0
			自动检查（夹具、工具）	手感（目视触摸）	目视	听觉、嗅觉
B 判断的可靠度	3	设备	自动检查判断	6	5	4	3
	2	人工判断	规格对照、量具判断	5	4	3	2
	1		感官判断（可看见）	4	3	2	1
	0		感官判断（无法看见）	3	2	1	0

注：检验管控等级从 0 到 6 级提高。

1）依据检出的可靠度分成 0~3 四个等级：
- 等级 0 代表主要依赖听觉与嗅觉来检出。
- 等级 1 代表主要依赖视觉来检出。
- 等级 2 代表主要依赖手感来检出。
- 等级 3 代表主要依赖自动化来检出。

2）依据判断的可靠度分成 0~3 四个等级：
- 等级 0 代表无法用感官来判断。
- 等级 1 代表可以用感官来判断。
- 等级 2 代表有明确的规划或量具对照。
- 等级 3 代表利用设备进行自动检查判断。

为了让大家更好地理解检验工序的自工序完结改善，以下以一个检验管控水准由 2 级改善到 4 级的改善案例来说明，如图 4-25 所示。

改善主题：灯光检查改善

改善前	改善后
对设备开关灯检查时需要进行弯腰目视检查，作业疲劳度高，容易漏检	对设备开关灯检查时利用成绩表放在灯光下面通过灯光反射检查，提高保证度，降低作业疲劳

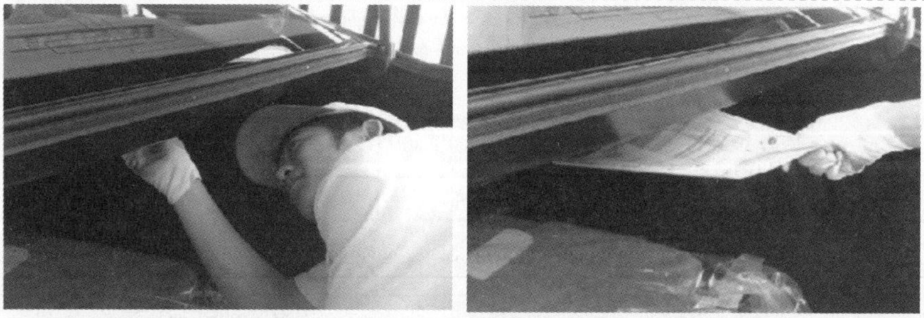

改善效果

对比	检出等级	判断等级	管控等级（总）
改善前	1	1	2
改善后	1	3	4

图 4-25 灯光检查改善示例

5. 要点 5：持续完善一线员工与各个部门在自工序完结的分工职责

自工序完结，首先是员工的责任，对于员工的职责如图 4-26 所示；而立足于培养员工的主动性,引导员工树立正确的质量意识和作业习惯,则是作为督导者的一线主管不可推卸的责任。

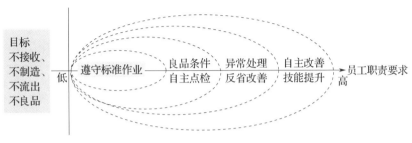

图 4-26 员工职责要求

自工序完结是员工的责任并不意味着需要让员工具备超高的作业技能或作业天赋,反之,那些需要高度依赖于人的某些特长或长时间训练才能获得的技能都应该是自工序完结改善的重点对象,包括吹瓶师、调色师、品酒师等,否则将会成为产品质量提升的重大瓶颈。因此,通过改善降低对人的技能要求也应该是自工序完结的重点,案例如图 4-27 所示。

改善主题:设备漏液改善

改善前	改善后
在更换密封圈时,作业前需先将密封圈用手进行拉扯,使其增加弹性;在拉扯过程中有被指甲划伤,划伤的密封圈易磨损及断裂,经常导致漏液	制作密封圈安装的专用工具,使得O型圈受力均匀,作业手法统一。避免指甲划伤或拉扯不均匀导致的密封圈磨损或断裂

改善效果

1)降低更换难度,使作业手法统一
2)因密封圈更换不良导致的漏液不良不再产生

图 4-27 设备漏液改善

自工序完结不是一个制造部门的事，而是涉及产品导入到量产出货的全过程的相关部门，各阶段的重点与责任分工如图4-28所示。

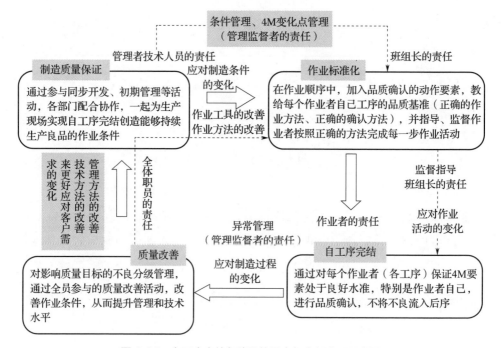

图4-28　自工序完结各阶段的重点与责任分工示意图

五、自工序完结开展实施案例

1. 开展实施背景说明

这是一家传统的生产化妆品的制造企业，该公司拥有稳定的生产管理团队，同时精益生产已是第三年。前两年主要是生产部门内部的改善居多，第三年的目标是通过自工序完结来推动非生产部门的精益改善。

2. 改善对象选定

在项目开展时，选定了出货量最大的粉饼生产单元作为试点，代表性产品关键工艺流程如图4-29所示。

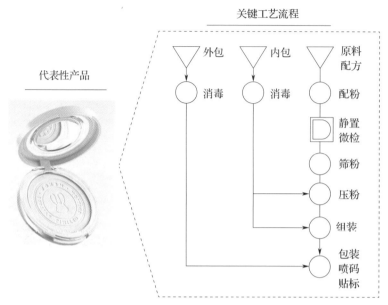

图 4-29 代表性产品关键工艺流程

3. 通过不良台账表导出重点不良改善对象

在开展不良改善时,针对该产品的不良项目进行了为期 2 周的统计分析,该粉饼的作业不良汇总柏拉图如图 4-30 所示。

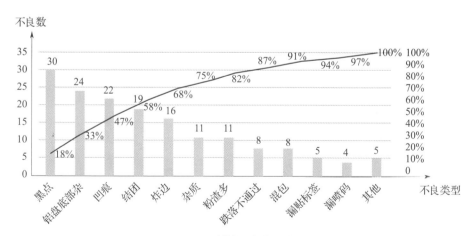

图 4-30 粉饼不良数量分析

4. 以改善周活动的形式来开展自工序改善活动

改善团队由技术、品质、制造、仓库、工程五个部门相关负责人组成，以改善周的形式来进行现场问题的排查与整改。改善周活动的区域分别有仓库区、配料区、打粉作业区、压粉作业区、内外包装作业区五个区域。改善周活动时间为期 10 天，每天投入不低于 4h 脱产改善，改善的问题点数量高达 90 个以上（见图 4-31）。

打粉间改善周活动

压粉间改善周活动

原料仓内包装改善周活动

共五个区域 → 为期10天 → 每天4h脱产改善 → 90个以上的问题改善

图 4-31　改善周活动历程

5. 利用自工序完结度点检表对每个作业要素进行排查

在排查时，将每个作业工序拆分成各个作业要素进行分析，并对该产品作业相关的标准资料进行逐项对比，这些标准资料分别有：

- QC 工程图。
- 产品检验作业指导书 SIP。
- 产品标准作业指导书 SOP。
- 设备点检及维保基准书。

结合"自工序完结度点检表"，将排查好后的结果与改善想法都填写在表格中，见表 4-15。

表4-15 自工序完结度点检表

序号	作业工序	作业步骤	良品条件整备率 - 设计要件（物、配方等）	良品条件整备率 - 生技要件（设备、工具、容器等）	良品条件整备率 - 制造要件（方法、人）	标准作业遵守率	自工序完结度	问题记录与改善想法备注
1		仓库称量发料	✓	✓	✓	✓		无
2		清洁搅拌锅	✓	✗	✓	✓		毛刷有掉毛现象且带有其他颜色的残粉
3		投料（基础粉+色粉）	✓	✓	✓	✓		无
4	配料	混合油（基础粉+防腐剂）加热均匀	✓	✗	✓	✗	78%	加热过程不可控
5		倒入油罐盖锅盖，再次起动搅拌机开启喷油	✓	✓	✗	✓		过滤网未及时清理干净
6		搅拌停止后打开锅盖清理粉壁	✓	✓	✗	✓		毛刷有掉毛现象且带有其他颜色的残粉
7		取筛网	✓	✓	✓	✗		筛网混放难以区分
8	筛粉	取粉	✓	✓	✓	✗	46%	粉袋放的半成品信息填写不完整
9		取筛粉支架	✓	✓	✓	✓		无
10		筛粉动作	✓	✓	✗	✓		有结粉现象

6. 关键工序作业改善前后对比

（1）配料作业稳定性改善提案

混合油制造时，温度升温更多是依靠感觉进行作业，可能导致融化不均匀。改善后导入升温搅拌设备，使得混合油能够按照设定的条件进行作业，保证品质的稳定性。改善前后对比如图4-32所示。

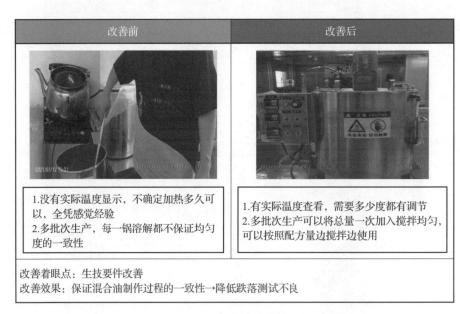

图 4-32 配料作业稳定性改善

（2）配料杂质改善提案

在清洗搅拌锅时，需要利用毛刷对锅内壁进行清刷干净，在现场巡视时发现毛刷掉毛严重，有导致粉杂质不良的隐患。改善后导入不掉毛的毛刷，改善作业过程的污染源，从而降低杂质不良。改善前后对比如图4-33所示。

（3）结团不良改善提案

在进行筛粉时，由于搅拌叶与底部有一定的距离，在振动过程中容易产生结团不良。改善后在搅拌叶片增加两个毛刷，使得搅拌更加均匀，降低结团不良。改善前后对比如图4-34所示。

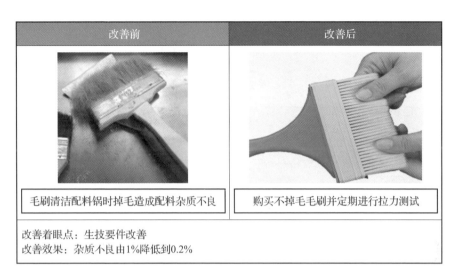

图 4-33　配料杂质改善

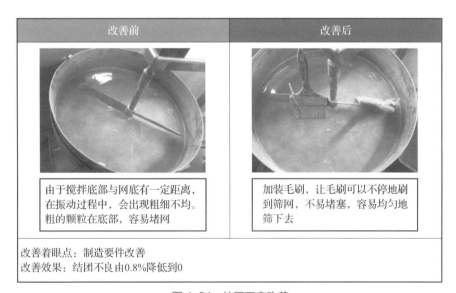

图 4-34　结团不良改善

（4）黑点不良改善提案

在进行压粉时，每次作业都需要在模具上铺上压粉布。在现场巡视时，发现压粉布上有很多毛丝及分隔纸上带来的灰尘，这可能是导致黑点不良的隐患。改善后采购新的专用压粉布，来料时已按尺寸用专用设备剪裁好，最小包装化不需要隔纸。最终，去除污染源，降低黑点不良。改善前后对比如图 4-35 所示。

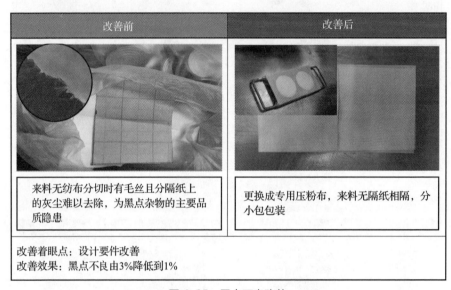

图 4-35　黑点不良改善

（5）铝盘洁净度改善提案

在进行压粉时，需要对铝盘底部进行吸尘清洁。在现场巡视时，发现铝盘底部经常有粉渣未能吸干净，导致铝盘底部脏污不良。改善后增加底部预刷动作，使得粉渣刮松后再吸尘，降低铝盘底部脏污不良。改善前后对比如图 4-36 所示。

（6）压粉机参数稳定性测试改善提案

在进行压粉时，需要保证每次的压力均衡，在巡视时有人提出无法监测每次压力是否均衡，可能存在压力不均衡隐患。改善后导入压力测试仪，在作业过程中进行压力测试，及时监控压力是否在可控范围。改善前后对比如图 4-37 所示。

（7）漏贴标签作业改善提案

在进行包装作业时，由于贴标签与喷码断开作业，在包装时需要进行单

改善前	改善后
压粉后的粉饼铝盘底部有粉渣，放在吸尘口处难以吸干净	在作业台上放置清洁垫，员工在取出粉饼后在清洁垫上擦拭粉渣后再吸粉，有效去除铝盘粉渣

改善着眼点：制造要件改善
改善效果：铝盘底部脏污由0.6%降低到0

图4-36 铝盘洁净度改善

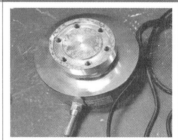

改善前	改善后
无法对压粉机压力的稳定性做排查与校正，作业不稳定时无法快速识别压力问题	采购压力测试仪，在作业过程中进行压力测试，确认压力在规定的误差范围

改善着眼点：良品条件遵守
改善效果：确保每次压力的一致性

图4-37 压粉机参数稳定性测试改善

独的贴标签作业，前期已收到2起因漏贴标签的客诉。改善后从前端设计中进行重新排版设计，将贴标签与喷码设计在同一平面，使得自动喷码与自动贴标签能够连续作业，既杜绝了不良隐患，又提升了作业效率。改善前后对比如图4-38所示。

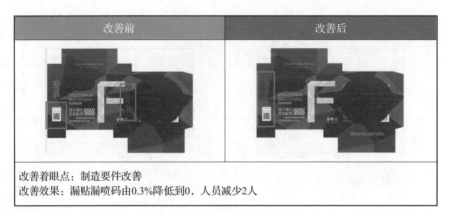

图4-38 漏贴标签作业改善

在进行包装作业时,需要先确认物料色号一致后方可包装入盒,因产品颜色相近,容易出现混装不良,前期已收到1起因产品混装的客诉。改善后在新员工训练中加入色号的识别训练,保证标准作业的遵守,降低混装不良隐患,改善前后对比如图4-39所示。

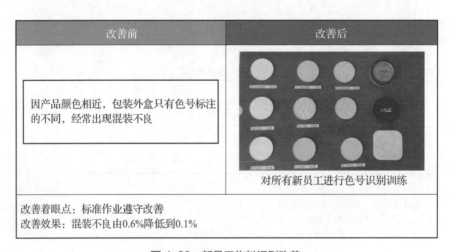

图4-39 新员工物料识别改善

7.利用工序良品条件确认书使改善成果固化

为使改善成果固化到日常管理巡视中,将本次的改善成果固化到良品条件确认书中,具体以压粉工序为例进行展示,见表4-16。

表4-16 压粉工序良品条件确认书示例

产品	F16008								评价人	×××
	工序名	压粉	设备	伺服机	点检项	41	合格项		评价日期	×××
									复核	×××
									整备率	
序号	主要步骤描述	主要不良项	设计要件		确认	生技要件		确认	制造要件	确认
			材料			设备（含工装模具）	环境		人员、作业方法	
1	装铝碟	装不到位、铝碟变形、脏污、缺口、模具脏污、粉渣多	铝碟无缺口、无变形、无脏污、无粉积压		○	工装模具底部、圆形孔无变形下模清理干净粉渣及污迹操作台面无粉渣、污迹、油污		○	铝碟口平行装入下模铝碟底部平行于模具面	○
2	上粉	黑点、污迹、炸边、净含量不足或超标	粉已经过筛粉工艺处理（有蓬松感）粉无污迹、黑点、杂色		○	上粉刮板无污迹、油污模具表面无粉积压		○	用刮板上粉，粉面与模具上表面平齐（粉铺满）净含量控制在标准范围内粉表面无缺口（粉面平整）	○
3	盖无纺布	凹痕、折痕、炸边	布无污迹、无折皱不平、无毛须		○	—		○	拿布的上面两个角两手拿布平抖掉布上的粉渣、平整铺布布盖住全部的粉面布中间缝放在模具中间位置	○
4	合模	粉面凹痕、折痕不平、模具放不到位、错位	—		○	上模圆柱面无粉渣、污迹上模无变形、圆柱面无缺口上下模配合良好（易脱模）操作台面无粉渣、污迹、油污		○	上模圆柱面平行对准下模圆孔，同时盖下套入下模	○

良品条件确认制作重点说明：
- 以关键作业工序作为主要对象，需要将关键作业工序拆分成主要步骤。
- 对每个主要步骤可能发生的不良进行罗列。
- 对每个主要步骤的设计要件、生技要件、制造要件进行说明。
- 排查时只需要对每项的结果进行确认即可，整备率的计算为合格项 ÷ 总点检项。
- 通常由一线主管在进行现场巡线时结合巡视的内容共同使用。

六、本节内容总结

关于对自工序完结的进一步理解：自工序完结需要让每位员工清楚地知道操作步骤与要点，理解工作成果好坏的基准，其本质是追求将工作中付出的努力和收获成果联系起来，让每位员工感受到工作的价值。这样的改善正是丰田持续改善的原动力，这也是一种基于人性的科学方法。

第四节
如何推进新员工入职培训

新员工入职培训，又称岗前培训、职前教育、入厂教育，是一个企业所录用的员工从局外人转变成为企业人的过程，是员工从一个团体的成员融入另一个团体的过程，员工逐渐熟悉、适应组织环境并开始初步规划自己的职业生涯、定位自己的角色、开始发挥自己的才能。

还记得你第一天进入公司时的心情是怎样的吗？

- 是兴奋吗？来到一个新的环境，这个环境也许是让你展示才华的新平台。
- 是紧张吗？来到一个新的环境，无论是人员还是环境都是陌生的，未免会有些紧张。
- 是焦虑吗？来到一个新的环境，担心眼前的陌生环境将会成为各种灾难的开始。

对企业来讲，新员工未来选择如何在企业中表现，决定自己是否在企业长期发展，很大程度上取决于在最初进入企业的一段时间内的经历和感受，在此期间新员工感受到的企业价值理念、管理方式将会直接影响新员工在工作中的态度、绩效和行为，而这些因素和新员工入职培训的效果关系密切。

一、新员工刚入职时的三个疑虑

1. 是否会被群体接纳

每个人都会有这样的感受，进入一个新环境，是否会被这一个小群体接纳？曾经有一个性格有些内向的女孩在刚进入企业之初对我说："在学校时同学们都说，工作中的人们比较难以相处，我也看了不少杂志上的文章反映工作中人际关系的复杂。我现在也很担心，不知道同事们会不会喜欢我，我是否会被别人说闲话，我的私人生活会不会被别人过分地干扰。听说，工作之初有不少同学都为难以与同事们相处而换工作的。但愿我能幸运一点吧！"

不难发现，只有当这个女孩的上述疑虑完全烟消云散之后，她才能以一种愉快的心情来充分地展示她的才智。

2. 公司当初的承诺是否会兑现

有不少企业为了能吸引优秀的人才，在招聘时许以美好的承诺，而一旦员工进入公司，便出现了虚假的情况，或者要求员工的条件过多、给予员工的过少。相对于员工的工作准则、企业的历史及目标来说，员工更加关心自己的工资、福利、假期、发展前景等。只有自己的切身利益得到保障之后，他们才可以从心理上接受企业的文化、融入公司的群体中，否则他们会表现消极，即使是积极的，他们也是在准备工作经验假以时机而跳槽。

3. 工作环境怎么样

这里所说的工作环境既包括工作的条件、地点，也包括公司的人际关系、工作风格等。新的环境是吸引新人的，还是排斥新人的？同事们是否会主动与新员工交往并告诉他们以必要的工作常识和经验？第一项工作有人指导吗？他们是否完全明白了自己的工作职责？为了完成工作，他们得到了必要的工作设备或条件吗？上述问题直接关系到新员工对企业的评价和印象。

二、新员工入职培训的重要性

1. 降低员工流失率

企业的培训工作做得越好，新员工越愿意留下来为企业工作，从而使得企业在获得自己所需要的人才的同时，也节约了多次培训的成本和二次招聘的费用。

2. 缩短新员工适应岗位的时间

为使新员工尽快适应工作，以便节省时间，降低工作中的失误率，就可以通过安排培训活动把新员工需要的工作以及公司的规章制度等都告诉新员工，从而使公司效率能相应地提高。

3. 降低入职员工的流失率

从事招聘工作的管理者都知道，刚入职员工的流失率通常是最高的，而积极有效的新员工入职培训可以降低新员工入职的流失率，使新员工对企业产生信赖感，愿意为企业的发展贡献出自己的力量。

4. 减少新员工对企业的抱怨

如果新员工在刚进入企业时没有受到良好的关照，就会产生抱怨。而一次好的入职培训，会减少新员工的焦虑和抱怨，使其真正地专心为企业工作。

5. 使新员工融入企业文化

这是新员工入职培训的最重要的作用，企业文化本身包括了理念文化、制度文化、行为文化和物质文化等方面的内容，它是公司员工长期积累并得到大家认可的价值观和行为体系。将公司的文化传授给新员工，可以使他们对公司的各个方面都有一个较全面的了解，从而树立"企业是员工与之共同生存和发展的平台，是制度共守、利益共享、风险共担的大家庭，当员工为之奉献的同时，自身素质也会得到提高"的理念，发自内心爱企业，快速融入公司。

三、新员工入职培训的内容

新员工培训的基本内容是要让新员工了解有关企业的基本背景情况，使员工了解企业历史、文化、战略发展目标、组织结构和管理方式的同时，了解工作的流程与制度规范，帮助员工明确自己工作的职责、程序、标准，并使他们初步了解企业及其部门所期望的态度、规范、价值观和行为模式等，从而帮助员工更快地适应环境和新的工作岗位，更好地规划职业生涯，提高工作绩效。通常来说，新员工入职培训时需要做好以下几件事：

首先，要使员工明确自身的岗位职责，适应新的业务流程和管理方式，掌握基本的技能，可以更快地进入角色，胜任工作。

其次，帮助新员工建立良好的人际关系，使其能够更好地融入团队，并增强员工的团队意识与合作精神。

再次，通过一系列的文化理念的宣贯传递价值理念和规范行为，促使新员工思想和行为发生转变。

最后，通过新员工培训中发现的各种问题和积累的信息，为今后的招聘、选拔、职业生涯规划等提供信息反馈。

对于毕业生来说，刚刚进入职场踏入社会，他们就像一张白纸一样，不同的企业文化会着上不同的色彩和图像。从一个校园学子转变成为企业人，如果想追求员工和企业的双赢，企业就必须重视新员工培训，系统地规划新员工培训。刚毕业的大中专学生，他们面临的将是一个完全新鲜和陌生的生活环境，他们的行为举止到内心体验与感受都会发生一些或大或小的改变。

而对于那些从另一个单位进入本企业的新员工来说，他们要从一种组织文化进入到另一种组织文化。他们会担心自己是否适应新的工作，是否会得到上司的赏识，是否会与同事们融洽相处，他们在公司的未来发展前景如何等。

总之，成功的新员工培训可以起到传递企业价值观和核心理念，并塑造员工行为的作用，它在新员工和企业以及企业内部其他员工之间架起了沟通和理解的桥梁，并为新员工迅速适应企业环境并与其他团队成员展开良性互动打下了坚实的基础。

四、新员工入职改善案例

1. 开展实施背景

这是一家加工 PCB 板的电子企业,生产的工艺流程分别为 SMT、DIP、检测、装配。企业的产值约 1.8 亿元左右,一线员工规模约 500 人。经过 2 年的精益班组建设的推动,已经完成精益班组建设前两个阶段,分别是一线主管管理能力提升、班组绩效管理与提升。本期的重点是营造全员持续改善的氛围与班组文化。其中,本案例的重点在于展示车间一线员工的新员工入职流程的改善。

经过调研,改善前的新员工入职流程相对比较简单,大致如下:

1)入职前 2h 由 HR 专员进行相关的入职流程登记与制度讲解。

2)由 HR 专员交由一线主管进行现场训练 1~3 天,具体内容:

- 电子元器件基本知识。
- 品质检验标准。
- 员工工衣穿戴规范。
- 操作防静电规范。
- 上下班时间说明。
- 看 SOP 作业的技能训练的重点。

2. 该入职流程存在的问题

1)新员工的学习能力是否满足、对于公司的文化与环境是否适应等缺乏反馈与关注。从前面的入职流程来看,缺失公司文化的宣导,同时员工是否适应缺乏有效的反馈。

2)对于新员工通用技能类与意识类没有统一的标准化训练,新员工学习质量无法保障。几乎每位一线主管都有自己的训练方式,而每位员工的接受方式与能力又不一样,最终每位员工的学习训练效果参差不齐。

3) 一线主管日常管理所占用的时间较多,无法系统地完成对新员工的训练。对于一个班组同时进入多位新员工时,一线主管的日常管理工作就会明显受到影响。同时,也会因为员工未能熟练掌握技能所导致的品质、效率问题也会增加。

4) 新员工的留存率不到20%,导致重复的招聘与入职训练。这应该是前面三个问题的最终后果,因缺乏系统的训练、缺乏调岗重新分配机制、缺乏新员工的合理分配、缺乏足够的训练时间等,最终让员工觉得无法适应眼前的新环境而离职,然后班组就会进入招聘—培训—离职—招聘的恶性循环。

3. 课题开展目标

围绕着新员工入职培训的改善主题,组建了由车间主管、车间一线主管、招聘专员、招聘主管、行政主管组成的跨部门改善课题。通过团队的讨论,拟定本次新员工入职培训改善的课题目标(见图4-40)。课题目标设定为制造与招聘部门都相关的重要指标:新员工留存率,指标的计算方法为新员工留存数÷新员工招聘数,统计周期为每月。具体的目标值由现状的18%提升到50%以上,希望通过本次改善课题达成的目标如下:

1) 让新员工进入公司感觉到管理的规范性与公司对新员工的基本关注。
2) 减少生产一线主管投入在新员工的训练时间。
3) 在入职时由人力资源做出基本的员工筛选,提高培养员工的有效性。
4) 专员负责跟踪新员工入职培训的全过程,提升新员工培养的质量与效率。

课题的目标需要与公司的目标产生连锁,才能进一步地获得公司高层的重视与资源投入。经小组讨论,本课题目标达成后的无形效果如图4-41所示。

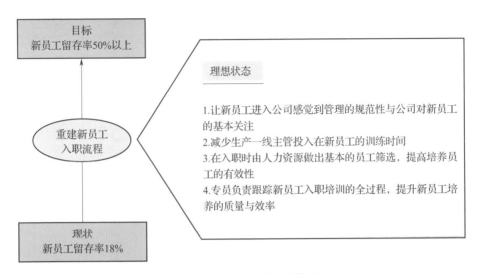

图 4-40 新员工入职流程改善目标

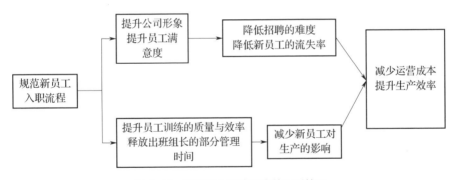

图 4-41 新员工入职流程改善无形效果

4. 改善后的新员工入职流程

这家企业经过我们的 1 天新员工入职培训流程改善工作坊训练，整个改善团队无论是对现状问题还是对改善的目标与效益都达成了共识。通过一天的工作坊培训与引导，围绕着课题的目标，整理出了新的新员工入职流程，同时细化了每个流程的时间节点与输出。改善后的新员工入职流程见表 4-17，供大家参考。

表 4-17 改善后新员工入职流程

时段	培训内容	课程名称	责任部门	负责人	培训形式	相关准备	培训地点	评估方式
09:00~11:00	新员工入职前培训（准备新员工手册、车间经理欢迎词）	1）企业简介：企业发展、主要产品及客户、生产规模、生产车间、组织架构、企业文化介绍等 2）车间介绍、产品生产工艺流程、安全管理制度 3）员工行为规范及管理制度、企业福利制度、职业晋升规划	人力行政部	培训专员	PPT讲授、视频	入职表单	培训室	试卷
11:00~12:00	行为规范	1）静电行为规范及穿戴 2）工衣行为规范及穿戴 3）个人物品管理及标准 4）车间5S行为规范	人力行政部	培训专员	示范及实践	静电防护器具、静电电服、工鞋	5F进门处	现场测试
13:30~14:30	元件识别	1）工艺详细介绍 2）元件介绍及展示 3）元件识别测试	人力行政部	培训专员	实物讲授、现场识别训练	各种类型的代表元器件、相关知识看板	4F实训室	现场测试
14:30~16:00	品质意识	1）良品与不良品样本及标准学习 2）不良品识别测试训练	人力行政部	培训专员	实物讲授、现场识别训练	各种类型的代表的良品、不良品图片及实物、相关知识看板	4F实训室	现场测试
16:00~17:30	生产意识	1）紧固螺钉作业 2）分捡作业 3）接线作业	人力行政部	培训专员	现场讲授、实物演示	相关道具、作业分解表	4F实训室	现场测试
一周内	新员工入职沟通	1）员工的适应性交流 2）员工反馈的问题记录 3）相关的班组文化介绍	生产部	车间主管	交流	沟通记录表	不定	交流

新员工入职流程改善点说明：

1）导入培训专员，完成对新员工入职第一天的所有培训与跟踪事项。同时，将车间每个班组都通用的知识与技能剥离，放入第一天的入职培训中，具体的内容有：

- 员工行为规范。
- 元器件识别。
- 模拟生产作业技能——插件、紧固螺钉、接线。

2）对每项培训内容均有对应的知识技能掌握测试，由培训专员进行现场测试。测试合格后，将测试的评价表交由一线主管，以便一线主管在一开始时就安排最需要且最合适的岗位。测试评价表见表4-18。

3）优化新员工入职培训，具体优化点如下：

- 增加企业文化介绍。
- 增加车间相关的制度说明。
- 增加员工福利说明。
- 增加晋升规划说明。
- 增加车间经理欢迎仪式。
- 增加员工手册。

4）将车间通用的行为规范由教室讲授变成现场实地演练，并现场进行穿戴技能考核。

5）导入新员工实训基地，完成相关的实物知识讲解与训练。

- 完成元器件识别训练。
- 完成利用SOP进行作业的技能训练。
- 完成不良品识别的技能训练。
- 完成模拟生产作业技能训练。

6）利用TWI-JI工作指导的思路对关键岗位作业技能形成工作指导视频。

7）新增员工第一天培训后的五天岗位作业跟踪，要求一线主管对新员工有频繁的沟通与辅导，以表达对新员工的关爱并辅导员工提升作业技能。

表 4-18 测试评价表

序号	入职日期	姓名	工号	岗位	岗位培训成绩（10分）	元件识别成绩（20分）	品质意识成绩（50分）	生产意识成绩（20分）	总得分	等级判定	综合评价（由培训专员提供）	现场辅导员
1	2023-05-04	张××	××	SMT	10	20	40	20	90	良好	1. 入职培训试题测试100分 2. 元件识别测试理解接收能力比较强，共学习16种SMT元件、24种DIP元件，其中：测试SMT物料5颗，均测试合格 3. 良品板与不良品板对比检查环节测试良好，其中：贴片电容立碑漏检，不良SMT不良现象点，贴片电容立碑漏检，不良数量1PCS） 4. 插件环节测试OK，能按照SOP要求，找到对应的物料及位号插件；该员工没有电子工作经验，学习接受能力良好，总体表现良好	张主管
2	2023-05-04	李××	××	DIP	10	16	50	20	96	优秀	1. 入职培训试题测试100分 2. 元件识别测试理解接收能力良好，共学习16种SMT元件,24种DIP元件，其中：测试DIP物料5颗，不良数量2PCS SMT的贴片电容及LED漏识别，均能检出 3. 良品板与不良品板对比检查环节测试OK（模拟4个SMT不良现象点，均能检出） 4. 插件环节测试OK，能按照SOP要求，找到对应的物料及位号插件；该员工没有电子工作经验，接受能力不错，总体表现良好	刘主管
3	2023-05-04	林××	××	部件加工	9.5	20	38.5	18	86	一般	1. 入职培训试题测试95分 2. 元件识别测试理解接收能力较强，共学习24种DIP元件，测试DIP物料5颗，均测试合格 3. 良品板与不良品板对比检查环节测试一般，其中：插座焊盘堵孔，2pin白色插座错料，IC连锡漏检，不良数量3PCS 4. 插件环节测试良好，能按照SOP要求，找到对应的物料及位号，但在插装过程中色环电阻漏插装1PCS，经指导后已纠正；该员工没有电子工作经验，学习接受能力良好，总体表现一般	刘主管

5. 课题开展成果

该课题从3月导入，开展2个月后，课题首次达成目标（见表4-19）。在之后的4个月中都能够维持在50%以上的新员工留存率，改善措施有效，课题成功通过验收。

表4-19 课题目标达成情况

月份	3月	4月	5月	6月	7月	8月
招聘训练人数	26	35	41	48	38	32
月底留存人数	5	12	24	29	22	19
留存率	19%	34%	59%	60%	58%	59%
课题目标	50%	50%	50%	50%	50%	50%

从数据上看虽然留存率仍有一定的改善空间，但是在新员工入职的第一天训练里培训专员会主动地筛选不合格的员工，使得需要车间主管训练的员工留存率高达80%以上，也算是大幅度地提升了车间主管对训练新员工的有效性。

第五节
持续改善班组文化推进

班组文化建立是班组建设的终点,而打造持续改善的自主管理学习型班组文化就是精益班组建设第三阶段的终极目标。班组,是为了共同完成某项工作任务,而由一定数量的人员在有统一指挥、明确分工和密切配合的基础上所组成的一个工作集体。班组文化就是以班组为主体,在统一的企业文化理念指导下形成的基层文化,是企业文化的重要组成部分,是企业文化在基层落地的具体体现。

优秀的班组文化对企业的发展具有重要的意义。"文化到员工,管理到班组",加强班组文化建设,可以提高基层员工对企业的认同,增强内部凝聚力。加强班组文化建设,可以统一员工思想认识,缓解基层员工的压力,塑造充满活力的企业氛围,提高工作效率。

一、精益班组文化建设的主要内容

班组文化建设切忌"为文化而文化",不能让文化建设成为日常管理的负担,而要让班组文化建设与班组的日常经营管理工作有机融合,成为优化班组管理的有效途径,让管理在文化中升华,让文化在管理中落地。班组文化内容主要包括班组宗旨、班组理念、制度、行为、班组氛围、班组激励等。

- 班组宗旨是班组文化建设的起点,也是班组存在的目的所在,基于宗旨的不同,可以划分不同类型的班组,如生产效率改进型、产品质量改进型、服务水平提升型等。

- 班组理念是企业文化在班组层面的体现，起到统一班组成员思想的作用。
- 有效的制度安排则是提高班组工作效率和降低管理成本的内在要求。
- 行为是班组价值文化和制度文化的窗口和体现。
- 班组氛围是班组成员全天候浸润于其中的，是班组成员对班组的直观感知。
- 班组激励是为班组工作提供、激发动力的源泉，也是班组文化建设以人为本的体现。

二、构建班组文化活动

围绕班组文化建设的基本内容，采取灵活多样的形式开展活动，班组文化建设才能取得理想的效果。

1. 班组集体活动

班组要定期组织集体活动，如开展一些运动项目比赛、户外拓展活动、烧烤、郊游、聚餐、辩论赛等活动。

2. 改善案例墙

将该班组历程以来每个人的改善提案都进行记录，形成改善案例墙，如图4-42所示。一方面有利于新人进来时快速感受到班组的改善氛围，另一方面也能够很好地提升改善成员的参与感与荣誉感，形成你争我赶的改善氛围。

3. 班组文化博客

文化博客是班组文化建设的阵地，各班组博客必须上传全组成员的集体照、个人照，并附个人简介，博客定期更新一次；班组成员每月需在博客发表博文。

图4-42 创意达人榜

4.班组文化故事集

组员围绕企业核心理念,写下发生在身边的有关企业文化的故事,把工作生活中有关企业文化的点滴写成故事案例,交给每组一线主管。企业文化负责部门将收集到的各个班组的故事案例进行整理、挑选、整合成册,一年出版一册班组文化故事集。

5.活动积分激励计划

个性化的积分服务能挖掘员工的积极性,激发员工参与班组文化建设的积极性。员工积分可兑换礼品:学习发展类(经典培训、精品讲座、外出交流等),休闲活动类(演唱会门票、电影票、假期等),消费类(优惠券、实物等)等。

班组文化建设除了上述形式以外,还有班组图腾、班组口号、明星一线主管评比、班组文化漫画集、班组论坛等形式。在班组文化建设的过程中,企业需要根据具体情况采取相应的形式(见图4-43)。

图 4-43　精益班组文化角

三、给班组文化建设植入"持续改善"的三个灵魂

有的班组可以突出"家文化"建设,把班组建成员工的"第二家园",营造家的温馨,让员工工作生活在班组有家的感觉。有的班组可以重点抓好"金牌文化"建设,事事争一流,见红旗就扛,无论完成什么艰巨任务,无论参加什么竞赛,都争第一,拿冠军。从精益班组建设的角色来看,需要给班组文化注入三个灵魂。

1. 灵魂一:创建学习型班组

学习型组织理论是美国当代管理大师彼得·圣吉提出的,他认为学习型组织是一个具有不断开发与适应变革能力的组织,能充分发挥每个员工的创造性,努力形成一种弥漫于整个群体与组织的学习气氛,个体价值得到充分体现,组织绩效得以大幅度提高和持续发展的组织。在精益班组建设中,持续改善的背后就是持续学习,打造学习型班组就是在打造学习型组织。因此,建立学习型班组同样必须坚持五项修炼，明确五项修炼的深刻含义：

（1）第一项修炼：自我超越

自我超越是学习型组织的精神基础，它为学习型班组提供高素质的员工团队。坚持自我超越，就需要居安思危，不断创新，大胆进行班组变革。班组的自我超越，要求组织根据变化的市场竞争环境，努力发现机会，充分发挥优势，提出新目标。新目标要结合组织实际，要为其成员理解、接受，并能影响其成员，激励他们的斗志和信心。

在不断地鼓励自我超越的同时，班组同样需要建立容错的改善文化。可以允许变革失败，但不允许不变，这应该要成为班组改善的宣言。

（2）第二项修炼：改善心智模式

心智模式是指存在于个人和群体中的描述、分析和处理问题的观点、方法和进行决策的依据和准则。它不仅决定着人们如何认知周遭世界，而且影响人们如何采取行动。不良的心智模式会妨碍组织学习，而健全的心智模式则会帮助组织学习。改善心智模式就是要发掘人们内心的图像，使这些图像浮上表面，并严加审视，即时修正，使其能反映事物的真相。在班组建设的过程中，可以多次利用改善案例分享的形式将正确的心智模式植入到员工的理念上。同时，应持续地宣导十大精益改善理念：

1）打破固有观念，不要找借口，要否定固有现状。

2）管理就是要改善，有改善才谈得上管理。

3）好就是不好，不好就是好，要能永无止境改善下去。

4）就是有问题才要改善，不要等到没问题才去改善。

5）有50分把握即可尝试去做，不要等到100分把握才去做。

6）要贯彻拙速巧迟精神，马上动手做，不要在会议室思考讨论。

7）一个人的"知识"不如十个人的"智慧"。

8）用头脑智慧去克服困难，不是用金钱解决问题。

9）找出根源，反复问5次"为什么"。

10）要朝理想姿态迈进，不要寻找说明不能做的理由。

（3）第三项修炼：建立共同愿景

共同愿景是指班组成员与组织拥有共同的目标。共同愿景为组织学习提供了焦点和能量。在缺少共同愿景的情况下，组织充其量只会产生适应性学习，只有当人们致力实现他们深深关切的事情时，才会产生创造性学习。

每位新员工进入公司时都会被分到不同的班组，那对于每个不同的班组都可以有自己班组特色的共同愿景，见表4-20。

表4-20 建立班组共同愿景

内容	要点	案例
给班组命名	与组内业务一致的名字	如检验班组的金精火眼组 如维修班组的神奇修理组 如木工班组的匠心鲁班组
制定口号	简单好记	不吃饭、不睡觉，打起精神赚钞票（销售组）客户满意又欢喜（质量组）
制定班组队徽	与班组名一致 简单易画	—

（4）第四项修炼：团队学习

团队学习是建立学习型组织的关键，当一个团队能够整体搭配时，就会汇聚出共同的方向，调和个别力量，使力量的抵消或浪费减至最小。整个团队就像凝聚成的激光束，形成强大的合力。强调团队的整体搭配，并不是指个人要为团队愿景牺牲自己的利益，而是将共同愿景变成个人愿景的延伸。

团队学习的关键：深度汇谈——每人全部摊出心中的设想，真正一起思考。深度汇谈的目的是要超过任何个人的见解，进行得当，人人都是赢家，个人可以获得独自无法达到的见解。深度汇谈是在无拘无束的探索中自由交流自己心中的想法，交流经验教训，反思、探询，相互支持与启发，从而得到超过各自的个人认识。

案例 员工流失率改善

一家化妆品制造企业，因为刚好遇上订单旺季，企业面临着订单任务完成不了的烦恼，订单任务完成不了的主要原因是一线操作工不够。因为其他行业刚好是淡季，并不是人员不好招聘，而是行政招聘部门与生产制造部门出现了矛盾。行政招聘部门认为人已招聘到位，只不过是制造部门没把人留住，这样招多少人都不可能满足。而生产制造部门则认为行政招聘部门应该招聘到合适的人员给到生产部门而不是随便招聘进来。双方争执不下，人员招聘的事就一直没有解决。

刚好，这家企业的班组推进负责人学习完了精益班组第三阶段建设的内容，决定利用深度汇谈的方式来解决该问题。这位推进负责人将制造部门的班组长与招聘部门人员召集在一起，为了营造愉快交谈的氛围，推进负责人在正式探讨前做了很多的团队拓展活动，进行了充分的"热身"。接着，就进行当天的汇谈目标说明，"今天召集大家一起来探讨如何稳住新员工的话题，当前是大量需要新员工的时候，在招聘到新员工后，无论是招聘部门，还是一线主管，都有稳住新员工的责任，今天希望大家畅所欲言，充分交换意见，围绕着目标，达成共识"。在接下来的讨论过程中，推进负责人围绕着稳住新员工，将讨论的环节分成了三个部分，对方部门应该做好的责任（意见交换），自己部门应该做好的责任（意见交换），新员工招聘到入职的管理职责分工（共识沟通）。讨论的过程中，班组推进负责人充分利用汇谈的原则，很快地将两个部门拉拢在一起，围绕着目标，构建了一个全新的"新员工入职管理流程"。

案例点评：在双方出现矛盾的时候，深度汇谈是一个很好的团队学习机会。在案例中，这位班组负责人做了充分的准备工作，并对讨论的主题进行了很好的策划。这种讨论方式非常值得每位班组管理者学习，围绕着解决问题，对方需要做些什么，自己需要做些什么，双方共同做些什么。这个过程充分地让大家表述自己的意见，同时又紧紧地抓住了共识的部分来解决问题。

（5）第五项修炼：系统思考

系统思考的关键是转变心灵，换一种观察世界的角度。具体来说，就是要观察事物之间的循环关系，而不是简单的线性链条；要观察动态的变化过程，而不是静态的定格图像。系统思考是对我们在推进班组改善时提出更高的要求，除了完成点的改善以外，一些面的问题更值得去改善。例如，在改善对象选取时，是不是系统的瓶颈，如果能够对瓶颈进行改善，那么就能够提升系统的整体水平，大幅度地提升改善的价值。

2. 灵魂二：认真建设班组的执行文化

在班组这个团队中，员工的执行力如何，是决定班组工作成效的一个很关键的问题。一个完美无缺的决定，如果执行不力，最终也会变得一败涂地。执而不行，行而不力，这是令许多一线主管倍感头疼的问题。班组不管是执行上级的决策，还是一线主管自己下达了什么指令，就必须号令如山，而不能令如戏言。就像军队同志所说的那样，军令如山，服从命令是军人的天职。服从命令是执行力的具体表现，以下是提升执行力的相关意识提升：

- 观念决定执行成败，要强化执行的观念教育。
- 培养员工职业注意力。咬定青山不放松。
- 不允许找借口。
- 引导员工做正确事和正确做事，不搞歪门邪道。
- 在做事细节中，培养员工执行力。
- 培养员工做任何事都全神贯注。
- 讲究有效产出与工作效率。

3. 灵魂三：积极建设"快乐文化"，让员工快乐工作

快乐是一种状态，是一种感觉，更是一种竞争力。一个不快乐的人，是缺乏激情和创造力的人；一个弥漫着不快乐气氛的班组，是一个缺乏竞争力的班组，也是一个不和谐的班组。那么，怎样让员工工作并快乐着？要从解决影响员工快乐的四种因素入手。

1) 持续不断地让员工做有价值的事，而不是重复地工作。在丰田的理念中，消除浪费，持续改善，让每位员工做有价值的事就是对员工最大的尊重。同理，在精益班组建设中，一线主管需要时刻关注并引导员

工的改善技能，让员工通过改善平台来实现自己的改善想法，享受改善的乐趣。

2）持续不断地推进自工序完结，让员工充满干劲。让每位员工清楚工作的好坏的基准，让不良不流出，保证下一工序客户的满意，从而使得员工工作更加有干劲。

3）持续不断地提升员工技能，让每位员工成为不可替代的全能工。在丰田的人才培养哲学中，有一个理念就是将每一个人当成是总经理来培养。同样，无论是一线主管还是一线员工，都有每个阶段对应的学习成长计划，让每位职员打造与能力相适应的学习"心流"，既不会让员工感到无聊，也不会让员工感到焦虑。

4）持续不断地进行改善分享活动，及时对员工进行激励。改善平台的本质是员工各种才能的展示舞台，如提案发表会、清扫工具开发大赛、员工技能大比武、班组早会等，通过一次次的活动来发现人才，让员工实现自我价值就是对员工最大的激励。

第六节
精益班组建设第三阶段总结

在该阶段中,重点讲述两个主题,分别是建立全员持续改善的机制与氛围、让一线主管成为改善教练,该阶段的重点推进内容如图 4-44 所示。

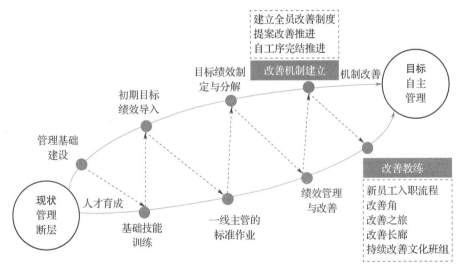

图 4-44 精益班组建设第三阶段推进主题

作为最后一章的总结,也是全书的总结,我希望各位读到本内容时能够收到大家的总结与反馈,同时我也将该书的核心内容跟大家进行再次提炼,让大家能够更好地理解本书。该书看似是班组长方面的书籍,实质上我更加希望大家把它看作是思维成长的三阶段与精益改善的三阶段,这样大家在再次查阅书籍时会有更多的思考与收获。

一、采用成长性思维

思考维度从班组、主管到企业家的思维变化，其本质就是一种向上的成长性思维，如图 4-45 所示。

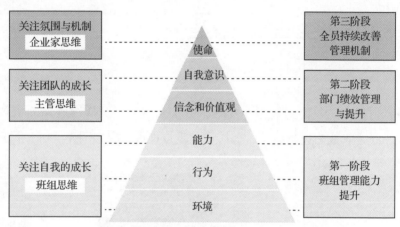

图 4-45　成长性思维的三阶段

二、精益改善系统解决方案

推进范围从点到面、从易到难的企业精益改善系统解决方案，如图 4-46 所示。

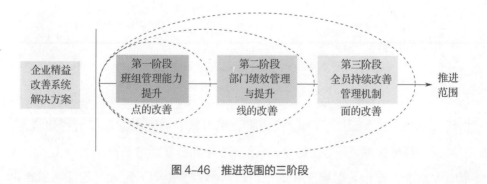

图 4-46　推进范围的三阶段

写到最后，想起了我母校的一句话，"学而知不足，思而得远虑，行而能致远"，期望在精益改善的路上我们一起努力奋斗，让更多的企业享受改善之美。